파이썬으로 만드는

나만의 게임

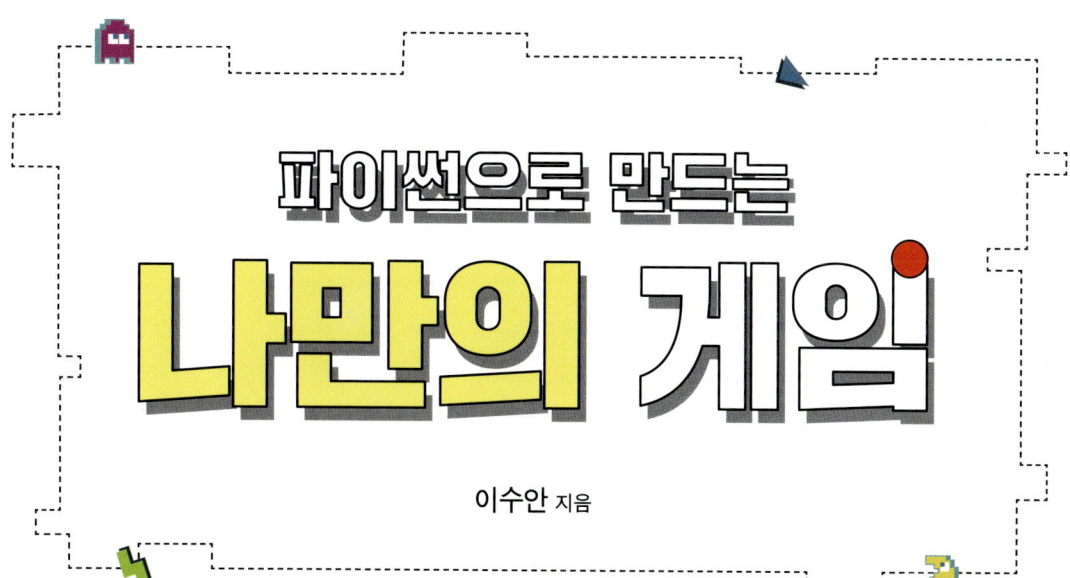

파이썬으로 만드는 나만의 게임

이수안 지음

서문

지금은 4차산업혁명시대로 누구나 인공지능을 일상생활에서 이용하며, 중고등학생부터 코딩 교육을 받는 시대입니다. 현재 코딩 교육으로 가장 많이 활용되는 언어이자, 가장 인기 있는 언어가 파이썬입니다. 그러나 프로그래밍 언어를 배우는 것이 누구에게나 쉬운 일은 아닙니다. 저도 어릴 적 C 언어를 독학할 때 책의 예제를 따라 해도 잘 동작하지 않고, 예제도 재미가 없어서 어렵게 배웠던 기억이 납니다. 나중에 WinAPI를 이용해 오델로와 테트리스 게임을 만들며 프로그래밍에 재미를 느꼈던 추억이 있습니다. 그게 바로 이 책을 쓴 이유입니다. 파이썬은 쉽고 막강한 언어이고, 게임은 누구에게나 재미를 주기 때문에 이 둘을 결합하여 파이썬으로 게임을 만들면서 재미있게 배울 수 있는 책을 쓰고자 했습니다.

감사의 말

이 책은 유튜브 채널 '이수안컴퓨터연구소'의 구독자 여러분 덕분에 탄생하게 되었습니다. 파이썬으로 게임 만드는 컨텐츠를 수십만 명이 보고, 수천 개의 댓글이 달릴 줄은 예상하지 못했습니다. 이 책과 함께 앞으로 더 유익하고 재미난 콘텐츠로 관심에 보답하겠습니다. 저는 디자이너가 아니라서 게임을 만들면서 필요한 이미지, 사운드, 폰트 등의 리소스들을 외부 공개 사이트에서 다운로드하였습니다. 땀과 노력으로 제작한 리소스를 누구나 이용할 수 있도록 공개한 제작자들에게 감사하다는 말을 전하고 싶습니다. 먼저 집필을 제안하여 책이 나올 수 있는 기회를 준 비제이퍼블릭 관계자분들께 감사의 말씀을 드립니다. 결혼과 육아로 인하여 집필이 제때 이뤄지지 못했지만, 끝까지 기다리며 출판될 수 있도록 배려해 주셔서 감사합니다. 마지막으로 저의 인생 멘토가 되어주시는 김진호 교수님과 항상 제 편이 되어주시는 아버지와 사랑하는 아내, 그리고 집필하는 동안 태어나 행복한 아빠가 되게 해준 세아에게 감사의 인사를 전합니다.

베타 리더 리뷰

프로그래밍 언어는 4차 산업을 이해하는 가장 기본적인 소통 수단이라고 생각한다. 특히 파이썬은 간결하고 쉬운 문법과 높은 확장성 때문에 많은 사람들이 사용하는 프로그래밍 언어다. 파이썬에 관심이 있거나, 직업과 관련이 있는 경우에 초기 학습이 끝난 뒤 다음 공부를 어떻게 시작할지 고민이 많다. 제일 좋은 것은 실제로 프로그래밍을 하면서 파이썬의 문법을 사용해보는 것이다. '파이썬으로 만드는 나만의 게임' 도서는 기초 문법과 실제 활용을 함께 공부할 수 있는 매우 유익한 책이다. 특히 처음 파이썬을 배우는 경우라도 책의 앞부분에서 자세한 설명과 실습을 할 수 있는 내용이 있어 누구라도 파이썬을 시작할 수 있게 된다. 특히 파이썬으로 만들어보는 게임은 배웠던 코드와 실제 실습을 통해 한 단계 성장하는 경험을 가질 수 있다. 어렸을 때 좋아했던 게임을 만들다 보면 실습시간이 공부가 아닌 휴식같이 느껴진다. 알고리즘 위주의 문법 공부를 넘어 나만의 파이썬 게임을 만들고 싶은 사람이라면 꼭 이 책을 추천해주고 싶다.

- 박수환

21세기에 접어들면서 다양한 프로그래밍 언어들이 소개되고, 그중에 접근성으로나 진입장벽이 낮은 파이썬이 굉장히 각광받고 있다. 학생들이 프로그래밍에 관심을 갖게 되는 큰 계기 중 하나는 게임이라고 생각된다. 프로그래밍을 처음 접하는 학생들에게 굉장히 유용한 서적이 될 것 같다. 서적 초반부에는 파이썬에 대한 설명, 개발 환경 구축 등 읽으면서 따라 하기만 해도 나만의 게임을 뚝딱 만들 수 있다. 단순 프로그래밍뿐만 아니라 게임 제작에 필요한 미디어 요소들(이미지, 사운드) 등에 대한 수급 방법도 자세히 안내되어 있어서 관련 전공 지식이 없더라도 이 서적 하나만으로 나만의 게임을 제작하는 데 충분할 것이라 생각해 게임 프로그래밍에 관심이 있는 분들에게 적극 추천한다.

- 우시재

기초 예제부터 심화 예제까지 단계별로 잘 정리되어 있으며, 파이썬을 사용하여 전반적인 코딩을 어떻게 하는지 제대로 공부할 수 있는 책이라는 생각이 든다. 게임 개발에만 치중되어 있는 것이 아니라 파이썬 기초부터 공부할 수 있게 구성되어 있어서 파이썬을 입문하시는 분과 게임 개발하는 분들에게도 많은 도움이 될 것 같다. 게임 예제가 상당히 많이 들어 있기 때문에, 책을 다 마스터하신다면 간단한 게임은 충분히 구현 가능할 거라는 생각이 든다. 이후에 다른 언어로 게임 개발을 하게 된다 해도, 전체적인 알고리즘을 공부할 수 있기 때문에 추천하고 싶다. 파이썬 기초나, 게임 개발 기초부터 쌓길 원하시는 분들에게 추천한다.

- 임지연

이전과 다르게 많은 학생들이 프로그래밍에 많은 관심을 가지고 있다. 이는 비단 코딩 교육 도입뿐만 아니라 스마트폰의 보급과 게임과 SNS 등 다양한 디지털 문화가 보급되면서 어릴 때부터 이를 쉽게 접할 수 있게 된 부분도 있을 것 같다. 또한 파이썬의 인기에 힘입어 제가 가르치는 학생들 또한 초등학생 때부터 게임 개발자를 꿈꾸며 파이썬을 공부하고 있다. 하지만 항상 가르치면서 느꼈던 점은 파이썬으로 게임을 개발하는 법을 가르쳐주고 싶어도 좋은 자료를 추천하기 어려웠다는 점이다. 이 책은 pygame 라이브러리를 통해 간단하게 도형을 만드는 것부터 시작해서 온전한 하나의 게임을 만드는 프로세스를 친절하고 자세하게 알려주고 있다. 또한 중간중간 이해를 위한 예시와 팁들이 게임을 처음 만들어보는 사람들에게 아주 좋은 직관을 가져다 준다. 뿐만 아니라 무료 리소스를 어떻게 얻을 수 있는지, 실행 파일을 만드는 방법, 그리고 게임을 조금 더 업그레이드할 수 있는 아이디어까지 제공해 주어 게임 개발자를 꿈꾸는 학생들이 그들의 상상력을 조금 더 넓히고 구현할 수 있는 방법까지 제시한다. 비록 학생들에게 다소 어려울 수 있는 객체지향적 개념과 함수, 라이브러리를 사용하는 법까지 익혀야 원활하게 실습을 할 수 있겠지만, 이 책을 통해 게임 개발자의 꿈을 펼칠 수 있는 좋은 발판이 되어줄 수 있을 것이라고 믿어 의심치 않는다.

- 정윤식

저자 소개

이수안

강원대학교에서 컴퓨터과학 전공으로 학사, 석사, 박사를 졸업하고, 현재 세명대학교 컴퓨터학부 조교수로 재직하며 인공지능, 빅데이터, 이미지프로세싱 등을 강의하고 있다. 데이터와 인공지능을 이용한 이로운 세상을 꿈꾸는 데이터 과학자로서, 인공지능 분야에서 실용적인 연구를 수행하고 있다. 많은 사람들이 컴퓨터를 쉽고 즐겁게 배울 수 있도록 SuanLab 홈페이지(http://suanlab.com)와 유튜브 채널 '이수안 컴퓨터연구소'를 통해 여러 유용한 콘텐츠들을 공유하고 있다.

| 이 책의 대상 독자

이 책은 파이썬을 처음 접하거나 기초는 배웠지만 익숙하지 않은 독자를 대상으로 집필했습니다. 코딩을 처음 배우는 사람도 기본 문법과 연산자, 제어문, 함수 등을 배울 수 있고, 게임을 처음 만들어 보는 사람도 pygame을 통해서 여러 게임들을 따라 만들어 볼 수 있습니다. 간단한 스네이크 게임, 핑퐁 게임부터 그래픽 요소가 포함된 물고기 게임, 자동차 게임, 우주선 게임, 슈팅 게임을 직접 만들 수 있고, 조금만 수정하여 자신만의 게임을 만들어 볼 수도 있습니다. 또한, 코딩을 가르치는 고등학교 선생님, 컴퓨터 강사님, 대학교 교수님, 그리고 자녀들에게 코딩을 재미있게 알려주고 싶은 부모님들이 사용할 수 있는 콘텐츠로 활용할 수 있습니다.

| 예제 소스 코드

이 책에서 사용된 모든 코드는 SuanLab 홈페이지의 [BOOK] 메뉴에서 다운로드하여 사용할 수 있습니다.

http://suanlab.com/book/

이 책의 구성

이 책은 파이썬을 경험하지 못한 독자도 재미있게 기초부터 게임을 만들어 볼 수 있도록 구성되었습니다. 파이썬을 처음 접하는 독자는 1장 파이썬과 IDE 설치부터 2장 파이썬 배우기를 통해 게임 만들기에 필요한 파이썬 기초를 배울 수 있습니다. 만약 파이썬 기초 문법을 어느 정도 알고 있는 독자는 3장 pygame 배우기에서 게임을 만들기 위한 라이브러리 기초를 배울 수 있습니다. pygame 라이브러리 사용에도 익숙한 독자들은 4장부터 9장까지 만들고 싶은 게임을 선택해서 만들면 됩니다. 이 책에는 고전적인 스네이크 게임과 핑퐁 게임부터 여러가지 응용과 변형이 가능한 물고기 게임, 자동차 게임, 우주선 게임, 슈팅 게임으로 구성되어 있습니다.

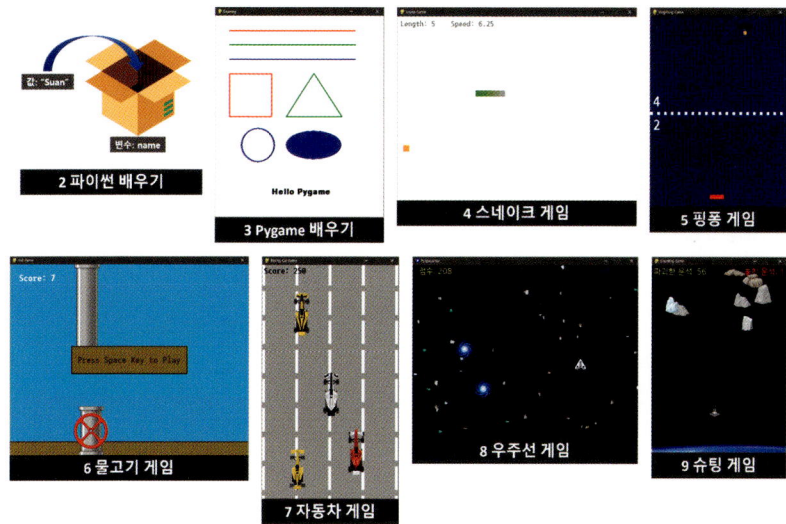

이후에는 책에 있는 내용을 따라 하며 게임을 만들 수 있는 영상을 '이수안컴퓨터연구소' 채널에 업로드할 예정입니다. 최종적으로 이 책은 독자들이 스스로 자신의 게임을 만들어 보기 원하는 목적으로 집필되었습니다. 책에 있는 여러 게임 예제들을 따라 만들고, 분석하여 나만의 게임을 만들어보세요.

목차

서문 …………………………………………… 4
감사의 말 페이지 ……………………………… 5
베타 리더 추천 ………………………………… 6
저자 소개 ……………………………………… 8

1. 파이썬과 IDE 소개 및 설치

1.1 파이썬 소개 및 특징 ………………………… 14
1.2 파이썬 설치 및 환경설정 …………………… 16
1.3 IDLE …………………………………………… 18
1.4 Visual Studio Code 설치 …………………… 20
1.5 파이참(PyCham) 설치 ……………………… 29

2. 파이썬 배우기

2.1 변수와 자료형 ……………………………… 40
   2.1.1 변수(Variable) ……………………… 40
   2.1.2 주석(Comment) ……………………… 42
   2.1.3 정수, 실수, 불리언 자료형 ………… 42
   2.1.4 문자열(String) ………………………… 43
   2.1.5 리스트(List) …………………………… 48
   2.1.6 딕셔너리(Dictionary) ………………… 49
   2.1.7 자료형 변환 …………………………… 51
   2.1.8 자료형 계산 …………………………… 52
2.2 연산자(Operators) ………………………… 55
   2.2.1 산술 연산자(Arithmetic Operators) … 55
   2.2.2 비교 연산자(Comparison Operators) … 56
   2.2.3 할당 연산자(Assignment Operators) … 57
   2.2.4 논리 연산자(Logical Operators) …… 58
   2.2.5 멤버 연산자(Membership Operators) … 58
   2.2.6 식별 연산자(Identity Operators) …… 59
   2.2.7 연산자 우선순위 (Operators Precedence) … 59
2.3 제어문 ……………………………………… 60
   2.3.1 조건문 ………………………………… 60
   2.3.2 반복문 ………………………………… 61
2.4 함수(Function) ……………………………… 62
   2.4.1 반환 없는 함수 ……………………… 62
   2.4.2 반환 있는 함수 ……………………… 64
   2.4.3 전역 변수와 지역 변수 ……………… 66
2.5 객체(Object)와 클래스(Class) ……………… 68
2.6 모듈(Module) ……………………………… 69
   2.6.1 시간 모듈(Time Module) …………… 69
   2.6.2 랜덤 모듈(Random Module) ……… 70

3. pygame 배우기

3.1 pygame 소개 및 특징 ……………………… 74
3.2 pygame 라이브러리 설치 ………………… 75
   3.2.1 터미널에서 pygame 설치 …………… 75
   3.2.2 Visual Studio Code에서 pygame 설치 … 75
   3.2.3 파이참에서 pygame 설치 …………… 76
3.3 pygame 모듈 ………………………………… 78
3.4 pygame 기본 ………………………………… 79

3.5 선, 도형, 글자 그리기 ·················· 84
3.6 공놀이 하기 ································ 92
3.7 이미지 사용 ································ 98
3.8 키보드 조작 ······························ 104
3.9 마우스 조작 ······························ 112
3.10 음악 및 사운드 사용 ················ 118

4. 스네이크 게임(Snake Game)

4.1 스네이크 게임 규칙 ··················· 126
4.2 스네이크 게임 만들기 ··············· 127
    4.2.1 패키지 import ························ 127
    4.2.2 게임 화면 구성 ······················ 127
    4.2.3 방향 개념 이해 ······················ 128
    4.2.4 색상 정의 ······························ 129
    4.2.5 뱀 객체 정의 ·························· 129
    4.2.6 먹이 객체 정의 ······················ 134
    4.2.7 게임 객체 정의 ······················ 135
    4.2.8 메인 함수 정의 ······················ 139
4.3 스네이크 게임 실행 ··················· 140
4.4 스네이크 게임 실행 파일 만들기 ······ 146
4.5 다양한 스네이크 게임 ··············· 148

5. 핑퐁 게임(Ping Pong Game)

5.1 핑퐁 게임 규칙 ·························· 152
5.2 핑퐁 게임 리소스 ······················ 152
5.3 핑퐁 게임 만들기 ······················ 154
    5.3.1 모듈과 전역변수 정의 ··········· 154
    5.3.2 공 객체 정의 ·························· 155
    5.3.3 플레이어 객체 정의 ··············· 157
    5.3.4 적 객체 정의 ·························· 159
    5.3.5 게임 객체 정의 ······················ 162
    5.3.6 리소스 경로 함수 정의 ·········· 168
    5.3.7 메인 함수 정의 ······················ 168
5.4 핑퐁 게임 실행 ·························· 170
5.5 핑퐁 게임 실행 파일 만들기 ······· 178

6. 물고기 게임(Fish Game)

6.1 물고기 게임 규칙 ······················ 180
6.2 물고기 게임 리소스 ··················· 180
6.3 물고기 게임 만들기 ··················· 182
    6.3.1 모듈과 전역변수 정의 ··········· 182
    6.3.2 물고기 객체 정의 ··················· 183
    6.3.3 파이프 객체 정의 ··················· 186
    6.3.4 게임 객체 정의 ······················ 191
    6.3.5 리소스 경로 함수 정의 ·········· 197
    6.3.6 메인 함수 정의 ······················ 198
6.4 물고기 게임 실행 ······················ 199
6.5 물고기 게임 실행 파일 만들기 ······ 207

7. 자동차 게임(Racing Car Game)

- 7.1 자동차 게임 규칙 ················· 210
- 7.2 자동차 게임 리소스 ··············· 210
- 7.3 자동차 게임 만들기 ··············· 213
    - 7.3.1 모듈과 전역변수 정의 ········· 213
    - 7.3.2 자동차 객체 정의 ············· 214
    - 7.3.3 차선 객체 정의 ··············· 220
    - 7.3.4 게임 객체 정의 ··············· 223
    - 7.3.5 리소스 경로 함수 정의 ········ 232
    - 7.3.6 메인 함수 정의 ··············· 232
- 7.4 자동차 게임 실행 ················· 234
- 7.5 자동차 게임 실행 파일 만들기 ····· 243

8. 우주선 게임(Spaceship Game)

- 8.1 우주선 게임 규칙 ················· 248
- 8.2 우주선 게임 리소스 ··············· 249
- 8.3 우주선 게임 만들기 ··············· 250
    - 8.3.1 모듈과 전역변수 정의 ········· 250
    - 8.3.2 우주선 객체 정의 ············· 251
    - 8.3.3 암석 객체 정의 ··············· 253
    - 8.3.4 워프 객체 정의 ··············· 256
    - 8.3.5 게임 객체 정의 ··············· 256
    - 8.3.6 리소스 경로 함수 정의 ········ 265
    - 8.3.7 메인 함수 정의 ··············· 266
- 8.4 우주선 게임 실행 ················· 267
- 8.5 우주선 게임 실행 파일 만들기 ····· 276

9. 슈팅 게임(Shooting Game)

- 9.1 슈팅 게임 규칙 ··················· 280
- 9.2 슈팅 게임 리소스 ················· 281
- 9.3 슈팅 게임 만들기 ················· 281
    - 9.3.1 모듈과 전역변수 정의 ········· 281
    - 9.3.2 전투기 객체 정의 ············· 282
    - 9.3.3 미사일 객체 정의 ············· 285
    - 9.3.4 암석 객체 정의 ··············· 287
    - 9.3.5 게임 객체 정의 ··············· 289
    - 9.3.6 리소스 경로 함수 정의 ········ 298
    - 9.3.7 메인 함수 정의 ··············· 299
- 9.4 슈팅 게임 실행 ··················· 300
- 9.5 슈팅 게임 실행 파일 만들기 ······· 310

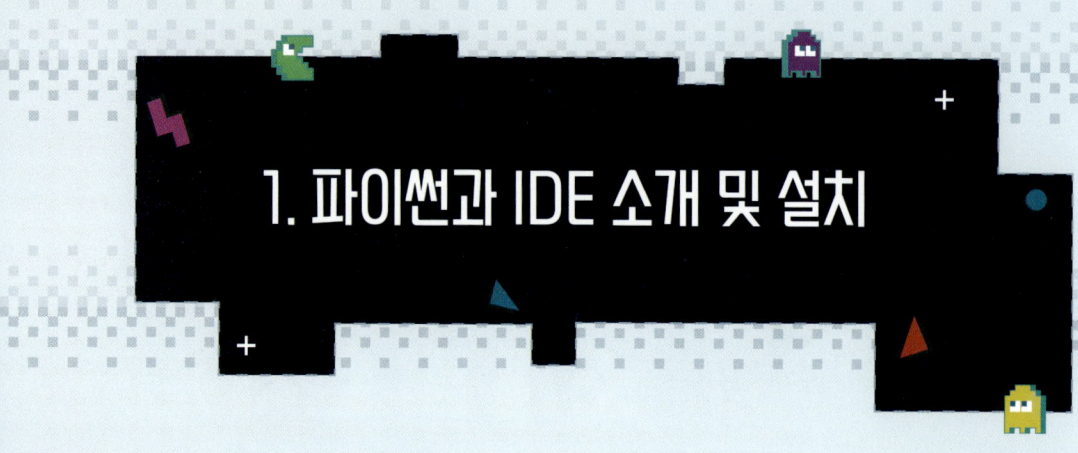

1. 파이썬과 IDE 소개 및 설치

1.1 파이썬 소개 및 특징

파이썬(Python)은 고급 프로그래밍 언어로서 네덜란드의 CWI(Centrum Wiskunde & Informatica) 연구소에서 일하던 **귀도 반 로섬(Guido Van Rossum)**이 1991년에 공식 발표하였다. 파이썬이라는 이름은 재미있게도 반 로섬이 좋아하는 코미디 〈Monty Python's Flying Circus〉에서 가져온 것이다. 파이썬의 사전적인 의미는 비단뱀이며, 로고도 두 비단뱀이 서로 얽혀 있는 모양이다.

> **Tip**
>
> **고급 프로그래밍 언어**
>
> 고급 프로그래밍 언어 또는 하이 레벨 프로그래밍 언어(high-level programming language)란 사람이 이해하기 쉽게 작성된 프로그래밍 언어로서, 저급 프로그래밍 언어보다 가독성이 높고 다루기 간단하다는 장점이 있다. 컴파일러나 인터프리터를 통해 저급 프로그래밍 언어로 번역되어 실행된다. C 언어, 자바, 베이직 등 대부분의 프로그래밍 언어들은 고급 언어에 속한다. 추상화의 정도는 프로그래밍 언어가 얼마나 높은 수준인지를 정의한다. (https://ko.wikipedia.org/wiki/고급_프로그래밍_언어) 이와 반대로 저급 프로그래밍 언어 (低級 프로그래밍 言語) 또는 로우 레벨 프로그래밍 언어(low-level programming language)란 컴퓨터가 이해하기 쉽게 작성된 프로그래밍 언어로, 일반적으로 기계어와 어셈블리어를 일컫는다. 실행속도가 매우 빠르지만 배우기가 어려우며 유지보수가 힘든 것이 단점이다. 현재는 특수한 경우가 아니면 사용되지 않는다. (https://ko.wikipedia.org/wiki/저급_프로그래밍_언어)

파이썬은 다양한 플랫폼을 지원하며, **인터프리터(interpreter), 객체지향적(object-oriented), 동적 타이핑(dynamic typing)** 특징을 지닌 범용 프로그래밍 언어이다.

인터프리터(interpreter)

인터프리터는 고급 언어로 작성된 원시코드 명령어들을 한 번에 한 줄씩 읽어들여 실행하는 프로그램이다. 고급 언어로 작성된 프로그램들을 실행하는 데는 두 가지 방법이 있다. 가장 일반적인 방법은 프로그램을 컴파일하는 것이고, 다른 하나는 프로그램을 인터프리터에 통과시키는 방법이다. 인터프리터는 고급 명령어들을 중간 형태로 번역한 후 실행한다. 이와는 대조적으로, 컴파일러는 고급 명령어들을 직접 기계어로 번역한다. (https://ko.wikipedia.org/wiki/인터프리터)

객체 지향적(object-oriented)

객체 지향 프로그래밍(Object-Oriented Programming, OOP)은 컴퓨터 프로그래밍의 패러다임 중 하나이다. 객체 지향 프로그래밍은 컴퓨터 프로그램을 명령어의 목록으로 보는 시각에서 벗어나 여러 개의 독립된 단위, 즉 "객체"들의 모임으로 파악하고자 하는 것이다. 각각의 객체는 메시지를 주고받고, 데이터를 처리할 수 있다.

객체 지향 프로그래밍은 프로그램 작성 및 변경이 용이하므로 대규모 소프트웨어 개발에 많이 사용된다. 또한 비교적 배우기 쉽고 소프트웨어 개발 및 보수가 간편해지며, 보다 직관적인 코드 분석이 가능해진다는 장점이 있다. (https://ko.wikipedia.org/wiki/객체_지향_프로그래밍)

동적 타이핑(dynamic typing)

동적 타이핑은 자료형(type)을 런타임 시 결정하는 특징으로, 자료형의 명시 없이 변수명만으로 선언 및 값을 전달하는 것이 가능하다. 런타임 시 타입에 대한 결정을 진행하므로 프로그래밍하는 입장에서 편리하다. 그러나 런타임 중 예상치 못한 에러가 발생할 수 있고 이를 발견하는 데 큰 어려움을 겪을 수 있다. 대표적인 언어로 Python, Ruby, Javascript 등이 있다.

정적 타이핑(static typing)은 자료형을 컴파일 시 결정하는 것으로, 변수에 들어갈 값의 형태에 따라 자료형을 사전에 지정해야 한다. 컴파일 진행 시 자료형에 맞지 않는 값이 전달되면 컴파일 에러를 발생시킨다. 컴파일 당시에 자료형에 대한 판단을 진행하기 때문에 속도가 빠르며, 타입 에러로 발생하는 문제점을 초기에 발견할 수 있는 장점이 있다. 대표적인 언어로 C, Java, C++, C# 등이 있다.

파이썬은 문법이 쉽고 간결하며, 풍부한 **라이브러리(library)**를 지원하는 장점 덕분에 세계적으로 많은 사람들이 사용하는 인기 프로그래밍 언어가 되었다.

> **Tip**
> **라이브러리(library)**
>
> 라이브러리는 주로 소프트웨어를 개발할 때 컴퓨터 프로그램이 사용하는 구성 데이터, 문서, 코드, 서브루틴(함수), 클래스 등을 포함하며, 코드 재사용을 위한 기법 중 하나이다. 파이썬에서는 모듈과 패키지를 묶어낸 것을 라이브러리라고 한다. 파이썬을 설치하면 시스템 제어, 시간, 랜덤 등을 설정 및 지정할 수 있는 표준 라이브러리가 자동으로 설치되고, 추가적인 설치를 통해 사용할 수 있는 방대한 외부 라이브러리가 존재한다. 대표적인 외부 라이브러리로 NumPy, Pandas, SciPy 등이 있다.

1.2 파이썬 설치 및 환경설정

파이썬은 쉽게 다운로드 및 설치가 가능하다. 파이썬 홈페이지(https://www.python.org)에서 자신의 컴퓨터에 설치된 운영체제에 맞추어 다운로드 하면 된다. 이 책을 저술하는 시점에서의 파이썬 stable 버전은 3.9.1이다. 책의 설명과 소스 코드는 버전 3.9.x (64-bit) 기준으로 작성되었다.

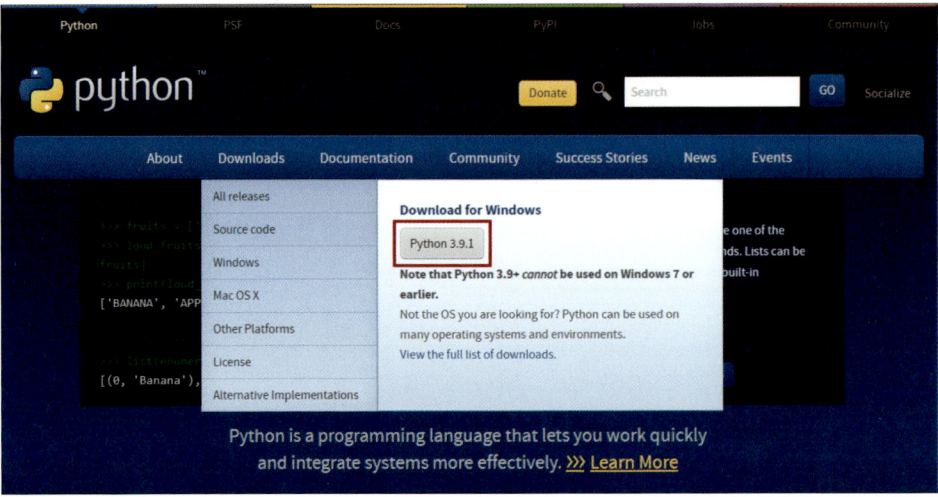

그림 1.1 파이썬 다운로드

다운로드 한 파이썬 설치파일을 실행하면 나타나는 인스톨러 창 하단에 체크 항목이 있다. 자동으로 환경 변수를 PATH에 등록하도록 [Add Python 3.9 to PATH]를 체크한 후 [Install Now]를 클릭하여 설치한다.

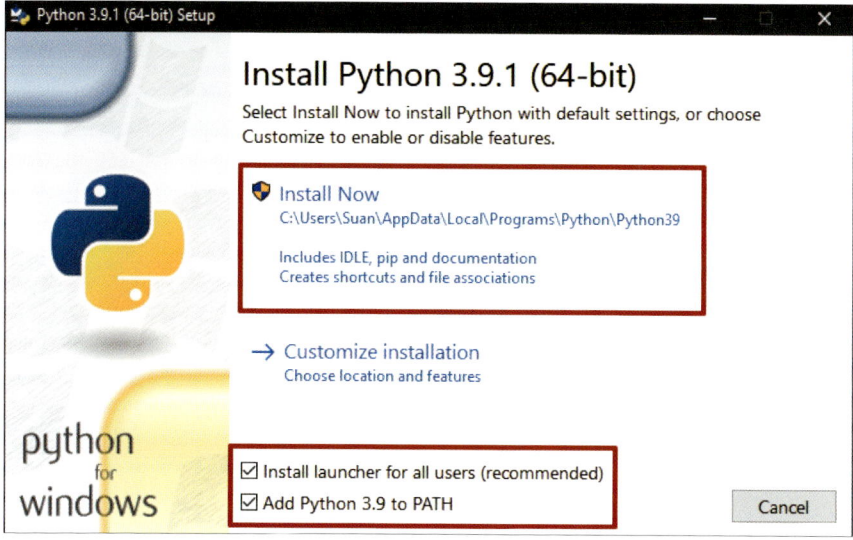

그림 1.2 파이썬 설치

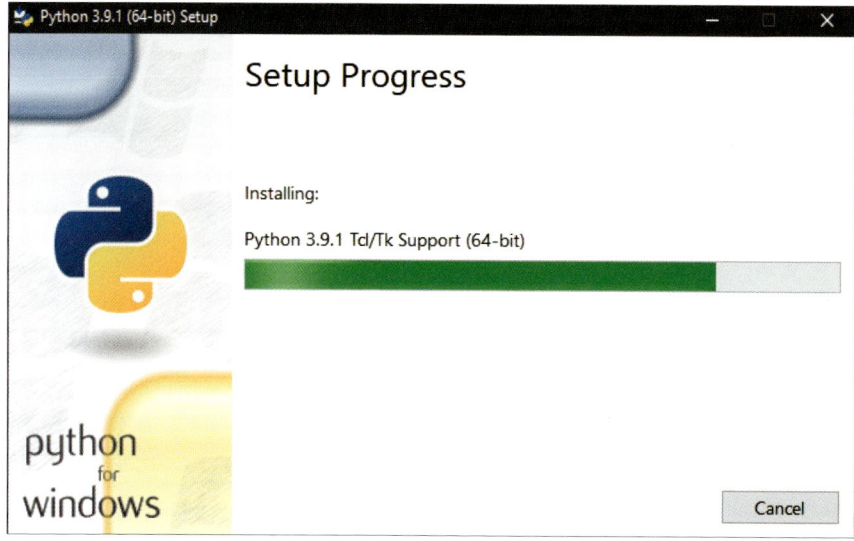

그림 1.3 파이썬 설치 진행

파이썬의 설치가 완료되었음을 알리는 창에서 만약 path의 최대 길이가 제한되어 있다고 하면, [Disable path length limit] 클릭으로 시스템에서 경로값인 path의 최대 길이 제한을 해제할 수 있다.

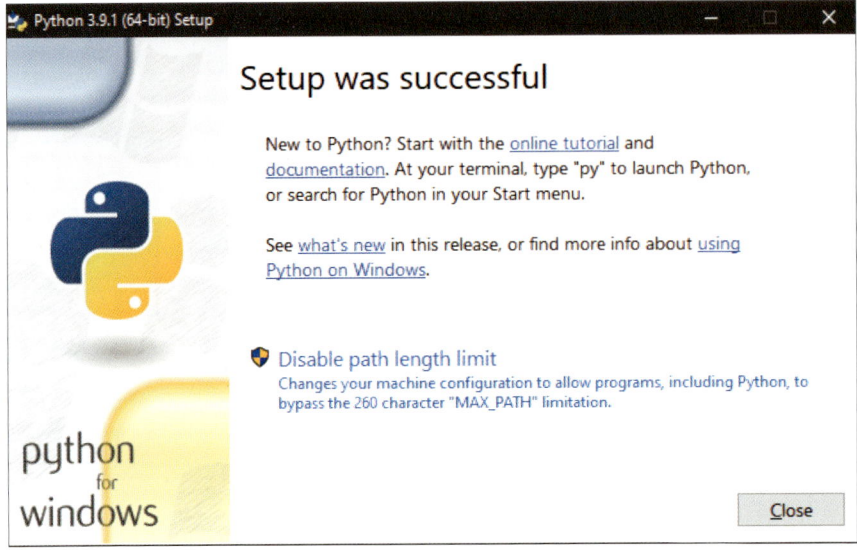

그림 1.4 파이썬 설치 완료

 IDLE

IDLE(Integrated Development and Learning Environment)은 파이썬에서 제공하는 **통합개발환경**(Integrated Development Environment, IDE)으로 파이썬을 설치할 때 기본적으로 함께 설치된다. 윈도우 키를 누르면 최근에 추가된 파이썬 관련 실행 프로그램 중에서 IDLE이 존재하는 것을 알 수 있다.

> **Tip**
> **통합개발환경(Integrated Development Environment, IDE)**
>
> 통합개발환경은 코딩, 디버그, 컴파일, 배포 등 프로그램 개발에 관련된 모든 작업을 하나의 프로그램 안에서 처리하는 환경을 제공하는 소프트웨어이다. 종래의 소프트웨어 개발에서는 컴파일러, 텍스트 편집기, 디버거 등을 따로 사용했다. 이러한 프로그램들을 하나로 묶어 대화형 인터페이스를 제공하는 것이 통합 개발 환경이다. (https://ko.wikipedia.org/wiki/통합_개발_환경)

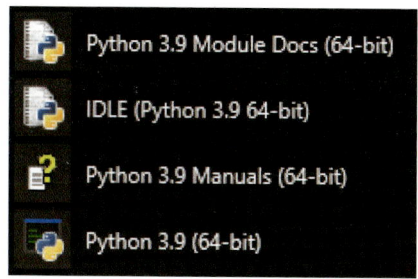

그림 1.5 시작 메뉴의 IDLE

IDLE을 실행시키면 기본적인 IDLE Shell이 실행될 것이다. 바로 파이썬 인터프리터를 이용하여 코드를 실행해볼 수 있다.

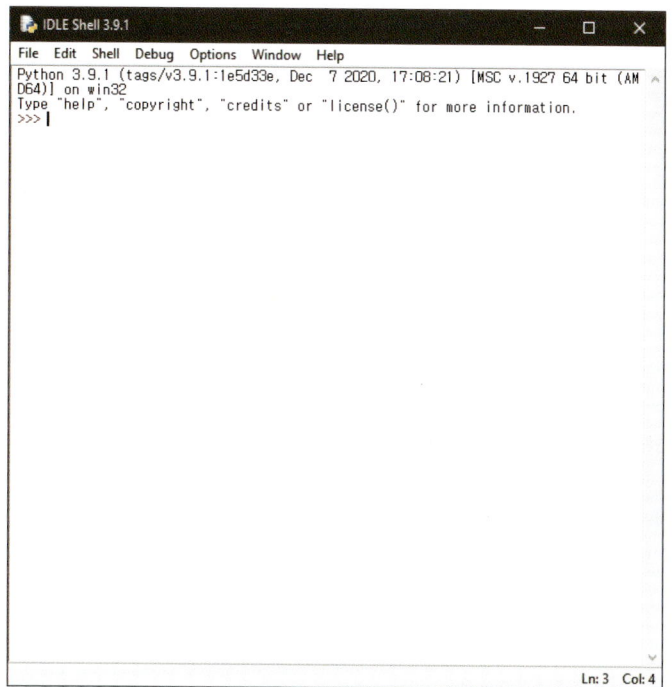

그림 1.6 파이썬 IDLE Shell

처음으로 파이썬이나 다른 프로그래밍 언어를 시작하면 기본적으로 하는 인사와 같은 코드가 있다. IDLE Shell에서 print("Hello Python")을 입력한 후 엔터를 쳐보자. 그럼 Hello Python 문자열이 그대로 출력되는 것을 알 수 있다. 마찬가지로 코드 print("Hello World")를 입력한 후 엔터를 쳐보자. Hello World 문자열이 출력된다. 간단하지만 함께 파이썬 코드를 실행했다.

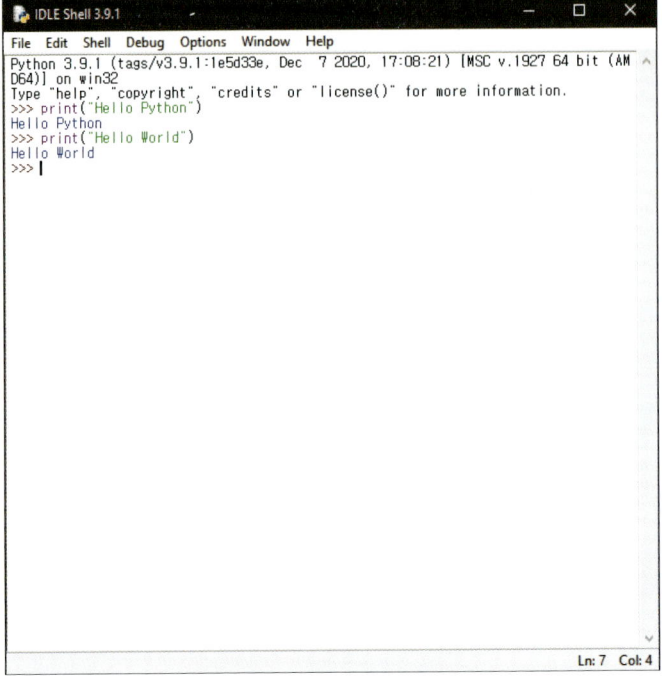

그림 1.7 파이썬 IDLE 코드 실행

 Visual Studio Code 설치

Visual Studio Code는 마이크로소프트에서 개발한 소스 코드 편집기로 다양한 프로그래밍 언어를 지원하며 막강한 기능들이 포함되어 있다. 먼저 Visual Studio Code 사이트(https://code.visualstudio.com)에 접속하여 사용 중인 운영체제에 맞는 설치 파일을 다운로드 한다.

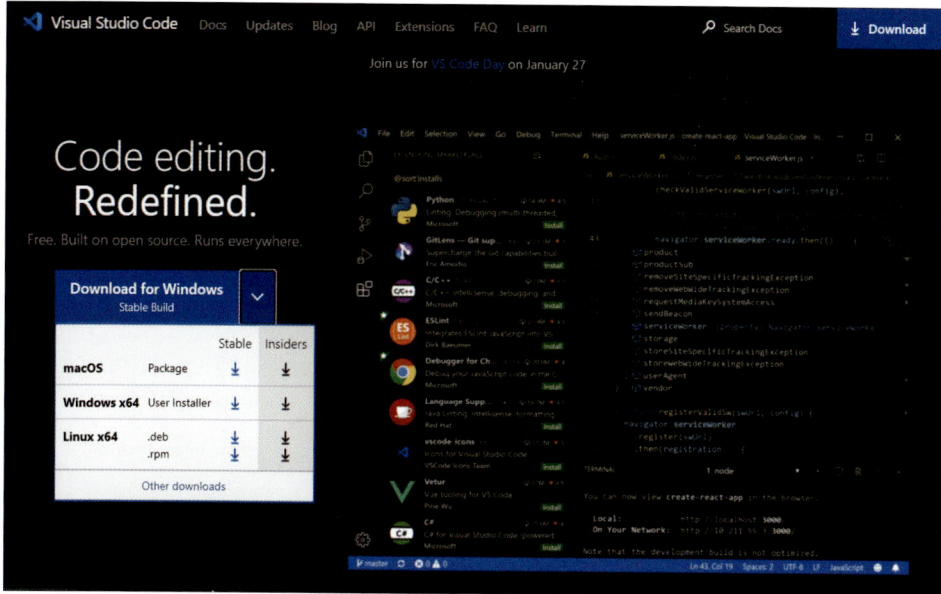

그림 1.8 Visual Studio Code 사이트

다운로드 한 설치 파일을 실행시키면 가장 먼저 라이선스에 대한 동의를 해주어야 한다.

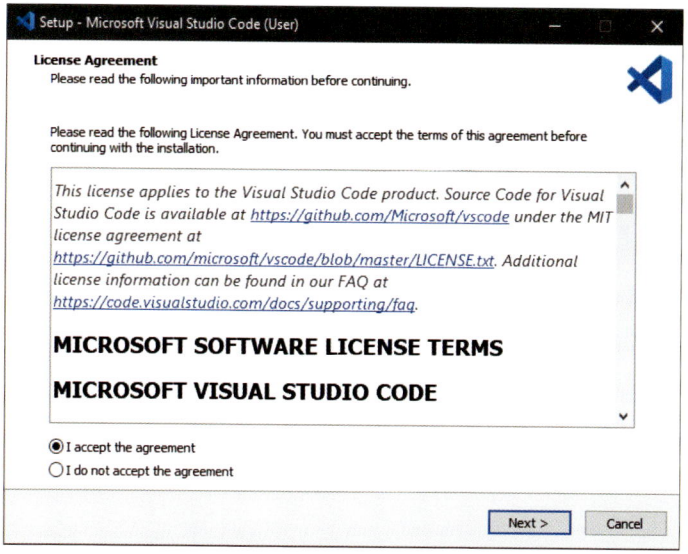

그림 1.9 Visual Studio Code 설치 동의

Visual Studio Code의 설치 경로를 지정하게 되는데, 일반적으로 기본 경로를 사용하면 된다.

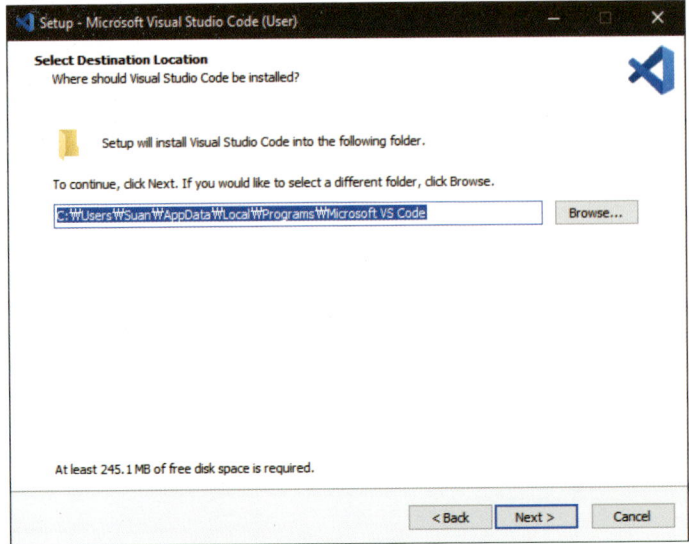

그림 1.10 Visual Studio Code 설치 경로

윈도우 시작 메뉴에 사용할 이름도 기본인 Visual Studio Code로 사용한다.

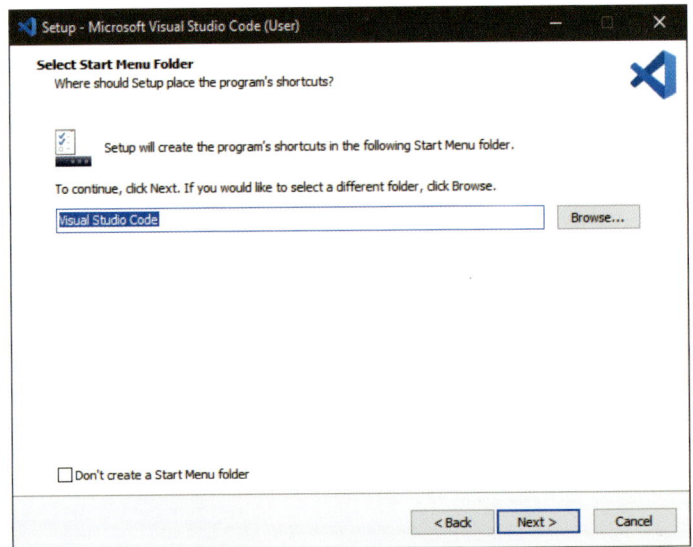

그림 1.11 Visual Studio Code 시작 메뉴

Visual Studio Code를 설치할 때 선택할 수 있는 몇 가지 옵션들이 있다. Create a desktop icon 체크박스를 통해 바탕화면에 아이콘을 생성하는 옵션과, 그 밖에 파일과 디렉토리의 컨텍스트 메뉴에 "Open with Code" 실행을 추가할 여부를 선택하는 옵션, 코드 파일 타입을 Visual Studio Code로 실행되도록 등록하는 옵션, 환경 변수 PATH에 등록하는 옵션이 있다. 필요에 따라 각 옵션들을 선택하면 된다.

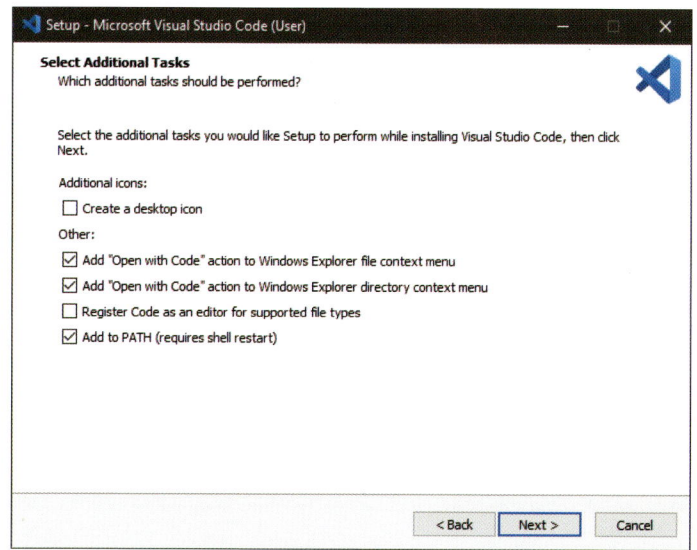

그림 1.12 Visual Studio Code 추가 선택

지금까지 선택한 설치 경로와 옵션들을 확인한 후 설치 버튼을 누르면 된다.

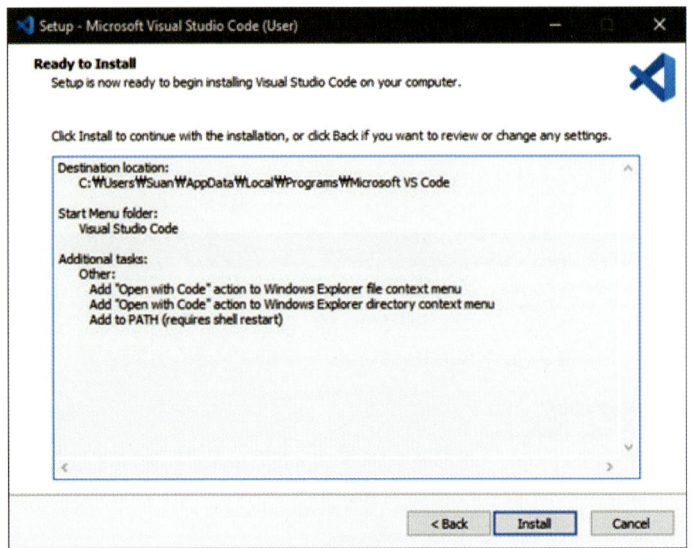

그림 1.13 Visual Studio Code 설치 확인

사용자가 지정한 방법에 따라 Visual Studio Code의 설치가 시작된다.

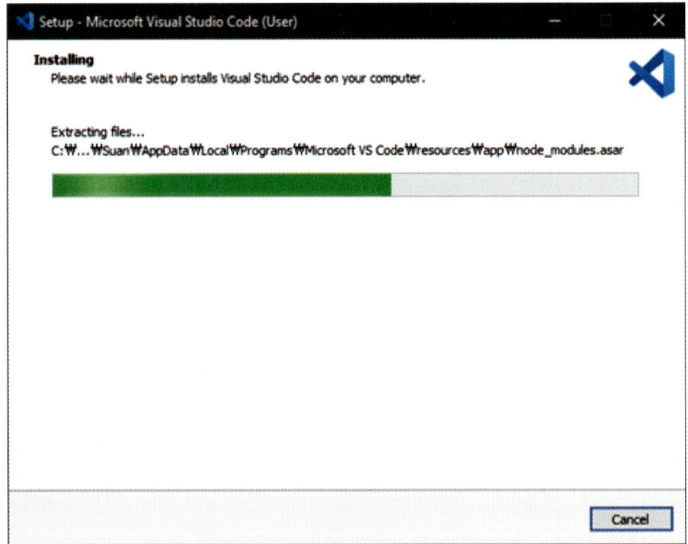

그림 1.14 Visual Studio Code 설치

설치가 완료되면 Visual Studio Code를 실행할지 여부가 체크박스로 선택된다. 설치를 마쳤으니 Visual Studio Code를 실행해보자.

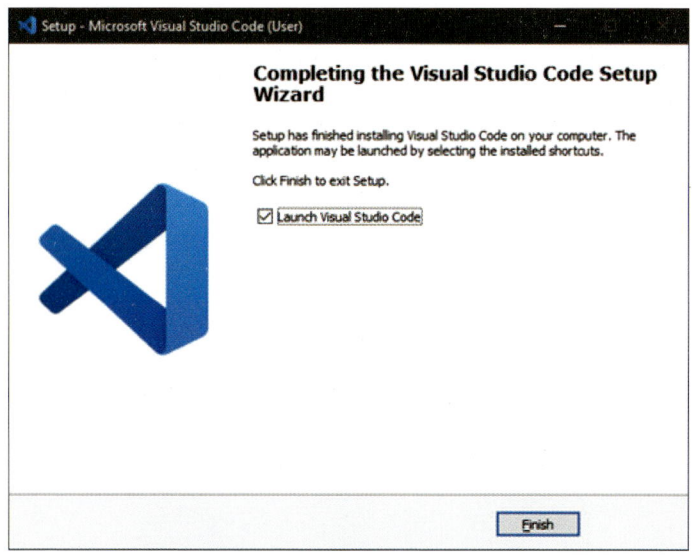

그림 1.15 Visual Studio Code 설치 완료

Visual Studio Code를 처음 실행하면 먼저 파이썬을 실행할 수 있는 환경을 만들어줘야 한다. Visual Studio Code에서는 확장을 통해 다양한 프로그래밍 언어와 도구들을 추가할 수 있다. 추가하는 방법은 첫 페이지에서 Customize의 Tools and languages를 눌러 EXTENSIONS으로 이동하거나 왼쪽 탭 메뉴에서 EXTENSIONS 버튼을 클릭하거나 메뉴에서 [View] - [Extensions]를 클릭하면 된다.

Visual Studio Code는 사용자들이 여러 확장 기능과 설정 등을 통해서 커스텀으로 자신만의 개발 환경을 만들 수 있다.

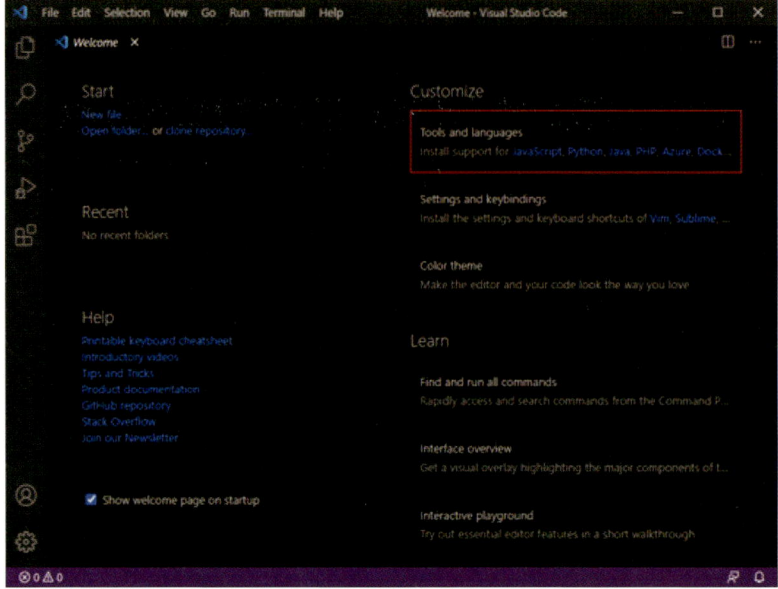

그림 1.16 Visual Studio Code 실행

Python을 검색하여 파이썬 언어 및 도구를 설치하도록 한다.

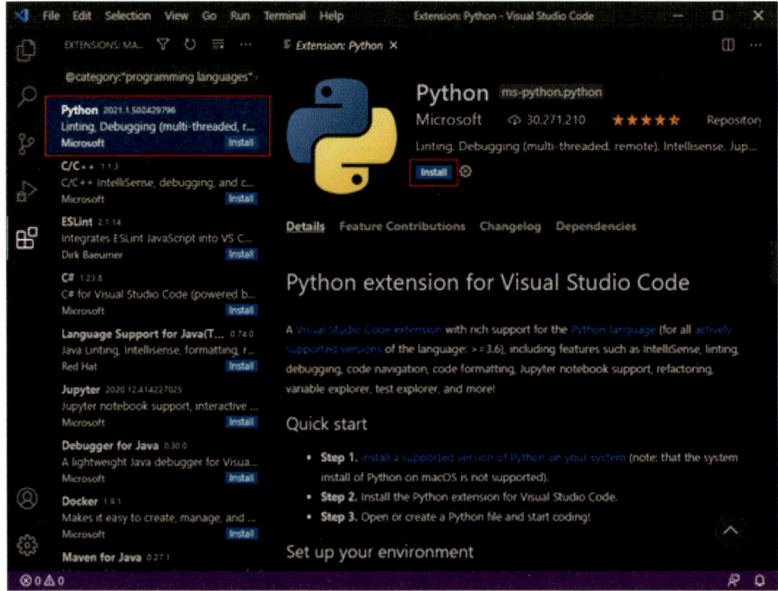

그림 1.17 Visual Studio Code 확장

파이썬 확장 설치를 마치면 메뉴의 [File] - [New File] 버튼을 눌러 새로운 파일 하나를 만들어준다.

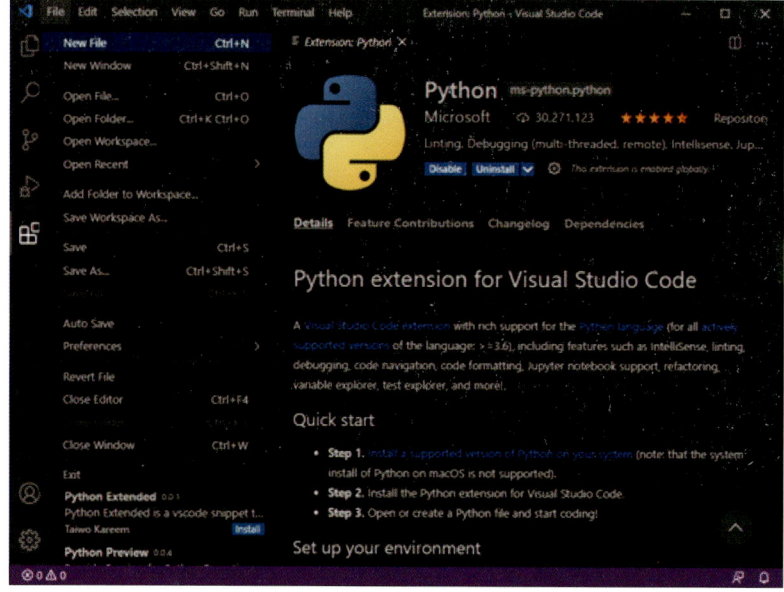

그림 1.18 Visual Studio Code 새 파일

새로 생성한 파일에 파이썬 코드를 작성해보자. 마찬가지로 기본 출력 함수 print를 사용해서 print("Hello Python") 코드를 작성해보자.

지금 코드는 간단하게 파이썬의 동작을 확인하기 위해서 실행하는 코드로 "Hello Python"이라는 문자열을 출력하는 코드라고 이해하면 된다.

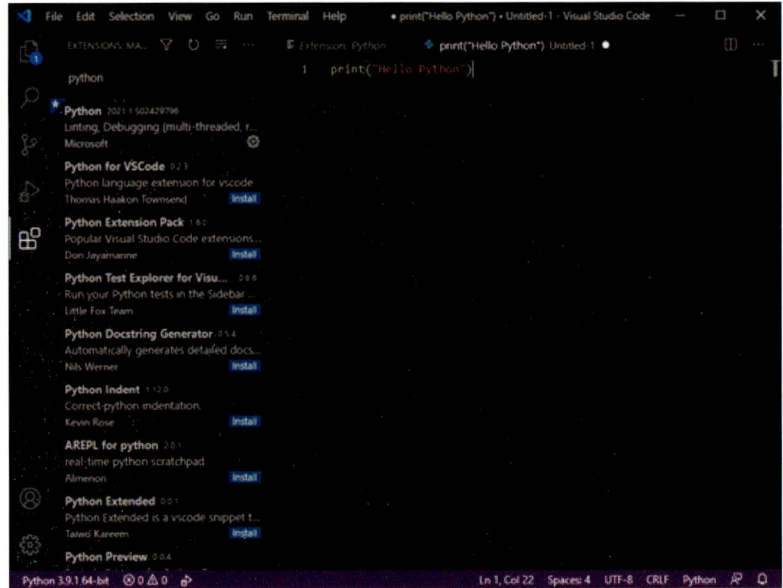

그림 1.19 Visual Studio Code 코드 작성

이제 코드가 작성된 파일을 저장하도록 하자. 파일명은 간단하게 hello.py로 저장한다.

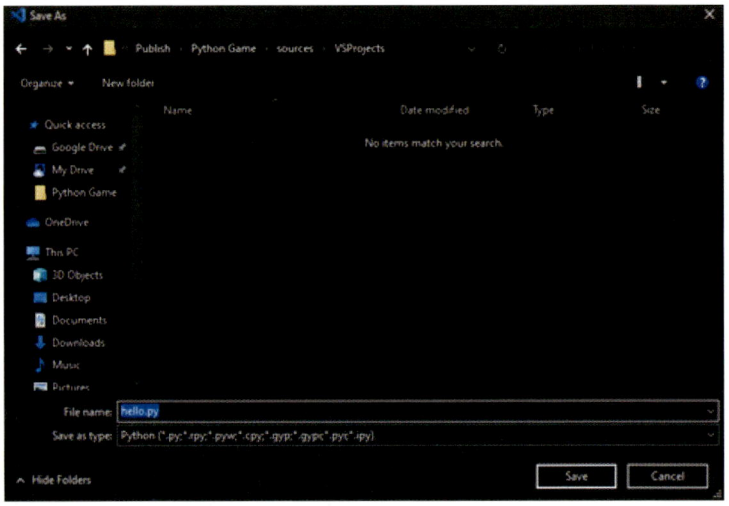

그림 1.20 Visual Studio Code 코드 저장

파일을 저장했다면 파이썬 코드를 실행해보자. 코드를 실행하는 방법은 메뉴에서 [Run] - [Run

without Debugging] 버튼을 클릭하거나 Ctrl+F5 단축키를 이용하거나 오른쪽 상단의 초록색 화살표 버튼 ▶을 이용하면 된다. 코드를 실행한 결과는 하단에 TERMINAL 탭에서 Hello Python 메시지가 출력됨으로써 확인할 수 있다.

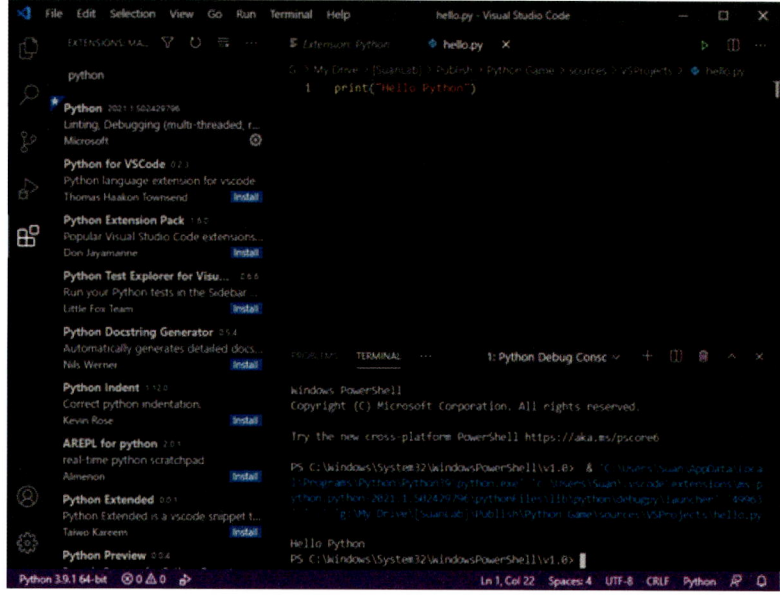

그림 1.21 Visual Studio Code 코드 실행

1.5 파이참(PyCharm) 설치

파이참은 많은 파이썬 통합개발환경 중 하나이다. 파이썬을 설치하면 기본적으로 제공되는 IDLE로도 코딩을 하는 데 부족함이 없다. 그러나 PyCharm은 코드 완성, 코드 검사, 오류 강조 표시 및 빠른 수정, 코드 리팩토링 등 다양한 기능을 통해 지능적인 코딩을 지원한다. 이 책에서는 PyCharm을 이용하길 권장하지만, 기본 IDLE을 사용하거나 다른 IDE를 설치해서 사용해도 된다. 먼저, 파이참 다운로드를 위해 JETBRAINS 홈페이지의 파이참 다운로드 페이지(https://www.jetbrains.com/pycharm)에 접속한다.

그림 1.22 파이참 홈페이지

파이참 버전은 Professional Edition과 Community Edition으로 구분된다. Professional Edition은 추가 지원되는 기능이 많지만 유료이다. 본 책에서는 Community Edition을 다운로드 하고 설치한다. 책에서 사용하는 버전은 2020.3.1이다. 앞으로 더 최신 버전이 나와도 기본적인 기능들은 크게 다르지 않을 것이다.

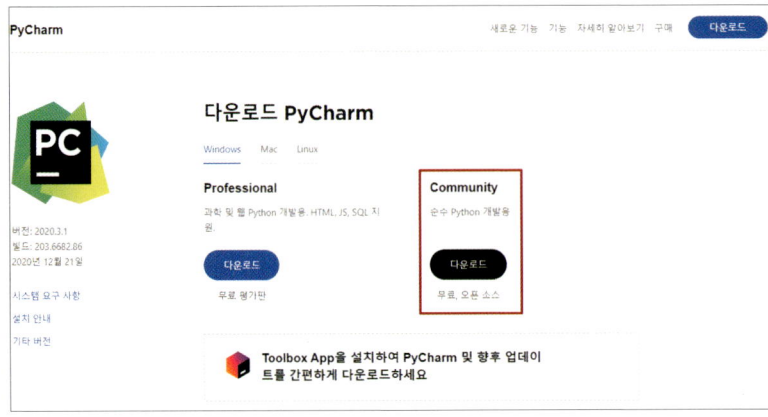

그림 1.23 파이참 다운로드

다운로드 한 파이참 설치 파일을 실행하면 간단한 안내와 함께 설치를 진행할 수 있다.

그림 1.24 파이참 설치 시작

다음으로는 파이참을 설치할 위치를 지정할 수 있다. 별다른 이유가 없다면 기본적으로 지정된 폴더 위치에 설치하면 된다.

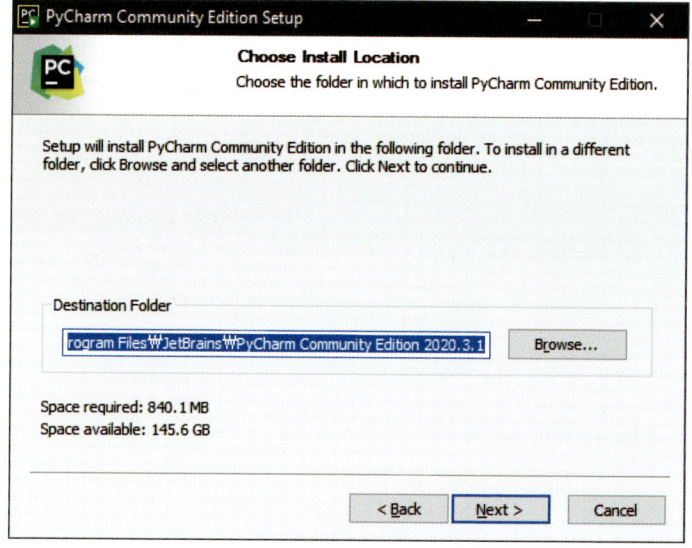

그림 1.25 파이참 설치 경로

파이참 설치 시에 제공되는 옵션들은 총 4가지가 있다. 먼저 첫 번째 체크 옵션인 64-bit launcher는 바탕화면에 파이참 바로가기를 생성해준다. 두 번째 체크 옵션인 Add launchers dir to the PATH는 파이참 설치 경로를 환경 변수인 PATH에 반영해준다. PATH에 등록하면 명령어 등으로 파이참 관련 유틸들을 실행시킬 수 있다. 세 번째 옵션인 Add "Open Folder as Project"는 특정 폴더를 오른쪽 버튼으로 클릭할 때 뜨는 컨텍스트 메뉴에 파이참 프로젝트로 열 수 있는 메뉴가 추가된다. 네 번째 옵션은 파이썬 파일 확장자인 .py를 파이참으로 연결시키는 역할을 한다. 각 옵션들은 필요에 따라서 선택하면 된다.

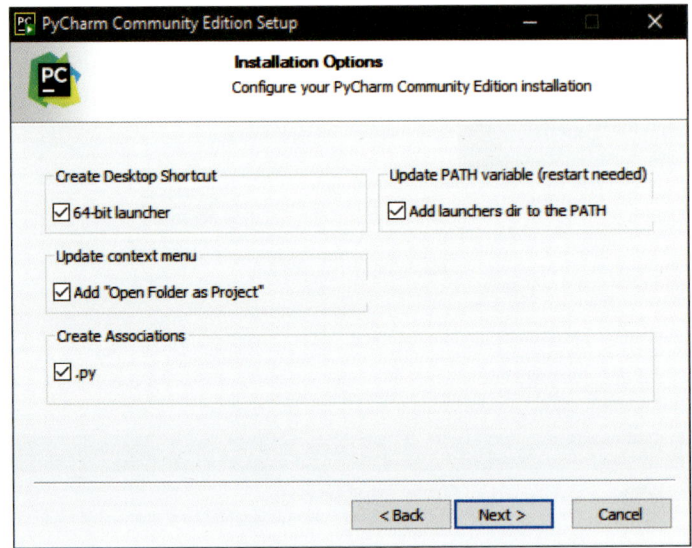

그림 1.26 파이참 설치 옵션

다음으로 생성할 파이참 시작 메뉴 폴더를 선택하는데, 정해진 기본값을 사용하면 된다. 설치 버튼을 눌러 설치를 시작해보자.

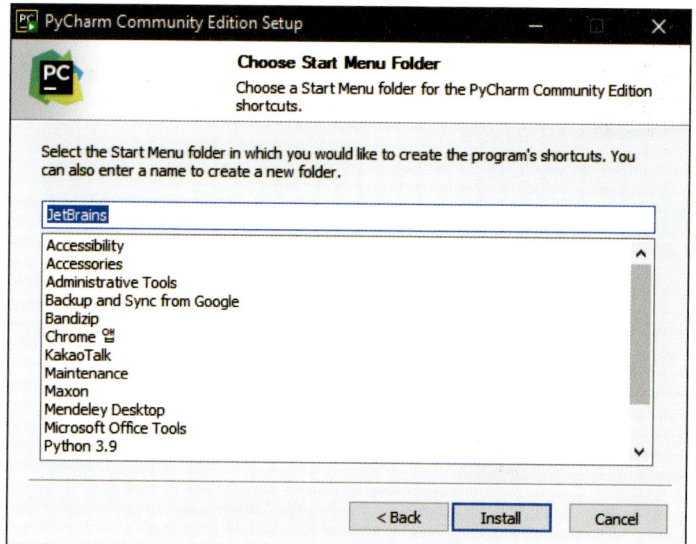

그림 1.27 파이참 시작 메뉴

파이참 실행에 필요한 여러 파일들이 설치된다.

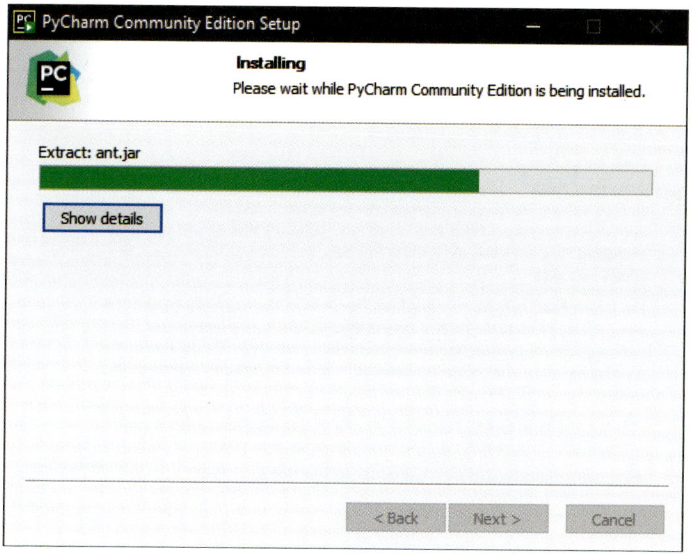

그림 1.28 파이참 설치 진행

파이참 설치가 끝나면 최종적으로 재부팅 여부를 물어본다. 바로 재부팅할지 나중에 할지 선택하면 된다.

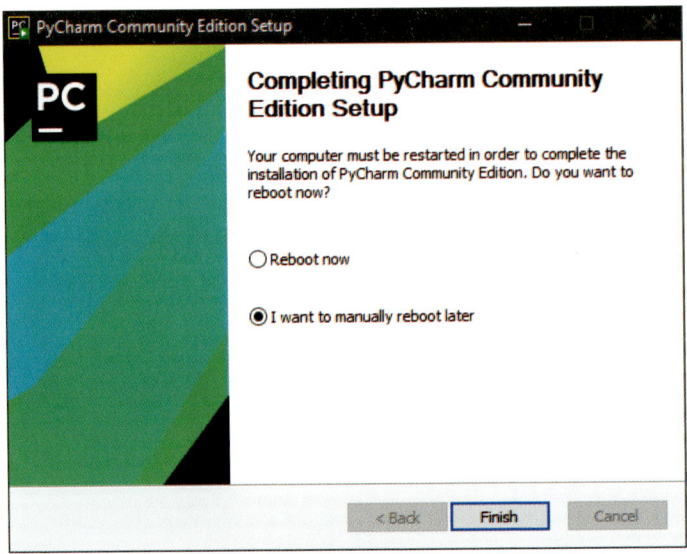

그림 1.29 파이참 설치 완료

파이참 설치 후에 실행을 하여 프라이버시 정책을 동의하고, 데이터 공유 여부를 결정해준다.

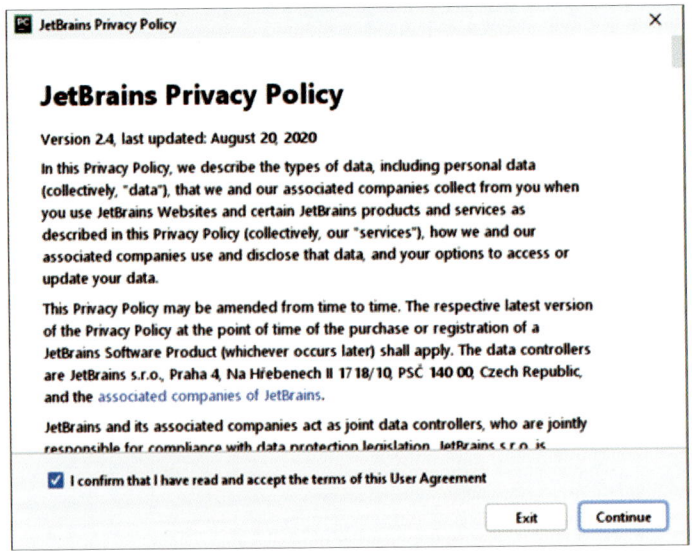

그림 1.30 프라이버시 정책 동의

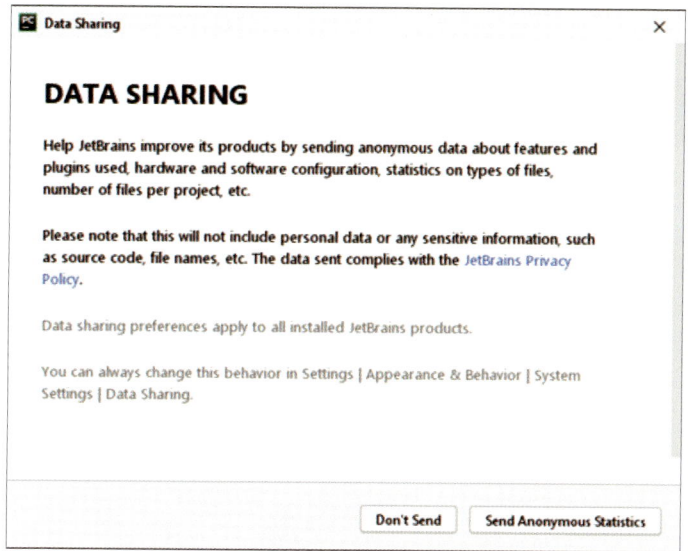

그림 1.31 데이터 공유

파이참의 첫 화면이 실행된다. [New Project]를 클릭하여 새로운 프로젝트를 만들어보자.

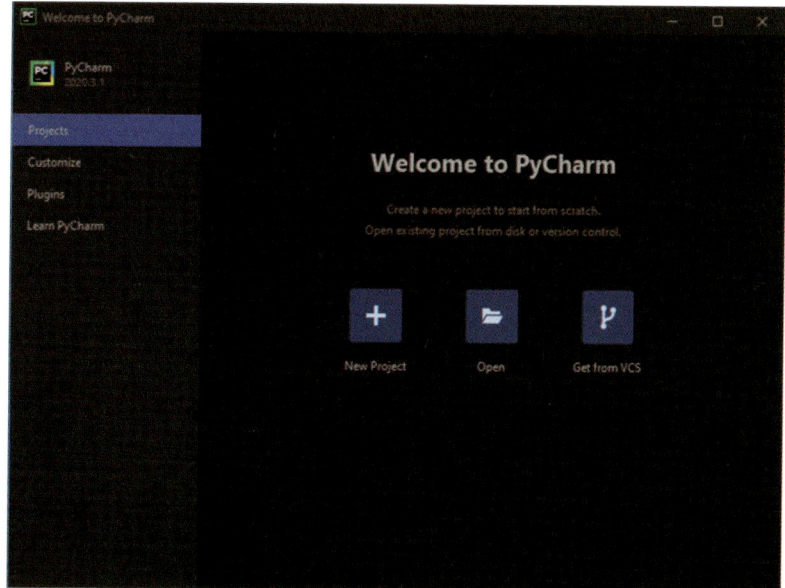

그림 1.32 파이참 시작

PyCharm에 새로운 프로젝트를 생성하여 파이썬 코드를 한번 돌려보자. 여기서 Location은 생성할 프로젝트의 위치에 해당하며, 기본으로 지정된 위치에 pythonProject라는 기본 이름의 프로젝트로 생성한다. 새로운 환경은 Virtualenv, Pipenv, Conda 등이 있는데, 이 책에서는 기본으로 설치한 파이썬의 가상 환경을 이용하므로 Virtualenv로 지정한다. 생성 버튼을 누르면 Location 위치에 프로젝트 파일 생성과 환경 구성이 완료된다.

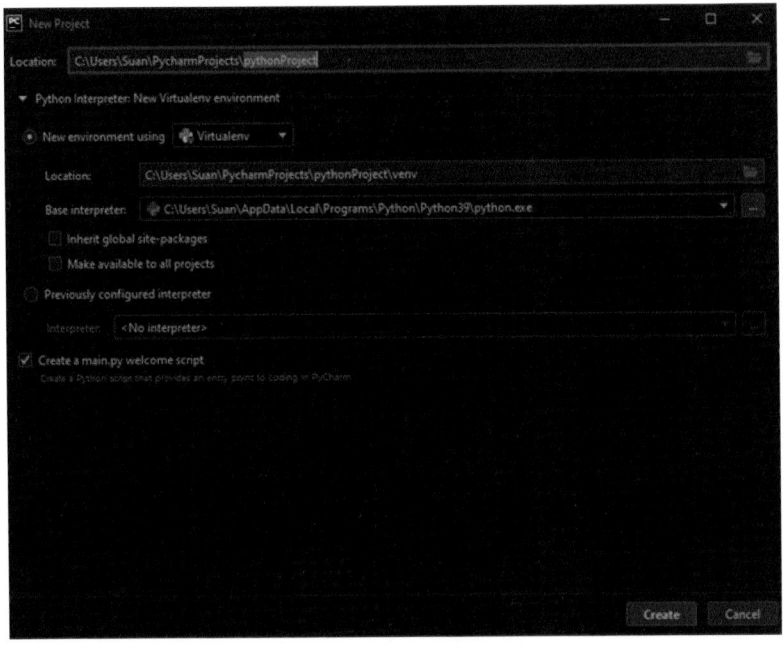

그림 1.33 파이참 새 프로젝트

새로운 프로젝트가 생성되었고, 파이썬을 실행시킬 준비를 마쳤다. 파이참 GUI를 보면, 위쪽에 메뉴가 있고, 왼쪽 사이드바에서는 프로젝트 파일들을 디렉토리 구조로 볼 수 있으며, 오른쪽에는 코드를 편집하는 창이 있다. 기본적으로 구성된 프로젝트를 살펴보면, pythonProject라는 폴더 밑에 main.py 파이썬 파일이 존재하는 것을 알 수 있다. 간단하게 화면에 출력할 수 있는 샘플 코드가 포함되어 있다.

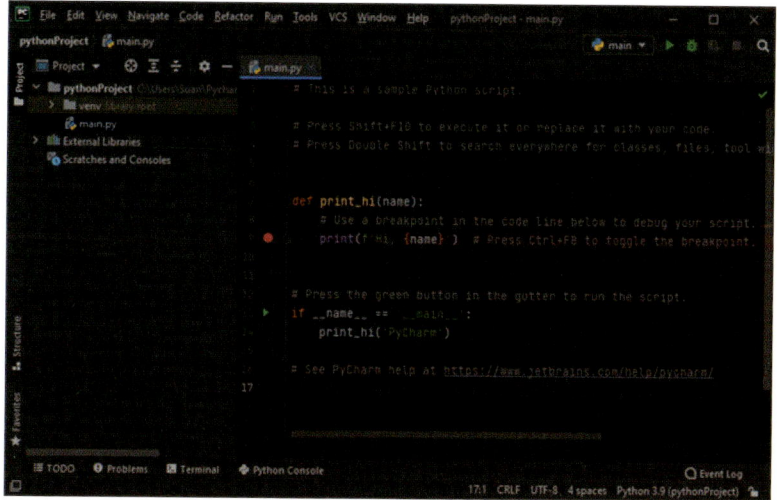

그림 1.34 파이참 GUI 환경

파이참에서 파이썬 코드를 실행하기 위해서는 메뉴에서 [Run] - [Run 'main']을 눌러 실행하거나, 상단에 초록색 화살표 ▶를 클릭하거나, 단축키 Shift+F10을 사용하면 된다. 세 가지 방법 중 선택하여 실행하면 다음 그림과 같이 하단에 코드 실행 결과를 확인할 수 있다. 결과는 Hi, PyCharm 메시지가 출력되고, 정상적으로 종료되었음을 의미하는 Process finished with exit code 0 문자열이 출력된다.

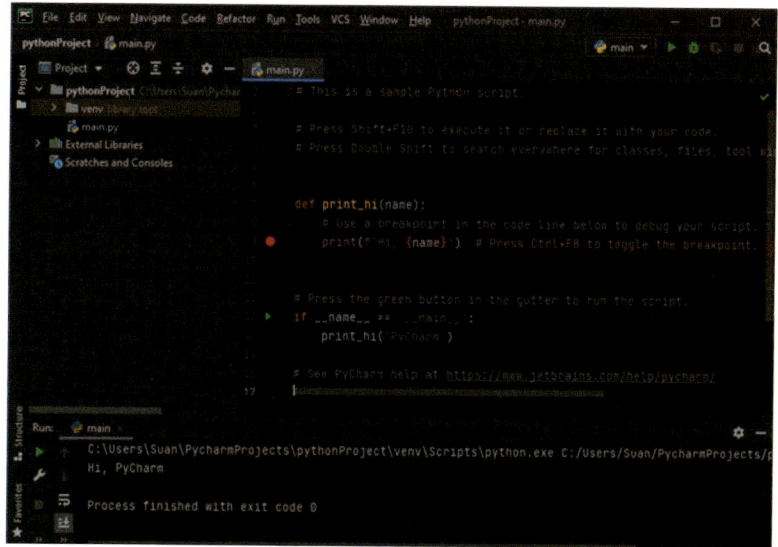

그림 1.35 파이참 코드 실행

1. 파이썬과 IDE 소개 및 설치 37

앞으로 본 책에서 사용하는 예제와 코드는 특정 IDE에서만 사용 가능한 것은 아니기 때문에 파이참을 꼭 써야 하는 것은 아니다. 기본으로 설치되는 파이썬 IDLE 또는 Visual Studio Code를 이용해도 된다. 사용자의 환경에 적합한 IDE를 선택하여 오타 체크와 자동완성 등 유용한 기능과 편의성을 이용하며 코딩을 하면 좋다.

2. 파이썬 배우기

파이썬을 이용해 코딩을 하기 위해서는 파이썬에 대한 몇 가지 개념과 기초 문법 등을 알아야 한다. 처음 컴퓨터 프로그래밍 언어를 접하는 사람에게는 어려워 보일 수 있지만, 파이썬은 다른 언어와 비교하여 매우 쉽고 심플하다. 만약 파이썬에 대해 기본 문법을 이미 알고 있는 사람이라면 이 장은 건너뛰어도 된다.

파이썬 기초를 배우기 위해서 1장에서 배운 파이참을 실행하고, 프로젝트를 생성한 뒤에 파이썬 파일을 추가해보자. 각각의 예제마다 파이썬 파일을 추가하면서 예제를 따라 하고, 실행하며 결과를 확인해보자.

2.1 변수와 자료형

2.1.1 변수(Variable)

변수는 **어떠한 값을 저장하는 공간**으로 사용자가 원하는 이름을 변수명으로 사용할 수 있으며, 변수에 값을 넣을 수 있다. 변수명은 **알파벳, 숫자, 언더바('_')**로 선언이 가능하다. 변수명에서는 **띄어쓰기가 불가능**하여 일반적으로 언더바를 이용해 변수명을 선언한다. 모든 변수는 값에 따른 자료형이 있다. 값으로 숫자를 저장하는지 문자열을 저장하는지 등에 따라 자료형이 달라진다. 파이썬은 다른 언어와 달리 자료형을 동적으로 관리하기 때문에 자료형을 선언할 필요가 없다.

파이썬에서 변수를 선언하고 값을 넣어보자. 변수 name에는 값으로 문자열 "Suan"을 넣어주고,

변수 num에는 숫자 123을 넣어준다. 그리고 변수를 print() 함수를 이용해 출력해보자. 프로그래밍에서 가장 기본 중 하나는 변수 선언과 함께 값을 넣고, 출력을 하는 일이다.

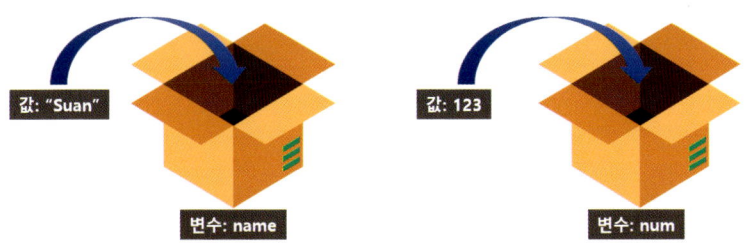

그림 2.1 변수 예제

```
name = "Suan"
print(name)
num = 123
print(num)
```
» Suan
» 123

코드 2.2 변수 예제

 Tip

변수명과 예약어(키워드)

프로그래밍 언어에서 변수명은 자유롭게 만들 수 있다. 파이썬에서 변수명은 대소문자와 숫자, 그리고 밑줄(underbar, _)을 조합하여 만들 수 있다. 그러나 변수명은 코드의 설명을 위한 관점에서 중요한 의미를 가지기 때문에 아무렇게나 만들어서는 안 된다. 프로그래머 사이에서는 소스 코드의 공개와 설명을 위해서 나름대로 일관성이 있는 변수명을 사용한다. 특히 파이썬에서는 변수명으로 대문자를 사용할 수 있지만, 일반적인 변수명으로는 소문자만 사용하고, 숫자와 밑줄로 시작하는 변수명을 사용하지 않는다. 파이썬에서는 코드에 사용되는 다양한 예약어(키워드)가 존재한다. 예약어는 파이썬에서 사용되므로 변수명으로 사용할 수 없고, 현재 파이썬에서 이미 사용 중인 예약어는 다음과 같다.

and	exec	not	assert	finally	or	break	for	pass	class
from	print	yield	global	raise	def	if	return	del	import
try	elif	in	while	else	is	with	except	lambda	continue

2.1.2 주석(Comment)

주석은 코드에 대한 설명을 추가하거나 TODO(앞으로 수행할 작업, 할 일 목록에 있는 항목) 또는 문제점을 남겨두는 등 다양한 목적으로 사용된다. 코드를 해석하는 파이썬의 인터프리터는 주석을 코드로 인식하지 않고 무시하며, 대부분의 주석은 코드의 원리와 의미를 설명해주는 용도로 작성되어 코드를 이해하는 데 도움을 준다. 파이썬에서는 주석을 사용하기 위해서 # 문자를 이용한다. 코드 라인에서 # 문자가 시작된 후부터 주석으로 처리된다. 예제 코드를 보면 라인 전체를 주석으로 처리할 수도 있고, 각 코드에 대한 설명을 위해 코드 끝에 주석을 달 수도 있다.

```
# 이 라인은 주석으로 처리
a = 10      # a 변수에 값 10을 넣고 선언
print(a)    # a 변수값을 출력
» 10
```

코드 2.3 변수 예제

2.1.3 정수, 실수, 불리언 자료형

파이썬에서 사용되는 많은 자료형 중에서 앞으로 많이 보게 될 정수, 실수, 불리언 자료형을 살펴보자. 먼저 **정수형**은 일반적으로 우리가 사용하는 숫자 표현을 그대로 사용한다. 예제 코드를 보면, 변수 i에 숫자값 10을 넣고 출력 함수인 print()를 이용하여 값을 출력하고, 자료형을 알려주는 내장 함수인 type() 함수를 통해서 자료형을 출력하였다. 결과는 변수 i에 들어가 있는 값 10과 정수형 자료형인 integer를 줄여서 'int'가 출력되었다.

```
i = 10
print(i)        # i 변수값 출력
print(type(i))  # i 변수의 자료형 출력
» 10
» <class 'int'>
```

코드 2.4 정수 자료형 코드 예제

실수형은 변수 f에 소수점이 포함된 실수값 12.34를 넣었다. 마찬가지로 자료형을 확인하기 위해 type **내장 함수**를 사용했다. 출력되는 결과로 자료형을 확인하면 floating point를 줄여서 'float'으로 출력됨을 알 수 있다.

```
f = 12.34
print(f)        # f 변수값 출력
print(type(f))  # f 변수의 자료형 출력
» 12.34
» <class 'float'>
```

코드 2.5 실수 자료형 코드 예제

불리언형은 True와 False의 두 가지 값만 가지며, 예제 코드를 보면 True라는 값을 가진 변수 b의 자료형을 출력해보면 불리언(boolean)을 약자로 'bool'로 나타난다.

```
b = True
print(b)        # b 변수값 출력
print(type(b))  # b 변수의 자료형 출력
» True
» <class 'bool'>
```

코드 2.6 불리언 자료형 코드 예제

내장 함수

파이썬에서는 기본적으로 자주 사용되는 함수들을 내장하고 있다. 예제 코드에서 사용한 type 함수가 바로 내장 함수 중에 하나이다. 수많은 사람들의 필요에 따라 다양한 함수가 만들어졌고, 이미 필요한 함수가 있다면 그냥 가져와서 이용하면 된다. 파이썬에서는 활용빈도가 높은 함수들을 쉽게 사용할 수 있도록 내장하고 있다. 함수에 대한 자세한 내용은 추후에 살펴보자.

2.1.4 문자열(String)

문자열은 문자들의 집합을 의미하며, 파이썬에서는 **작은 따옴표(')** 또는 **큰 따옴표(")**로 문자열을 표현한다. 예제 코드를 보면 작은 따옴표와 큰 따옴표의 조합으로 문자열을 표현한 것을 알 수 있다.

```
print('Hello')
print("파이썬은 재미있다.")
print('''파이썬은 심플하다.''')
```

```
print("""파이썬은 문자열 처리가 뛰어나다""")
```
» Hello
» 파이썬은 재미있다.
» 파이썬은 심플하다.
» 파이썬은 문자열 처리가 뛰어나다

코드 2.7 문자열 예제

문자열에서는 여러 특수 문자를 표현하기 위한 방법으로 **이스케이프 문자**(Escape Character)를 제공하고 있다. 주로 사용되는 이스케이프 문자는 다음 표와 같다. 직접 코드를 통해 이스케이프 문자의 역할을 살펴보자.

이스케이프 문자	이름
\\	백슬래시(backslash)
\'	작은 따옴표(single quote)
\"	큰 따옴표(double quote)
\n	라인피드(linefeed)
\t	수평 탭(tab)

표 2.1 이스케이프 문자 종류

```
print("백슬래시 \\")
print("\'작은 따옴표\'")
print("\"큰 따옴표\"")
print("라인피드\n새로운 라인")
print("탭\t탭\t탭")
```
» 백슬래시 \
» '작은 따옴표'
» "큰 따옴표"
» 라인피드
» 새로운 라인
» 탭   탭   탭

코드 2.8 이스케이프 문자 예제

파이썬은 뛰어난 문자열 처리를 위한 다양한 연산자들을 지원한다. 먼저 문자열을 서로 연결할 수 있는 + 연산자를 제공한다. 제공되는 * 연산자는 문자열을 특정 수와 곱하면 특정 수만큼 문자열이 반복된다. 문자열의 길이를 구하려면 어떻게 해야 할까? 문자열과 같은 자료형의 길이를 내장 함수인 len()을 이용해 구할 수 있다.

```
s1 = "Suan"
s2 = "Lab"
print(s1 + s2)
print(s1 * 3)
print(len(s1))
print(len(s1 + s2))
```
» SuanLab
» SuanSuanSuan
» 4
» 7

코드 2.9 문자열 연산자 예제

문자열은 **문자 하나하나가 연속된 형태로 구성된 자료형**이다. 문자 하나하나가 각 위치마다 상대적인 위치 값을 가지고 있다. 즉, 문자열의 **인덱싱(indexing)**을 이용해서 문자 하나를 가져올 수 있다. 다음 그림을 살펴보면 문자열 s의 값인 "String"에 대해서 문자 하나하나 위치 값이 존재한다는 것을 알 수 있다. 예제를 통해서 "String" 문자열에 포함된 문자에 인덱싱을 통해 접근해보자. 문자열 인덱싱은 0부터 시작하기 때문에, s[0]은 문자열의 처음인 'S' 문자에 접근할 수 있으며, 음수로 된 인덱스로는 s[-6]으로 접근이 가능하다. 즉, 문자열의 어느 문자이든지 인덱싱을 통해서 접근할 수 있다.

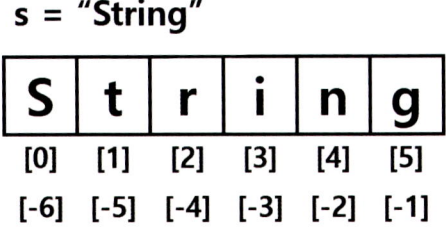

그림 2.2 문자열 인덱싱 예제

```
s = "String"
print(s)

print(s[0])
print(s[1])
print(s[2])

print(s[-6])
print(s[-5])
print(s[-4])
» String
» S
» t
» r
» S
» t
» r
```

코드 2.10 문자열 인덱싱 예제

문자열의 일부만 추출하고 싶을 땐 어떻게 해야 할까? 파이썬에서는 문자열뿐만 아니라 다양한 자료형의 일부 값들을 **슬라이싱(slicing)**을 통해서 가져올 수 있다. 예제를 살펴보면, "이수안컴퓨터연구소" 문자열에서 일부 구간만 : 기호를 이용해서 슬라이싱 할 수 있다. 슬라이싱을 위해 : 기호 앞에는 문자열의 인덱싱으로 시작 위치를 지정하고, : 기호 뒤에는 끝 위치를 지정하면 된다. s[3:6]은 인덱싱 3번째 위치인 '컴' 문자부터 인덱싱 6번째 위치인 '연' 문자 앞까지 슬라이싱을 수행한다. 그럼 슬라이싱 결과는 **"컴퓨터"**가 된다. 물론 음수 인덱스를 통해서도 슬라이싱 할 수 있다. s[-3:]은 -3번째 위치인 '연' 문자에서 시작해서 : 기호 뒤에 아무것도 입력하지 않았기 때문에 문자열 끝까지 슬라이싱 한다. 그래서 슬라이싱 결과는 **"연구소"**가 된다.

```
s = "이수안컴퓨터연구소"
print(s)
print(s[0:3])
print(s[:3])
print(s[3:6])
```

```
print(s[-6:-3])
print(s[-3:])
```
» 이수안컴퓨터연구소
» 이수안
» 이수안
» 컴퓨터
» 컴퓨터
» 연구소

코드 2.11 문자열 슬라이싱 예제

파이썬에서는 문자열 내에서 서식을 맞추어 특정 값을 삽입 또는 변경할 수 있는 다양한 **포 맷팅(formatting)** 방법을 제공하고 있다. 예제를 보면 문자열 내의 서식으로 {}를 지정하면, format() 메서드에 지정된 값으로 채워지는 것을 알 수 있다. 서식의 개수와 상관없이 순서에 맞게 값들이 채워지게 된다.

```
print("파괴한 유닛 수: {}, 점수: {}".format(151, 421))
print("체력: {}, 목숨: {}".format("89%", "2개"))
```
» 파괴한 유닛수: 151, 점수: 421
» 체력: 89%, 목숨: 2개

코드 2.12 문자열 format 메서드 예제

변수의 값을 바로 문자열 내에 포함시키려면 f 문자열을 사용하면 된다. f로 시작하는 문자열에 {변수명}을 넣어주면 변수의 값이 문자열 내에 포함된다. 이러한 방식으로 다양한 정보들을 문자열로 표현하여 보여줄 수 있게 된다. 다음 예제에서는 게임 속에서 필요한 정보들을 보여준다는 가정으로 파괴한 유닛수 units와 점수 score 변수를 문자열로 표현하고, 체력 stamina 와 목숨 life 변수도 출력한다.

```
units = 151        # 유닛 수 변수
score = 421        # 점수 변수
stamina = "89%"    # 체력 변수
life = "2개"       # 목숨 변수

print(f"파괴한 유닛 수: {units}, 점수: {score}")
```

```
print(f"체력: {stamina}, 목숨: {life}")
```
» 파괴한 유닛수: 151, 점수: 421
» 체력: 89%, 목숨: 2개
» 파괴한 유닛수: 151, 점수: 421
» 체력: 89%, 목숨: 2개

코드 2.13 문자열 f 포맷팅 예제

2.1.5 리스트(List)

리스트 자료형은 여러 값을 하나의 변수에 담을 수 있는 자료형이다. 예제 코드를 보면 리스트 자료형 변수 list에 정수값 1, 2와 문자열 "One", "Two"를 넣는다. print() 함수로 리스트 값을 출력하면 포함된 값들이 대괄호 [,]로 표현될 것이다. 리스트 자료형을 확인하기 위해 type() 함수로 출력하면 'list'로 표현 되는 것을 알 수 있다.

파이썬에서는 리스트 자료형을 다루기 위한 여러 메서드들을 제공하고 있다. 예제 코드에서 변수 list에 대해 함수 len()을 수행하면 리스트 요소의 전체 개수인 4를 출력하는 것을 알 수 있다.

리스트에서 값을 추가하는 방법이 두 가지 존재한다. 먼저 리스트 마지막에 값을 추가하는 append() 메서드를 사용해보자. 만약 값 x를 리스트에 추가하려면 append(x) 형태로 사용하면 된다. 예제에서는 문자열 "Three"를 리스트에 추가하였다. 리스트의 특정 위치에 값을 추가하는 insert() 메서드는 insert(i, x)의 형태로 사용되며, 리스트의 위치 i에 x를 삽입하게 된다. 예제에서는 리스트의 위치 4번째에 값 3을 넣는다. print() 함수를 사용해 list 변수를 들어간 값을 출력해보면 1, 'One', 2, 'Two', 3, 'Three'가 출력되는 것을 알 수 있다.

리스트에서 특정 값을 제거하는 remove() 메서드는 제거하고자 하는 값 x를 remove(x) 형태로 사용할 수 있다. 예제에서는 리스트의 값 1, 2, 3을 제거한다. 그러면 list 변수에는 값으로 'One', 'Two', 'Three'만 남는 것을 알 수 있다.

```
list = [1, "One", 2, "Two"]
print(list)
print(type(list))


print(len(list))        # 리스트 개수


list.append("Three")    # 리스트 뒤에 요소 추가
```

```
print(list)
list.insert(4, 3)       # 4번째 위치에 3 삽입
print(list)


list.remove(1)          # 리스트에서 값이 1인 요소 제거
list.remove(2)          # 리스트에서 값이 2인 요소 제거
list.remove(3)          # 리스트에서 값이 3인 요소 제거
print(list)
```
» [1, 'One', 2, 'Two']
» <class 'list'>
» 4
» [1, 'One', 2, 'Two', 'Three']
» [1, 'One', 2, 'Two', 3, 'Three']
» ['One', 'Two', 'Three']

코드 2.14 리스트 예제

2.1.6 딕셔너리(Dictionary)

딕셔너리 자료형은 **키**(key)와 **값**(value)의 **쌍으로 구성**되어 있다. 딕셔너리는 순서가 없으며 원하는 값을 키를 통해서 얻는다. 동일한 키에 대해서 새로운 값을 넣으면 덮어쓰게 된다. 딕셔너리는 중괄호 {, }로 표현하며, 콜론 기호 :를 기준으로 키:값 형태로 쌍을 구성한다.

예제를 보면, 딕셔너리 변수 dic에 키는 1이고, 값은 'One'을 가지는 쌍으로 1:'One'을 넣고, 2:'Two', 3:'Three'도 함께 넣었다. 이 키를 통해서 값에 접근할 수 있는데, dic[2]를 출력하면 키 값이 2인 값 Two가 출력된다. 새로운 값을 딕셔너리에 넣을 때는 dic[4] = 'Four' 형태로 넣을 수 있으며, 이때 키 값이 4이고, 값이 'Four'인 것을 넣을 수 있다. 이어서 키가 5이고 값으로 'Five'를 넣어서 dic 변수를 출력해보면 전체 딕셔너리 값이 출력된다. 딕셔너리에서 특정 아이템을 제거하려면 del 키워드를 이용하면 된다. del dic[4]를 통해 dic 변수에서 키가 4인 아이템이 제거되었음을 확인할 수 있다. 딕셔너리에서 키 값만 가져오려면 keys() 메서드를 이용하여 가져올 수 있고, 값만 가져오려면 values() 메서드를 이용하면 된다. 딕셔너리를 키, 값 단위로 아이템을 가져오기 위해서는 items() 메서드를 이용한다. 또한 특정 키에 대한 값을 가져오는 방법으로 get() 메서드에 키 값을 주면 값을 반환해주고, pop() 메서드는 키 값에 대한 값을 딕셔너리에서 삭제하고 그 값을 반환한다. 예제에서는 pop(3)을 통해 키 값이 3인 값 'Three'가 출력되고 dic에서 아이템 3과 'Three'가 삭제된 것을 알 수 있다. 딕셔너리의 모든

아이템들을 제거하려면 clear() 메서드를 사용하면 된다.

```python
dic = {1:'One', 2:'Two', 3:'Three'}
print(dic)

print(dic[2])         # 2번째 요소 출력
dic[4] = 'Four'       # 딕셔너리 4번째에 'Four' 삽입
print(dic)
dic[5] = 'Five'       # 딕셔너리 5번째에 'Five' 삽입
print(dic)
del dic[4]            # 4번째 요소 삭제
print(dic)

print(dic.keys())     # 딕셔너리 키 출력
print(dic.values())   # 딕셔너리 값 출력
print(dic.items())    # 딕셔너리 (키, 값) 출력
print(dic.get(2))     # 키가 2인 값 출력
print(dic.pop(3))     # 키가 3인 값 꺼내기
print(dic)
dic.clear()           # 딕셔너리 모든 요소 제거
print(dic)
```
» {1: 'One', 2: 'Two', 3: 'Three'}
» Two
» {1: 'One', 2: 'Two', 3: 'Three', 4: 'Four'}
» {1: 'One', 2: 'Two', 3: 'Three', 4: 'Four', 5: 'Five'}
» {1: 'One', 2: 'Two', 3: 'Three', 5: 'Five'}
» dict_keys([1, 2, 3, 5])
» dict_values(['One', 'Two', 'Three', 'Five'])
» dict_items([(1, 'One'), (2, 'Two'), (3, 'Three'), (5, 'Five')])
» Two
» Three
» {1: 'One', 2: 'Two', 5: 'Five'}
» {}

코드 2.15 딕셔너리 예제

2.1.7 자료형 변환

파이썬의 자료형으로 사용한 정수, 실수, 불리언, 문자열, 리스트, 튜플 등을 다른 자료형으로 변환해야 할 때가 있다. 파이썬에서는 자료형의 변환을 도와주는 **내장 함수(Built-in Function)** 가 있다. 내장 함수 중에서 일부 자료형 변환 함수만 살펴보자.

먼저 bool() 함수는 다양한 자료형을 불리언형으로 변환해준다. bool() 함수는 0이나 False 값이 아니라면 모두 True 값으로 변환을 해준다. 결과적으로 예제에서는 False 값을 넣은 것 외에는 어떤 자료형을 넣어도 True 값으로 변환되는 것을 알 수 있다.

```
print(bool(True))
print(bool(False))
print(bool(10))
print(bool(12.34))
print(bool('10'))
» True
» False
» True
» True
» True
```

코드 2.16 불리언 자료형 변환 예제

정수형으로 변환을 해주는 int() 함수는 True 값은 1로 변환되고, 실수 값인 12.34는 소수점 이하는 정수형에서 표현하지 못하므로 12로 변환되었다. 문자열 '10'은 그대로 정수값 10으로 변환되었다.

```
print(int(True))
print(int(12.34))
print(int('10'))
» 1
» 12
» 10
```

코드 2.17 정수형 변환 예제

실수형이 소수점 이하 실수 값들을 가지기 때문에, 실수형으로 변환하는 float() 함수는 True 값을 1.0으로 변환하고, 정수값 10을 10.0으로 변환한다. 또한 문자열 '10'도 실수값으로 10.0 으로 변환된다. 모든 값들이 소수점 이하가 포함되어 변환된 것을 알 수 있다.

```
print(float(True))
print(float(10))
print(float('10'))
» 1.0
» 10.0
» 10.0
```

코드 2.18 실수형 변환 예제

문자열 자료형으로 변환해주는 str() 함수는 다양한 자료형들을 문자열로 변환해준다. 정수값 10이나 실수값 12.34를 그대로 문자열로 변환해주는 것을 알 수 있다. 그 밖에도 리스트 자료형 이나 딕셔너리 자료형에 포함된 값들도 그대로 문자열로 변환해준다.

```
print(str(10))
print(str(12.34))
print(str([1, 2, 3]))
print(str({1: 'One', 2: 'Two'}))
» 10
» 12.34
» [1, 2, 3]
» {1: 'One', 2: 'Two'}
```

코드 2.19 문자열 자료형 변환 예제

2.1.8 자료형 계산

파이썬에서는 자료형에 대한 다양한 계산이 가능한 내장 함수를 제공하고 있다. 두 개 이상의 값에서 가장 작은 값 혹은 가장 큰 값을 찾거나 또는 모든 값들의 합을 구할 수 있다. 나눈 값과 나머지를 계산하거나 절댓값, 반올림 등을 계산할 수 있다. 예제를 통해 내장 함수 사용법을 알아보자.

내장 함수	설명
len(s)	시퀀스(문자열, 바이트, 튜플, 리스트 등)의 개수를 반환
min()	두 개 이상의 값 중 가장 작은 값을 반환
max()	두 개 이상의 값 중 가장 큰 값을 반환
sum()	값들의 합을 반환
divmod(a, b)	a를 b로 나눈 값과 나머지를 쌍으로 반환
abs(x)	x의 절댓값을 반환
pow(a, b)	a의 b승의 값을 반환
round(x)	소수점 뒤를 반올림한 값을 반환

표 2.2 파이썬 내장 함수

자료형에 대한 내장 함수로 이미 이전 예제에서도 사용했던 len() 함수는 문자열 "String"을 입력하면 전체 문자의 개수인 6이 반환된다. 리스트 자료형을 넣어주면 리스트에 포함된 요소들의 개수인 4를 반환해준다. 그 밖에도 여러 자료형들을 사용할 수 있다.

자주 사용되는 내장 함수 중에는 min(), max(), sum()이 있다. 정수나 실수, 혹은 다른 자료형을 주더라도 값을 비교하여 최솟값을 반환해주는 min() 함수와 최댓값을 반환해주는 max() 함수가 있다. 또한 자료형에 포함된 각 값들의 합을 계산해주는 sum() 함수가 있다.

```
print(len("String"))        # 문자 개수
print(len([1, 3, 2, 1]))    # 요소 개수
print(min(3, 1, 4))         # 최솟값
print(max(1.2, 0.5, 2.3))   # 최댓값
print(sum([1, 3, 5]))       # 합계
» 6
» 4
» 1
» 2.3
» 9
```

코드 2.20 len(), min(), max(), sum() 예제

파이썬에는 나누기와 나머지 연산자가 이미 있지만, 나눈 값과 나머지 값을 같이 반환해주는

divmod() 내장 함수가 있다. divmod() 함수는 값 x와 y가 있다면 divmod(x, y) 형태로 사용하면 x를 y로 나눈 값과 나머지를 반환해준다.

```
print(divmod(5, 3))        # 5를 3으로 나눈 값과 나머지 값 반환
print((5 // 3, 5 % 3))     # 나누기 연산, 나머지 연산


print(divmod(10, 5))       # 10을 5로 나눈 값과 나머지값 반환
print((10 // 5, 10 % 5))   # 나누기 연산, 나머지 연산
» (1, 2)
» (1, 2)
» (2, 0)
» (2, 0)
```

코드 2.21 내장 함수 divmod() 예제

파이썬에는 입력한 값의 절댓값을 반환해주는 abs() 내장 함수가 있다. 예제 코드에서는 abs() 함수를 이용해 음수 값 -4를 양수 값 4로 변환하고, 양수 값 5는 그대로 양수 값 5로 반환한다.

```
print(abs(-4))             # -4의 절댓값
print(abs(5))              # 5의 절댓값
» 4
» 5
```

코드 2.22 내장 함수 abs() 예제

pow()는 제곱을 구하는 내장 함수로서 밑과 지수를 입력해주면 그에 대한 제곱 값을 반환해준다. pow(x, y) 형태로 사용하면 x를 밑으로, y를 지수로 사용한 제곱 값을 반환하게 된다. 예를 들어, pow(2, 3)은 2의 3승 값인 8을, pow(10, 4)는 10의 4승 값인 10000을 반환한다.

```
print(pow(2, 3))           # 2의 3제곱
print(pow(10, 4))          # 10의 4제곱
» 8
» 10000
```

코드 2.23 내장 함수 pow() 예제

round() 함수는 반올림을 해주는 내장 함수로 특정 값 x를 y 번째 소수점 이하 자릿수를 기준으로 round(x, y) 형태로 사용한다. 예를 들어, round(0.6)의 결과는 1이 되고, round(0.4)의 결과는 0이 되는 것을 알 수 있다. 3.14는 3으로 반올림되는데, 소수점 이하 자릿수를 지정하여 반올림을 하고 싶다면 소수점 이하 자릿수를 지정하면 된다. round(3.141527, 2)는 소수점 이하 자릿수를 2로 지정하였기 때문에 3.14 값이 반환된다.

```
print(round(0.6))           # 소수점 이하 반올림
print(round(0.4))           # 소수점 이하 반올림
print(round(3.14))          # 소수점 이하 반올림
print(round(3.141527, 2))   # 소수점 이하 둘째 자릿수 기준으로 반올림
» 1
» 0
» 3
» 3.14
```

코드 2.24 내장 함수 round() 예제

2.2 연산자(Operators)

2.2.1 산술 연산자(Arithmetic Operators)

파이썬에서는 기본적으로 덧셈 +, 뺄셈 -, 곱셈 *, 나눗셈 /, 나머지 %, 제곱 **, 몫 // 등의 산술연산이 가능하다. 다음은 변수 a에 6을, 변수 b에 4를 넣고 각종 산술연산들을 수행한 예제 코드이다. 일반적으로 다 아는 산술 연산이지만, 파이썬 프로그래밍 언어에서는 어떤 식으로 사용하는지 알아둘 필요가 있다.

```
a = 6
b = 4
print(a + b)    # 덧셈
print(a - b)    # 뺄셈
print(a * b)    # 곱셈
print(a / b)    # 나눗셈
print(a % b)    # 나머지
```

```
print(a ** b)    # 제곱
print(a // b)    # 몫
```
» 10
» 2
» 24
» 1.5
» 2
» 1296
» 1

코드 2.25 산술 연산자 예제

2.2.2 비교 연산자(Comparison Operators)

파이썬에서는 두 개의 피연산자의 값을 비교할 수 있도록 다양한 비교 연산자를 제공하고 있다. 각 비교 연산자마다 불리언 값 True나 False를 반환한다. 다음 예제 코드는 a와 b의 값으로 각각 6과 4를 넣고 비교 연산을 수행한 예제이다. 예제 코드의 결과를 보면 비교 연산자들이 어떻게 수행되는지를 알 수 있다. 예제 코드의 주석을 보면서 이해해보자.

```
a, b = 6, 4
print(a == b)    # a와 b가 같으면 True
print(a != b)    # a와 b가 다르면 True
print(a > b)     # a가 b보다 크면 True
print(a < b)     # a가 b보다 작으면 True
print(a >= b)    # a가 b보다 크거나 같으면 True
print(a <= b)    # a가 b보다 작거나 같으면 True
```
» False
» True
» True
» False
» True
» False

코드 2.26 비교 연산자 예제

2.2.3 할당 연산자(Assignment Operators)

파이썬에서는 다양한 할당 연산자를 제공하며, 산술 연산과 함께 변수에 값을 할당할 수 있다. 다음 예제 코드는 a와 b의 값으로 6과 4를 정의하고, 다양한 할당 연산을 수행하는 예제이다. 예제 코드의 결과를 살펴보면 a와 b의 값으로 각 산술 연산이 수행되고 그 결과를 a 변수에 할당하는 형태임을 알 수 있다.

```python
a, b = 6, 4
a += b      # a에서 b를 더한 값을 a에 대입
print(a)
a -= b      # a에서 b를 뺀 값을 a에 대입
print(a)
a *= b      # a와 b와 곱한 값을 a에 대입
print(a)
a /= b      # a를 b로 나눈 값을 a에 대입
print(a)
a %= b      # a를 b로 나눈 나머지 값을 a에 대입
print(a)
a **= b     # a를 b만큼 제곱한 값을 a에 대입
print(a)
a //= b     # a를 b로 나눈 몫을 a에 대입
print(a)
» 10
» 6
» 24
» 6.0
» 2.0
» 16.0
» 4.0
```

코드 2.27 할당 연산자 예제

2.2.4 논리 연산자(Logical Operators)

논리 연산자는 키워드 and, or, not을 이용해 다양한 논리 조합으로 연산을 할 수 있다. 다음 예제는 a와 b 변수에 대한 값 6과 4를 기준으로 논리 연산을 수행한 예제이다. 변수 a가 5보다 크다는 조건과 변수 b가 5보다 크다는 조건 두 개를 가지고 and, or, not 논리 연산자를 수행하였다.

```
a, b = 6, 4
print(5 < a and 5 < b)      # a가 5보다 크고(and) b가 5보다 크면 True
print(5 < a or 5 < b)       # a가 5보다 크거나(or) b가 5보다 크면 True
print(5 < a and not 5 < b)  # a가 5보다 크고(and) b가 5보다 크지 않으면(not) True
print(5 < a or not 5 < b)   # a가 5보다 크거나(or) b가 5보다 크지 않으면(not) True
» False
» True
» True
» True
```

코드 2.28 논리 연산자 예제

2.2.5 멤버 연산자(Membership Operators)

멤버 연산자는 키워드 in을 이용해 멤버에 속한 유무를 판단할 수 있다. 다음 예제를 보면, 변수 l에 들어가 있는 값인 2, 4, 8 중에 포함되었는지 여부를 멤버 연산자 in을 통해 알 수 있다. 변수 a와 b의 값이 리스트 l에 포함되어 있는지를 True와 False로 반환된다. 논리 연산자 not을 이용해 부정 연산을 포함할 수 있다.

```
a, b = 6, 4
l = [2, 4, 8]
print(a in l)       # a가 l 안에 있으면(in) True
print(b in l)       # b가 l 안에 있으면(in) True
print(a not in l)   # a가 l 안에 없으면(not in) True
print(b not in l)   # b가 l 안에 없으면(not in) True
» False
» True
» True
» False
```

코드 2.29 멤버 연산자 예제

2.2.6 식별 연산자(Identity Operators)

식별 연산자로 is를 사용하며 동일한 값(객체)을 가리키고 있는지에 대한 식별 결과를 True와 False로 반환해준다. 예제 코드를 보면 변수 a와 b의 값이 같은 값이면 True이고, 다른 값이면 False를 반환한다. 또한, not을 이용해 같은 값이 아닌 경우에 대한 연산도 가능하다.

```
a, b = 6, 4
print(a is b)        # a가 b와 같은 값이면 True
print(a is not b)    # a가 b와 같지 않은 값이면 True
a, b = 5, 5
print(a is b)        # a가 b와 같은 값이면 True
print(a is not b)    # a가 b와 같지 않은 값이면 True
» False
» True
» True
» False
```

코드 2.30 식별 연산자 예제

2.2.7 연산자 우선순위(Operators Precedence)

여러 연산자들이 사용되면 어떤 연산자들이 우선되는지를 결정하기 위해 연산자의 우선순위가 존재한다. 연산자 중에서 괄호가 가장 높은 연산 순위를 가지며, 논리 연산자가 가장 낮은 연산 순위를 가진다.

연산자	설명
(,)	괄호
**	지수(승수)
~, +, -	보수, 단항 덧셈과 뺄셈
*, /, %, //	곱셈, 나눗셈, 나머지, 몫
+, -	덧셈과 뺄셈
>>, <<	좌우 비트 시프트
&	비트 AND
^, |	비트 XOR, 비트 OR

표 2.3 파이썬 연산자 우선순위

 ## 제어문

파이썬에서는 코드의 실행을 제어하기 위해서 **반복하여 수행하는 반복문**과 **수행되는 조건을 정의하여 사용하는 조건문**이 있다. 제어문을 사용하기 전에 알아야 할 것은 파이썬에서 코드 블록의 범위를 나타낼 때 **들여쓰기(Indentation)**를 사용한다는 점이다. 파이썬에서는 들여쓰기를 기준으로 코드 블록의 시작과 끝이 결정되므로 작성 시 유의해야 한다.

> **Tip 들여쓰기 방법의 차이**
>
> 들여쓰기를 하는 방법은 공백(space)을 4번 주거나 탭(tab)을 사용할 수 있다. 들여쓰기를 공백을 사용하는지 탭으로 사용하는지에 대한 문제는 프로그래머들 사이에서 아직까지도 논쟁거리이다. 둘 중 어느 방법을 사용하든지 관계없지만, 섞어 쓰지 않고 일관성 있게 사용해야 한다.

2.3.1 조건문

조건문은 기본적으로 **특정 조건에 따라 코드가 수행**되도록 if 문을 사용한다. 예제 코드를 보면 변수 fire에 True 값을 넣고, if 문으로 fire 변수의 값이 참(True)일 경우에 "미사일 발사!" 문자열을 출력한다.

```
fire = True
if fire:    # 조건문
    print("미사일 발사!")
» 미사일 발사!
```

코드 2.31 if 조건문 예제

조건문을 사용할 때 여러 조건이 있을 경우에는 if, elif, else 문을 사용한다. 예제 코드에서 먼저 변수 key의 값으로 "RIGHT"를 넣는다. if 문을 이용하여 만약 key 값이 "LEFT"일 경우, "왼쪽으로 이동" 문자열을 출력하고, elif 문으로 조건을 추가하여 "RIGHT"일 경우, "오른쪽으로 이동" 문자열을 출력한다. 두 조건이 모두 아닐 경우 else 문으로 "정지" 문자열을 출력한다.

```
key = "RIGHT"
if key == "LEFT":
    print("왼쪽으로 이동")
```

```
elif key == "RIGHT":
    print("오른쪽으로 이동")
else:
    print("정지")
```
» 오른쪽으로 이동

코드 2.32 if-elif-else 조건문 예제

2.3.2 반복문

반복문은 **정해진 문장을 반복적으로 수행할 때 사용**된다. 파이썬에서는 반복문으로 while과 for 문을 제공한다. 먼저 while 문에 대한 예제 코드를 살펴보자. 예제 코드는 while 반복문을 사용하여 i가 0부터 3보다 작을 때까지만 반복하기 때문에 i가 0일 때와 1일 때, 2일 때 미사일 발사 문자열을 출력하고, 3일 때는 반복 조건을 만족하지 않아 반복이 끝난다.

```
i = 0
while i < 3:        #i가 3보다 작을 경우
    print("미사일 발사!")  #미사일 발사! 출력
    i = i + 1    # i에 1을 더함
```
» 미사일 발사!
» 미사일 발사!
» 미사일 발사!

코드 2.33 while 반복문 예제

for 문은 반복의 범위를 지정하여 반복을 수행한다. 다음 예제에서는 범위를 지정하는 데 사용하는 내장 함수 range()를 이용한다. range() 함수는 범위를 지정하며 range(0, 3)은 0부터 2까지의 범위를 사용하므로 총 3번 반복하여 "적 등장!" 문자열을 출력한다.

```
for i in range(0, 3):    # i가 0부터 3이 되기 전까지 (0, 1, 2)
    print(i)
    print("적 등장!")
```
» 0
» 적 등장!
» 1
» 적 등장!

```
» 2
» 적 등장!
```
코드 2.34 for-range 반복문 예제

리스트의 요소를 반복할 때도 for 문을 사용할 수도 있다. 예제를 보면, "적 1", "적 2", "적 3"이라는 3개의 문자열이 들어간 enemy 리스트 변수를 선언하고, for 문으로 반복하며 리스트의 요소들을 출력한다. range() 함수를 통해 범위만큼 반복하듯, 리스트에 대한 반복문은 리스트에 들어간 요소의 개수만큼 반복하게 된다.

```
enemy = ["적1", "적2", "적3"]
for e in enemy:  # 리스트 enemy를 순회하며 반복
    print(e)
» 적1
» 적2
» 적3
```
코드 2.35 for-in 반복문 예제

 ## 2.4 함수(Function)

함수는 우리가 수학 시간에 배웠던 함수와 같이 **인자값을 받고, 그에 따른 결과값을 반환**해주는 역할을 수행한다. 함수는 필요할 때마다 호출이 가능하고, 논리적인 단위로 분할이 가능하여 코드의 중복을 최소화하고 재사용성을 높인다.

2.4.1 반환 없는 함수

함수 선언을 위해서는 앞에 define을 줄인 def를 앞에 적음으로써 원하는 함수명으로 함수를 정의한다. 반환이 없는 단순한 함수를 예제를 통해서 살펴보면, 일단 함수명으로 fire를 선언한다. 함수의 역할은 단순히 "미사일 발사!" 문자열을 출력하는 것이다. 그러나 한 번 fire() 함수를 정의해두면 편하게 호출하여 여러 번 재사용할 수 있다. 예제 코드를 보면 fire() 함수를 호출할 때마다 함수에 선언한 출력문이 실행되는 것을 알 수 있다.

```
def fire():
    print("미사일 발사!")
```

```
fire()
fire()
fire()
```
» 미사일 발사!
» 미사일 발사!
» 미사일 발사!

코드 2.36 함수 기본 예제

함수는 여러 형태로 사용할 수가 있는데, 함수에 매개변수가 없이도 사용할 수 있지만, 예제와 같이 함수에 매개변수값을 주어서 함수 안에서 사용할 수 있다. 매개변수로 n을 주고 거기에 기본값으로 3을 지정하면, 함수 호출 시에 n으로 어떤 값도 전달받지 못하면 기본값인 3이 n의 값이 된다. 이제 반복문을 통해 range(0, n) 범위만큼 "미사일 발사!" 문자열을 반복한다. fire() 함수를 호출할 때는 인자값으로 넘겨줄 숫자를 입력해주면 된다. 인자값 없이 fire() 함수를 호출한 경우에는 기본값인 3이 할당되어 "미사일 발사!" 문자열을 3번 반복하였고, 인자값 2로 fire(2) 함수를 호출한 경우에는 "미사일 발사!" 문자열을 2번 반복하였다.

```
def fire(n=3):
    for i in range(0, n):
        print("미사일 발사!")

fire()
fire(2)
```
» 미사일 발사!
» 미사일 발사!
» 미사일 발사!
» 미사일 발사!
» 미사일 발사!

코드 2.37 함수 인자 예제

함수에 하나의 인자가 아닌 여러 인자를 사용하는 것도 가능하다. fire() 함수를 여러 인자를 사용하도록 만들어보자. 함수의 인자로는 무기의 종류로 kind와 발사 횟수인 n을 받도록 하여 무기 종류에 맞는 발사가 이루어지도록 만들어보자. 마찬가지로 range(0, n)으로 발사 횟수만큼 반복하도록 만들고, kind 변수의 값에 따라서 'machine_gun'일 경우 "기관총 발사!"가 출력되고, 'missile'일 경우 "미사일 발사!"가 출력되며, 'bomb'일 경우 "폭탄 발사!"가 출력된다. kind 변수값으로 해당하는 조건이 없는 경우 "무기 없음"이 출력된다.

```python
def fire(kind, n):
    for i in range(0, n):
        if kind == 'machine_gun':
            print("기관총 발사!")
        elif kind == 'missile':
            print("미사일 발사!")
        elif kind == 'bomb':
            print("폭탄 발사!")
        else:
            print("무기 없음")

fire('machine_gun', 3)
fire('missile', 2)
fire('bomb', 1)
```
» 기관총 발사!
» 기관총 발사!
» 기관총 발사!
» 미사일 발사!
» 미사일 발사!
» 폭탄 발사!

코드 2.38 함수 다중 인자 예제

2.4.2 반환 있는 함수

반한이 있는 함수는 return 문을 사용한다. 간단한 예제를 통해서 반환이 있는 함수를 살펴보면, 함수명은 add로 해서 두 매개변수 값 n1과 n2를 더한 뒤에 return 문을 통해 반환하는 함수를 정의한다. 반환이 있는 함수는 함수를 호출한 뒤에 반환된 결과를 활용할 수 있다. 먼저 인자 값으로 3과 5를 함수 호출 시에 넘겨주고, r 변수는 add(3, 5)의 반환된 결과인 8을 갖게 된다. print() 함수로 r 변수의 값을 출력하면 8이 출력되는 것을 알 수 있다. 물론 별도의 변수가 없이도 print() 함수 안에서 add(4, 7) 함수를 호출한 결과 바로 결과 값 11이 출력된다.

```
def add(n1, n2):
    return n1 + n2

r = add(3, 5)
print(r)
print(add(4, 7))
» 8
» 11
```

코드 2.39 반환 있는 함수 예제

인자의 개수를 지정하지 않고 넘겨받는 값을 모두 인자로 사용하는 가변 인자를 사용해보자. 예제로 넘겨받은 인자값들을 모두 더하여 합계값을 반환하는 함수를 만들어보자. 먼저 함수명으로 sum을 사용하고, 여기에 매개변수 정의를 *li라고 지정하면, li 변수에 여러 인자값이 들어간 튜플 자료형으로 받게 된다. 먼저 함수 내에서 전체 합계값을 저장할 sum 변수를 0으로 초기화한다. 인자값들을 가지고 있는 튜플 자료형 변수 li에서 반복문으로 값을 하나씩 i 변수에 가져온다. 반복할 때마다 sum 변수에 가져오는 i 값을 더해서 li에 있는 전체 값의 합계를 계산할 수 있다. 마지막으로 return 문으로 sum 변수를 반환한다. 실제 sum() 함수를 호출할 때, 자유롭게 몇 개의 인자값을 넣더라도 전체 합계 값을 반환해준다. 예제에서는 순서대로 1부터 5까지의 값을 넣으니 15가 출력되었고, 1부터 10까지의 값을 넣으니 55가 출력되었다.

```
def sum(*li):
    sum = 0
    for i in li:
        sum += i
    return sum

print(sum(1, 2, 3, 4, 5))
print(sum(1, 2, 3, 4, 5, 6, 7, 8, 9, 10))
» 15
» 55
```

코드 2.40 가변 인자 함수 예제

함수를 정의할 때 반환 값을 여러 개 받고 싶을 때는 어떻게 할까? sum() 함수를 조금만 고쳐서 합계값만 반환하는 것이 아닌 평균값도 반환하도록 만들어보자. 함수명을 sum() 대신에 sum_avg()로 하여 합계와 평균을 둘 다 계산하는 이름으로 변경하고, return 문에는 sum과 함께 sum을 len(li)로 나눈 값도 함께 반환한다. len() 함수는 전체 개수를 반환하는 내장 함수로 len(li)을 호출하면 li의 전체 개수를 반환하여 sum 값을 나누게 된다. 즉, 합계값을 전체 개수로 나누어 평균값을 반환하게 된다. 실제 sum_avg() 함수를 호출한 결과를 보면, 합계값과 평균값 두 개가 튜플 형태로 반환된 결과를 볼 수 있다. 순서대로 1부터 5까지의 값에 대한 합계와 평균은 (15, 3.0)으로 반환되었고, 1부터 10까지의 값에 대한 합계와 평균은 (55, 5.5)가 반환되었다.

```
def sum_avg(*li):
    sum = 0
    for i in li:
        sum += i
    return sum, sum/len(li)

print(sum_avg(1, 2, 3, 4, 5))
print(sum_avg(1, 2, 3, 4, 5, 6, 7, 8, 9, 10))
```
» (15, 3.0)
» (55, 5.5)

코드 2.41 반환 값이 여러 개인 함수 예제

2.4.3 전역변수와 지역변수

여러 함수와 변수들을 사용하면 영역에 따라서 접근 가능한 범위가 지정된다. 어떠한 영역에서도 사용 가능하고 범위 제한 없이 사용할 수 있는 것이 전역변수고, 이와 반대로 한정된 범위 내에서 사용하는 것이 지역변수다. 예제를 통해서 전역변수와 지역변수의 차이점을 알아보자.

먼저 변수 s에 'Suan' 문자열을 넣고, print() 함수로 출력한 결과 'Suan'이 출력되었다. 여기서 사용한 s 변수는 전역변수다. 즉, 영역의 범위와 상관없이 사용이 가능하다.

다음으로 두 개의 문자열 s1과 s2를 더한 문자열 s를 반환하는 함수로 string_plus() 함수를 만든다. 이 함수에서 사용하는 매개변수 s1과 s2는 함수 내에서만 사용 가능한 지역변수다. 마찬가지로 s1 + s2의 결과값을 return하는 변수 s도 이 함수에서만 사용 가능한 지역변수다.

확인을 위해 print(s)로 출력하면 지역변수인 s를 출력하는 것이 아니라 전역변수인 s를 출력하여 'Suan'이 출력된다. string_plus() 함수에 인자값으로 'Suan'과 'Lab' 문자열을 전달하고,

두 문자열이 결합된 결과인 지역변수 s 값을 반환받아 전역변수 s에 저장한다. 출력하면 두 문자열이 결합된 'SuanLab'이 출력되는 것을 알 수 있다.

global_plus() 함수를 만들어서 함수 내에서 전역 변수를 사용할 수 있는지 확인해보자. 마찬가지로 매개변수 s1과 s2를 받아서 전역 변수인 s와 함께 더해보자. 지역 변수 gs는 전역 변수 s와 s1 그리고 s2를 다 더한 값을 저장한다. 다음으로 return 문으로 gs 값을 반환한다.

현재 전역 변수 s의 값을 print(s)로 출력해보면, 'SuanLab' 값이 나오는 것을 알 수 있다. global_plus() 함수에 인자 값으로 'Suan'과 'Lab' 문자열을 전달하여 나온 결과값을 전역 변수 s에 저장한 뒤, print(s)로 출력을 해보니 'SuanLabSuanLab'이 출력된 것을 알 수 있다. 기존 전역 변수 s에다가 매개변수 s1과 s2를 더하였기 때문에 'SuanLab' + 'Suan' + 'Lab'의 결과가 나온 것을 알 수 있다.

예제를 통해 살펴본 것처럼 전역변수의 무분별한 사용은 코드를 혼란스럽게 만든다. 불필요한 전역변수는 정의하지 않고, 실제 사용할 전역변수는 모두 대문자로 표기하여 구분하는 것이 좋다.

```
s = 'Suan'
print(s)

def string_plus(s1, s2):
    s = s1 + s2
    return s

print(s)
s = string_plus('Suan', 'Lab')
print(s)

def global_plus(s1, s2):
    gs = s + s1 + s2
    return gs

print(s)
s = global_plus('Suan', 'Lab')
print(s)
```
» Suan

» Suan
» SuanLab
» SuanLab
» SuanLabSuanLab

코드 2.42 전역변수와 지역변수 예제

 ## 2.5 객체(Object)와 클래스(Class)

존재하는 모든 것들은 객체이다. 현실 세계는 객체로 이루어져 있고, 객체들 간의 상호작용으로 사건들이 발생한다. 객체에는 속성을 이루는 데이터와 그 데이터를 다루는 방법도 포함되어 있다. 객체로 구분하여 프로그래밍을 하면 여러 가지 이점들이 많다.

객체의 구성 요소를 담는 개념으로 클래스가 있다. **클래스는 여러 개의 속성과 메서드를 포함**하며, 객체를 정의하는 설계도와 같다. 예제 코드를 보며 Fighter 클래스를 만들어보자. 클래스 정의를 위해서 class 키워드와 클래스명인 Fighter를 사용하고, 괄호 안에는 object 객체를 받아온다.

첫 번째로 정의하는 __init__() 메서드는 클래스의 속성들을 초기화하는 역할을 하며 클래스를 이용한 인스턴스 생성 시에 생성자와 같은 역할을 한다. 인자로 받아오는 model과 missile 값은 각각 클래스 속성인 self.model과 self.missile에 넣어준다.

Fighter 클래스에 필요한 기능으로 attack()과 fire() 메서드를 정의한다. attack() 메서드는 해당 전투기의 모델명과 함께 "출격!" 문자열을 출력한다. fire() 메서드는 미사일 이름과 함께 "발사!" 문자열을 출력한다. 다음으로 정의한 Fighter 클래스를 이용해서 fighter 인스턴스를 만든다. 이때 인자값으로 모델명인 "F-22"와 미사일 이름인 "공대공미사일"을 넘겨준다. attack() 메서드와 fire() 메서드를 실행하여 해당 메서드가 잘 동작하는지 확인한다.

```python
class Fighter(object):
    def __init__(self, model, missile):
        self.model = model
        self.missile = missile

    def attack(self):
        print(self.model + " 출격!")
```

```
    def fire(self):
        print(self.missile + " 발사!")

fighter = Fighter("F-22", "공대공미사일")
fighter.attack()
fighter.fire()
```
» F22 출격!
» 공대공미사일 발사!

코드 2.43 Fighter 클래스 예제

2.6 모듈(Module)

모듈은 **함수, 변수, 클래스의 집합**으로 파이썬에 내장된 표준 모듈들이 있고, 외부의 모듈들을 가져와서 사용할 수 있다. 표준 모듈에서 게임 개발을 위해 자주 사용하는 모듈로는 시간과 랜덤 모듈이 있다.

2.6.1 시간 모듈(Time Module)

시간 모듈을 사용하는 방법을 예제 코드를 통해서 살펴보자. 먼저 시간 모듈 time을 불러오기 위해 import time을 사용한다. import는 모듈을 불러오는 역할을 한다. 기본적으로 time 모듈에 포함된 time() 메서드를 호출하면 특정 실수 값이 나오는데, 이는 UTC(Universal Time Coordinated, 협정 세계시)를 기준으로 1970년 1월 1일 0시 0분 0초 이후 경과된 시간을 초 단위로 보여주고 있다.

```
import time

print(time.time())
```
» 1612013601.6337783

코드 2.44 시간 모듈 사용 예제

다음은 time() 메서드로 반환된 값을 현재 지역의 시간대의 날짜와 시간 형태로 변환해야 한다. 이런 기능을 하는 것이 time.localtime() 메서드다. 이 메서드에 time() 메서드의 결과값을 넣어주면 현재 UTC 기준이 지역 시간대로 변환된다. UTC에서 9시간을 더하면 우리나라가 사용하는 KST(Korea Standard Time, 한국 표준시)가 된다. `localtime()` 메서드의 결과를 변수 now에 저장한 후 now를 출력해보면, 날짜와 시간 형태가 어떻게 구성되어 있는지 알 수 있다. 구조를 보면, 년(tm_year), 월(tm_mon), 일(tm_mday), 시(tm_hour), 분(tm_min), 초(tm_sec), 요일 (tm_wday), 연중 경과일(tm_yday), 서머타임 여부(tm_isdst)로 구분되어 있는 것을 알 수 있다. 예제는 날짜와 시간 구조로 변환된 각 값들을 따로 변수로 저장하고 우리가 보통 사용하는 년, 월, 일, 시, 분, 초 단위로 출력한 결과이다.

```python
import time

now = time.localtime(time.time())
print(now)


year = str(now.tm_year)
month = str(now.tm_mon)
day = str(now.tm_mday)
print(year + "년 " + month + "월 " + day + "일 ")


hour = str(now.tm_hour)
minute = str(now.tm_min)
sec = str(now.tm_sec)
print(hour + "시 " + minute + "분 " + sec + "초 ")
```
» time.struct_time(tm_year=2021, tm_mon=1, tm_mday=30, tm_hour=22, tm_min=34, tm_sec=3, tm_wday=5, tm_yday=30, tm_isdst=0)
» 2021년 1월 30일
» 22시 34분 3초

코드 2.45 시간 변환 예제

2.6.2 랜덤 모듈(Random Module)

랜덤 모듈에는 말 그대로 랜덤한 수를 반환하거나 선택하는 기능을 제공하는 메서드가 있다. 예제를 보면 먼저 `random` 모듈을 `import`로 불러온다. `random()` 메서드를 출력해보면, 0.0부터 1.0 미만의 실수 값을 반환한다. 참고로 모든 결과값은 실행될 때마다 바뀌므로 같지 않을 수 있다. `randint()` 메서드는 특정 범위에 정수 값을 반환하는 메서드다. 예제에서는 1에서 10 사이의 정수값을 반환한다. randrange() 메서드는 내부적으로 range() 함수를 사용하여 특정 범위에서 랜덤한 값을 반환한다. 예제를 보면 randrange(0, 10, 2)를 사용하여 0부터 10 사이에 단계(step)를 2로 지정한 값들인 0, 2, 4, 6, 8 중에서 하나의 값을 랜덤하게 선택한다.

```
import random

print(random.random())
print(random.randint(1, 10))
print(random.randrange(0, 10, 2))
» 0.7057961103841173
» 7
» 0
```

코드 2.46 랜덤 모듈 사용 예제

예제를 보면, 리스트 자료형 변수 li를 선언한다. li에는 값으로 10, 20, 30, 40, 50을 넣는다. choice() 메서드는 리스트와 같은 자료형 변수 li에서 임의의 값을 반환한다. sample() 메서드는 자료형 변수 li에서 원하는 개수만큼 랜덤 값을 반환한다. shuffle() 메서드는 변수 li의 내부 값들을 랜덤으로 셔플한다.

```
import random

li = [10, 20, 30, 40, 50]
print(li)
print(random.choice(li))
print(random.sample(li, 2))
random.shuffle(li)
print(li)
» [10, 20, 30, 40, 50]
» 30
» [30, 10]
» [40, 20, 50, 30, 10]
```

코드 2.47 리스트에서 랜덤 모듈 사용 예제

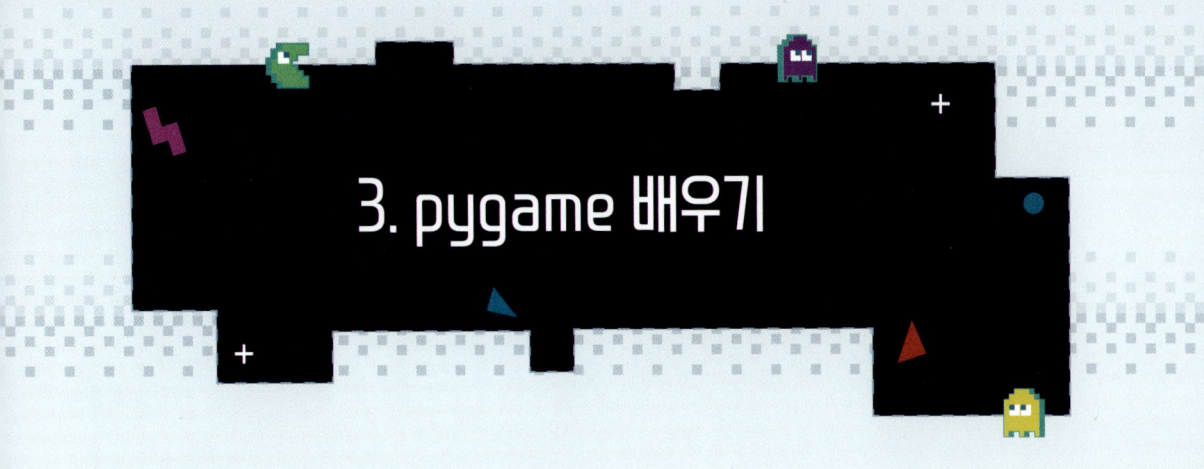

3. pygame 배우기

3.1 pygame 소개 및 특징

pygame 라이브러리(https://www.pygame.org)는 SDL(Simple DirectMedia Layer) 라이브러리(http://www.libsdl.org) 위에 구축되었으며, 게임과 같은 멀티미디어 응용 프로그램을 만들기 위한 파이썬 무료 라이브러리이다. SDL 라이브러리는 OpenGL 및 Direct3D를 통해 오디오, 키보드, 마우스, 조이스틱, 그래픽 하드웨어에 대한 저수준 접근을 제공하도록 설계되었다. pygame은 2000년 10월 29일에 처음 공개되었으며, 현재도 지속적으로 GitHub(https://github.com/pygame/pygame)에 업데이트되고 있다.

그림 3.1 pygame 로고

pygame 라이브러리는 OpenGL이 불필요하고, 멀티 코어 CPU와 많은 운영체제를 지원한다. 최적화된 C와 어셈블리 코드를 사용하며, 휴대용 기기를 지원한다. 또, 사용이 쉽고 간단하며 적은 양의 코드로 이용이 가능하다.

3.2 pygame 라이브러리 설치

3.2.1 터미널에서 pygame 설치

pygame 라이브러리는 파이썬의 **PIP(Python Package Index)**를 이용하거나, 파이참 메뉴를 이용해 설치가 가능하다. PIP는 파이썬 패키지들을 관리하는 시스템으로 파이썬 3.4 버전 이후부터는 기본적으로 포함되어 있다. PIP 실행을 위해서 **명령 프롬프트(Command Prompt)**나 **터미널(Terminal)**에서 `pip install pygame` 명령을 통해 pygame 패키지를 설치할 수 있다. 설치가 완료되면 다음과 같은 화면이 나타난다. 만약 PIP의 버전이 낮아서 업그레이드가 가능하다면 `python -m pip install --upgrade pip` 명령을 통해서 PIP를 업그레이드할 수 있다.

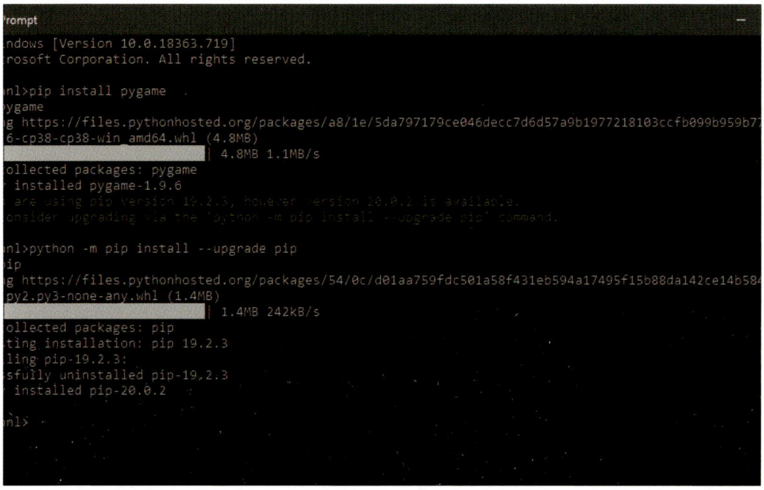

그림 3.2 명령 프롬프트에서 pygame 설치

3.2.2 Visual Studio Code에서 pygame 설치

Visual Studio Code에서는 하단에 있는 터미널 탭에서 명령어를 실행시킬 수 있다. 마찬가지로 터미널에서 `pip install pygame` 명령을 통해 pygame 패키지를 설치할 수 있다.

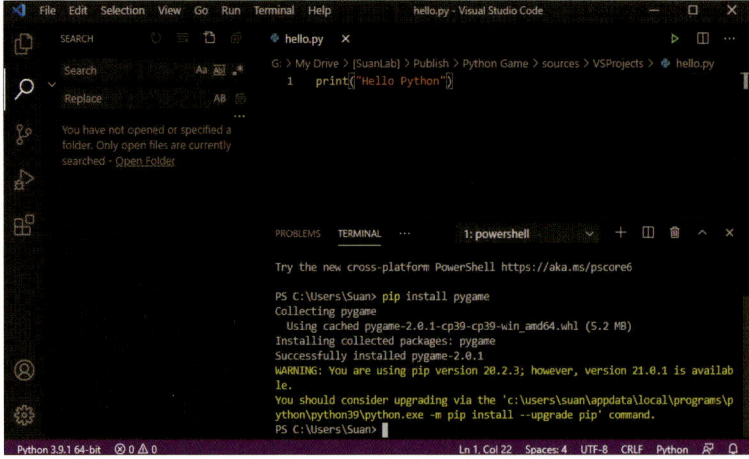

그림 3.3 Visual Studio Code에서 pygame 설치

3.2.3 파이참에서 pygame 설치

파이참에서도 하단의 터미널을 이용해서 pygame을 설치할 수 있다. 마찬가지로 터미널에서 `pip install pygame` 명령을 통해 pygame 패키지를 설치한다.

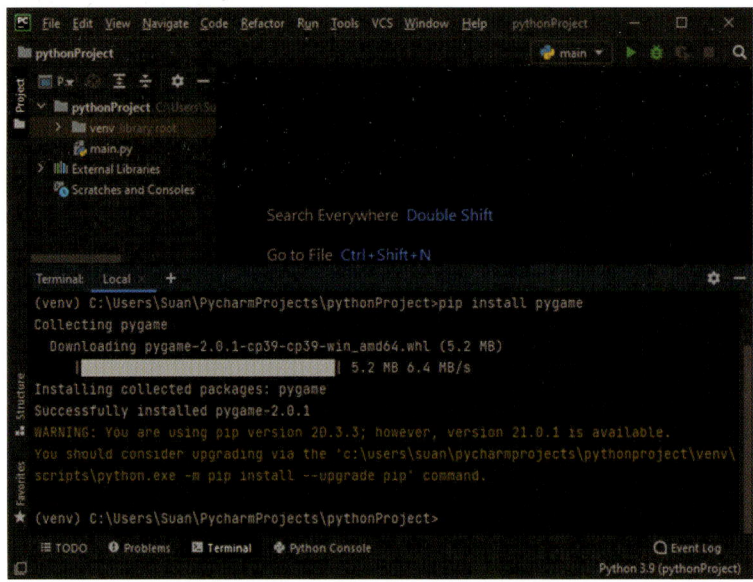

그림 3.4 파이참 터미널에서 pygame 설치

파이참에서는 패키지를 쉽게 설치할 수 있도록 기능을 제공하고 있다. 파이참 메뉴의 [File] -
[Settings]에서, Project Interpreter를 선택한다. 하단의 '+' 아이콘을 누르면 설치 가능한 패키
지 리스트가 나온다.

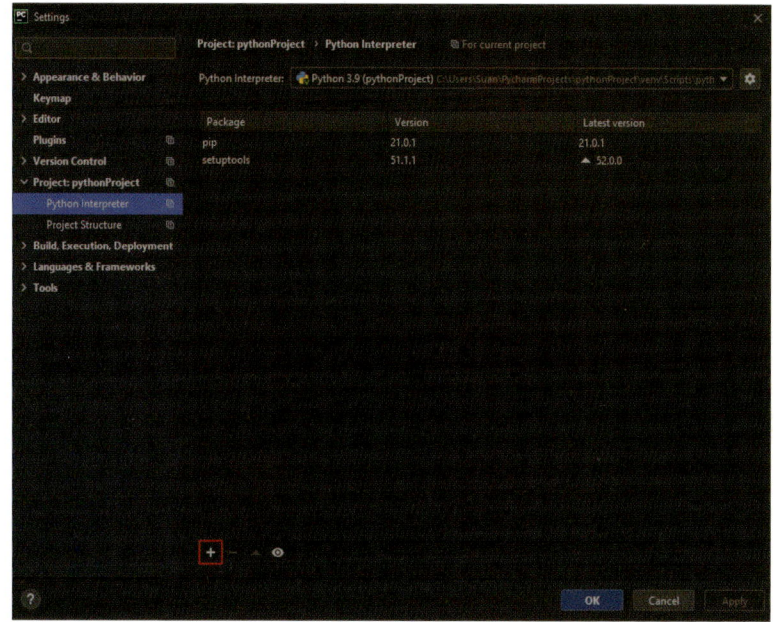

그림 3.5 파이참 설정 화면

여기서 pygame 패키지를 검색하고, 하단에 있는 [Install Package] 버튼을 누르면 설치가 완
료된다. 설치 후에는 설정 창의 패키지 목록에 pygame이 포함된 것을 알 수 있다.

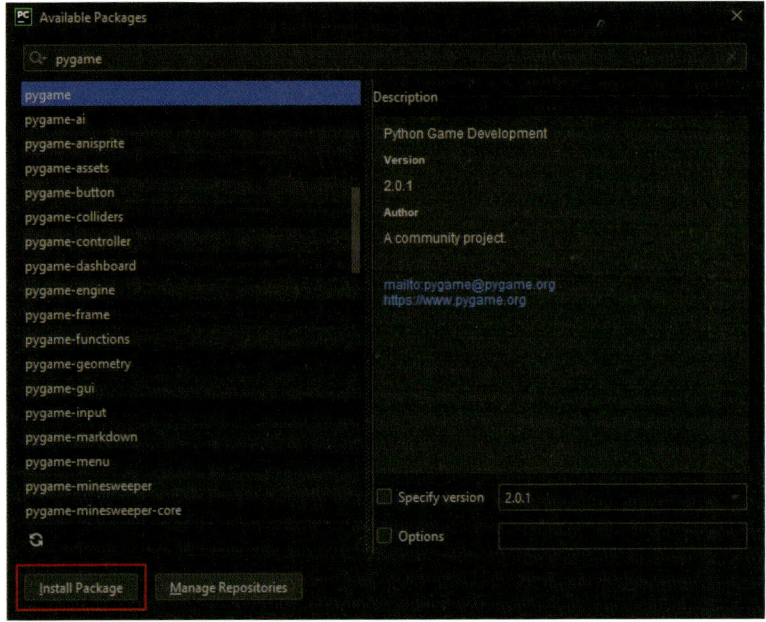

그림 3.6 파이참 패키지 설치

3.3 pygame 모듈

pygame에는 게임을 제작할 때 필요한 색상, 화면 구성, 이벤트 관리, 폰트, 이미지, 키보드, 마우스, 소리 등 수많은 모듈들이 존재한다. 다음 표는 각 모듈들에 대해서 요약 정리한 것이다. 더 자세한 사항들은 pygame 문서(https://www.pygame.org/docs)에서 확인이 가능하다.

모듈	설명
pygame.BufferProxy	surface 픽셀의 배열 프로토콜 보기
pygame.cdrom	CD 오디오 장치 접근 및 제어
pygame.Color	색상 표현
pygame.cursors	커서 이미지 로드 및 컴파일
pygame.display	디스플레이 화면 구성
pygame.draw	선이나 타원 같은 간단한 모양 그리기
pygame.event	다양한 입력 장치 및 윈도우 플랫폼에서 들어오는 이벤트 관리

pygame.examples	pygame 모듈들을 시연하는 다양한 프로그램
pygame.font	TrueType 폰트 로딩 및 렌더링
pygame.freetype	폰트 서체를 로딩하고 렌더링 하기 위한 향상된 pygame 모듈
pygame.gfxdraw	안티 앨리어싱(anti-aliasing) 그리기 함수
pygame.image	이미지 로딩, 저장 및 전송
pygame.joystick	조이스틱 장치 관리
pygame.key	키보드 장치 관리
pygame.locals	pygame 상수
pygame.mixer	소리 로딩 및 재생
pygame.mouse	마우스 장치 및 디스플레이 관리
pygame.mixer.music	스트리밍 음악 트랙 재생
pygame.Overlay	고급 비디오 오버레이 접근
pygame	pygame 관리 최상위 함수
pygame.PixelArray	이미지 픽셀 데이터 조작
pygame.Rect	직사각형을 위한 유연한 컨테이너
pygame.scrap	기본 클립보드 접근
pygame.sndarray	사운드 샘플 데이터 조작
pygame.sprite	게임 이미지를 나타내는 높은 수준의 개체
pygame.Surface	이미지와 화면의 객체
pygame.surfarray	이미지 픽셀 데이터 조작
pygame.tests	pygame 테스트
pygame.time	타이밍 및 프레임 속도 관리
pygame.transform	이미지 크기 조정 및 이동

표 3.1 pygame 모듈 정리

3.4 pygame 기본

설치한 pygame 패키지를 이용하여 게임을 만들기 위한 기본적인 구성을 해야 한다. 앞으로 설명할 예제는 pygame으로 무언가를 만들기 위해 필요한 기본적인 요소들을 배치한 코드이다. 본격적으로 만들 게임들도 이 코드에서 추가 수정된 형태가 될 것이다. 코드를 설명하면, 가장 먼저 import pygame으로 모듈을 가져온다. 게임 스크린의 크기를 정의하고자 **전역변수**로 SCREEN_WIDTH와 SCREEN_HEIGHT를 정의한다. 물론 이 값은 게임 컨셉에 따라서 달라질 수 있다. 예제에서는 800 x 600 크기의 스크린을 가정한다.

```
import pygame

# 게임 스크린 크기
SCREEN_WIDTH = 800
SCREEN_HEIGHT = 600
```

코드 3.1 pygame 윈도우 크기 기본 예제

다음으로는 게임에서 사용할 색을 미리 정의한다. 게임에서 중요한 요소 중 하나가 바로 색상이다. 게임에서 보여지는 모든 것들은 사실 여러 색들로 구성된 것이다. 그렇다면 색을 표현하기 위해서는 어떻게 해야 할까? 컴퓨터에서는 색을 표현하기 위해서 빛의 삼원색인 RGB를 이용한다. RGB에서 R은 Red(빨간색), G는 Green(초록색), B는 Blue(파란색)을 의미한다. 원색 3가지를 가지고 여러 색들을 만들 수 있다. 예를 들어, 빨간색과 초록색을 합치면 노란색이 되는 원리이다. 삼원색을 다 합치면 흰색이 되고, 모두 제외하면 검은색이 된다. 색상 표현을 컴퓨터에서 나타내기 위해 삼원색 RGB의 각 색은 최솟값 0부터 최댓값 255까지 표현하여 총 256개의 값을 가질 수 있다. 예를 들어, 빨간색에 대한 RGB 값은 (255, 0, 0)이 된다. 이와 같이 녹색은 (0, 255, 0), 파랑색은 (0, 0, 255)의 RGB 값을 가진다. 예제 코드에서는 검은색 BLACK, 흰색 WHITE, 빨간색 RED, 녹색 GREEN, 파랑색 BLUE를 전역변수로 정의하였다.

```
# 색 정의
BLACK = (0, 0, 0)
WHITE = (255, 255, 255)
RED = (255, 0, 0)
GREEN = (0, 255, 0)
BLUE = (0, 0, 255)
```

코드 3.2 pygame 색 정의 기본 예제

pygame은 사용하기 전에 항상 초기화를 해야 한다. 초기화 메서드인 init()를 호출하여 초기화할 수 있다. 디스플레이 화면을 구성하는 pygame.display 모듈에서 set_caption() 메서드를

이용하여 윈도우 창의 제목을 지정할 수 있다. 예제에서는 "pygame" 문자열을 넣었으며, 자신이 원하는 제목으로 변경하면 된다. pygame.display 모듈에서 set_mode() 메서드를 이용해 윈도우 창의 크기를 지정한다. 인자로는 괄호로 묶어서 윈도우의 크기인 (SCREEN_WIDTH, SCREEN_HEIGHT)를 넣어준다.

```
# pygame 초기화
pygame.init()

# 윈도우 제목
pygame.display.set_caption("pygame")

# 스크린 정의
screen = pygame.display.set_mode((SCREEN_WIDTH, SCREEN_HEIGHT))
```

코드 3.3 pygame 초기화 및 윈도우 생성 기본 예제

게임 화면 업데이트를 위해 시간에 대한 기능이 필요하다. pygame.time 모듈에 있는 Clock()을 호출하여 게임의 화면 프레임의 속도 등을 관리해준다.

```
# 게임 화면 업데이트 속도
clock = pygame.time.Clock()
```

코드 3.4 pygame 시간 관리 기본 예제

다음 코드는 반복 구간을 정의하기 위한 반복문이다. 왜 반복이 필요할까? 우리가 영화를 보거나 드라마를 볼 때에도 하나의 화면이 연속적으로 보이며 영상이 되는 원리와 같다. 게임 화면도 마찬가지로 계속 화면을 바꿔주며 연속적으로 보여주어야 움직이는 것처럼 보인다. 이 반복 부분에서는 게임에서 필요한 이벤트 처리와 화면 업데이트를 처리한다. 먼저 계속 반복시키기 위해서 변수 done을 사용하여 True가 아니면 계속 반복하는 형태로 while 문을 작성한다.

게임은 무언가를 움직이거나 적이 나타나는 등의 이벤트와 로직이 발생한다. 이에 따른 키 조작이나 처리가 필요하다. 이벤트 반복 구간에서 pygame.event 모듈의 get() 메서드를 이용하여 현재 이벤트들을 가져와서 반복한다. 가장 기본적인 이벤트로는 게임을 종료하는 것이다. 만약 사용자가 게임 창을 닫거나 하면 event.type이 pygame.QUIT과 같아지며, done 값이 True가 되므로 반복문이 종료된다.

게임 반복 구간에 이벤트 반복 구간과 함께 필요한 부분으로 바로 실제 게임의 로직이 들어가야 한다. 화면에서 삭제가 필요한 부분에 대한 처리가 필요하다. 이후 윈도우 화면의 색을 흰색으로 채우기 위해 screen의 fill() 메서드를 WHITE 값을 넣어 호출한다. 예제 코드에서는 흰색으로 게임 화면을 채웠다. 이 부분은 게임 배경 그림이나 다른 색으로 변경이 가능하다. 배경을 채웠으니 실제 게임 화면에 그려야 할 객체들을 그려 넣는다. 화면 업데이트를 통해서 게임 화면에 표시한다. 이때 pygame.display 모듈의 flip() 메서드를 호출하여 화면 업데이트를 수행한다.

> **Tip**
> ### pygame에서 화면을 업데이트 하는 방법
>
> pygame.display에서 화면을 업데이트 하기 위해 제공되는 메서드는 크게 flip() 메서드와 update() 메서드가 있다. 먼저 pygame에서 화면을 처리하는 방법을 이해하면 좋다. pygame은 화면 구성을 위해서 실제 보이는 화면과 내부적으로 화면의 변경된 내용을 반영하기 위한 버퍼로 구성되어 있다. 즉, 보이는 외부 화면과 내부 버퍼로 두 개의 화면 구성이 있다. 먼저 pygame.display.flip()은 화면의 변경되는 부분을 반영하고 있는 버퍼를 전체 flip()를 통해서 외부 화면으로 한 번에 반영해주는 역할을 한다. pygame.display.update()는 픽셀 단위로 화면의 일부만 업데이트하는 역할을 수행한다. 즉, 화면 일부만 수정하므로 빠르게 반영된다. 화면 전체의 업데이트가 필요하다면 flip()을 사용하고, 화면의 일부만 업데이트 되어야 하면 update()를 사용하면 된다. 그러나 만약에 화면 전체를 업데이트 하는 데 update()를 사용하면 오히려 더 느릴 수 있다. 왜냐하면 하드웨어 가속을 사용해 버퍼의 내용을 바로 화면으로 보여주는 flip()과는 달리 update()는 픽셀 단위로 하나하나 변경해야 하기 때문이다.

반복 구간에서 clock.tick() 메서드를 이용해 초당 몇 프레임으로 화면을 업데이트 할지 제어할 수 있다. 보통 초당 60 프레임으로 설정하여 사용한다.

```
# 게임 종료 전까지 반복
done = False    # 게임이 진행 중인지 확인하는 변수
# done이 True라면 게임이 계속 진행 중이라는 의미

# 게임 반복 구간
while not done: # 게임이 진행되는 동안 계속 반복 작업을 하는 while 루프
    # 이벤트 반복 구간
    for event in pygame.event.get():
```

```python
        # 어떤 이벤트가 발생했는지 확인
        if event.type == pygame.QUIT:
            # QUIT는 윈도우 창을 닫을 때 발생하는 이벤트
            # 창이 닫히는 이벤트가 발생했다면
            done = True # 반복을 중단시켜 게임 종료

    # 게임 로직 구간

    # 화면 삭제 구간

    # 스크린 채우기
    screen.fill(WHITE)

    # 화면 그리기 구간

    # 화면 업데이트
    pygame.display.flip()

    # 초당 60 프레임으로 업데이트
    clock.tick(60)
```

코드 3.5 pygame 이벤트 및 화면 처리 기본 예제

pygame.QUIT과 같은 이벤트 발생으로 게임 반복 구간을 빠져나온 경우에는 게임을 종료시키기 위해서 pygame.quit() 메서드를 호출한다.

```python
# 게임 종료
pygame.quit()
```

코드 3.6 pygame 기본 예제

완성된 pygame 기본 예제 코드를 실행해보면 다음 화면과 같다. 화면은 그냥 아무것도 없는 흰색 배경의 창이 전부이다. 바로 이것이 게임을 만들기 전 기본이 되는 흰색 도화지 같은 화면이다. 앞으로 이 기본 코드에서 여러 종류의 게임들을 만들어볼 것이다.

그림 3.7 pygame 기본 윈도우

3.5 선, 도형, 글자 그리기

흰색 배경에다 pygame을 이용해서 뭔가를 그려보도록 하자. 가장 기본적으로 사용되는 선과 도형, 글자를 넣어보자. 여기서 중요한 건 이미 작성한 pygame 기본 코드를 가져와서 화면 그리기 코드를 추가 변경하며 바꾸어준다는 점이다. 필요한 기본 코드에서 바뀌는 부분만 살펴보면, 스크린 크기가 600 x 700으로 변경되었다. 제목으로는 set_caption() 메서드에 "Drawing"이라는 이름을 붙여주었다.

```
import pygame

# 게임 스크린 크기
SCREEN_WIDTH = 600
SCREEN_HEIGHT = 700

# 색 정의
```

```python
BLACK = (0, 0, 0)
WHITE = (255, 255, 255)
RED = (255, 0, 0)
GREEN = (0, 255, 0)
BLUE = (0, 0, 255)

# pygame 초기화
pygame.init()

# 윈도우 제목
pygame.display.set_caption("Drawing")

# 스크린 정의
screen = pygame.display.set_mode((SCREEN_WIDTH, SCREEN_HEIGHT))

# 게임 화면 업데이트 속도
clock = pygame.time.Clock()
```

코드 3.7 그리기 초기 설정 예제

기본 코드에서 선, 도형, 글자를 그리기 위한 위치를 살펴보자. 다음 코드는 기본 코드와 같다. 단지 # 화면 그리기 구간 이후부터 ### 선, 도형, 글자 그리기 위치 ###에 각종 도형을 그리는 코드를 추가하면 된다.

```python
# 게임 종료 전까지 반복
done = False

# 게임 반복 구간
while not done:
    # 이벤트 반복 구간
    for event in pygame.event.get():
        if event.type == pygame.QUIT:
            done = True
```

```
    # 게임 로직 구간


    # 화면 삭제 구간


    # 스크린 채우기
    screen.fill(WHITE)


    # 화면 그리기 구간
    ### 선, 도형, 글자 그리기 위치 ###


    # 화면 업데이트
    pygame.display.flip()


    # 초당 60 프레임으로 업데이트
    clock.tick(60)


# 게임 종료
pygame.quit()
```

코드 3.8 그리기 반복구간 예제

먼저 선을 그리기 위해서는 pygame.draw 모듈에서 line() 메서드를 사용하여 그릴 수 있다. line() 메서드에서 기본 파라미터로 screen을 넣어주고, 색깔 정보를 넣어준다. 위치에 대한 좌표값 [x, y]를 이용하여 시작 위치와 끝날 위치를 지정해준다. 마지막 파라미터는 선의 두께를 의미한다. 예제에서 첫 번째 선은 빨간색 RED로 시작 위치는 [50, 50]이고, 끝날 위치는 [500, 50]이다. 선의 두께는 10이다. 두 번째 선은 녹색 GREEN이고, 시작과 끝 위치의 y축이 100이다. 세 번째 선은 파란색 BLUE이고, 마찬가지로 시작과 끝 위치가 y축이 150이다. 즉, 세 개의 선은 순서대로 y축만 다르게 하여 표시된다.

```
    # 선 그리기
    pygame.draw.line(screen, RED, [50, 50], [500, 50], 10)
    pygame.draw.line(screen, GREEN, [50, 100], [500, 100], 10)
    pygame.draw.line(screen, BLUE, [50, 150], [500, 150], 10)
```

코드 3.9 선 그리기 예제

이제 다양한 도형을 어떻게 그리는지 살펴보자. pygame.draw 모듈에서 도형의 종류에 따라 여러 메서드를 제공한다. 먼저 사각형은 rect() 메서드를 사용한다. 마찬가지로 screen을 첫 번째 파라미터로 사용하고, 색깔로 RED를 넣는다. 사각형의 왼쪽 위 좌표값과 오른쪽 아래 좌표값을 입력하여 사각형이 그려질 위치를 지정한다. 마지막으로 사각형을 그릴 선의 두께를 지정한다. 두께 값이 0보다 크면 선의 두께로 사용하고, 0일 경우에는 사각형을 색깔로 채운 형태로 그려 넣고, 0보다 작으면 사각형을 그리지 않는다. 다른 도형에 대해서도 두께 값 설정은 동일하게 동작한다.

```
# 사각형 그리기
pygame.draw.rect(screen, RED, [50, 200, 150, 150], 4)
```

코드 3.10 사각형 그리기 예제

다음으로 다각형은 polygon() 메서드를 사용한다. 색깔은 GREEN으로 하고, 여러 각도를 포함할 위치를 지정해야 하기 때문에 리스트 형태로 묶어서 전달한다. 예제 코드는 3개의 좌표값을 리스트로 묶어서 표현하였다. 각이 3개라는 의미는 바로 삼각형을 그리는 것이다. 선 두께는 4로 지정하여 그린다. polygon() 메서드는 삼각형 이상의 원하는 다각형을 좌표값만 늘려서 표현할 수 있다.

```
# 다각형 그리기
pygame.draw.polygon(screen, GREEN, [[350, 200], [250, 350], [450, 350]], 4)
```

코드 3.11 다각형 그리기 예제

원형은 pygame.draw 모듈에서 circle() 메서드를 사용한다. 다른 도형과 달리 원형은 중앙값을 좌표값으로 표현하고, 원형 크기에 해당하는 반지름 값을 사용하여 그리게 된다. 예제를 보면, 색깔은 파란색으로 하고, 좌표값 [150, 450]에서 반지름 60인 원을 선 두께 4로 그리게 된다.

```
# 원형 그리기
pygame.draw.circle(screen, BLUE, [150, 450], 60, 4)
```

코드 3.12 원형 그리기 예제

원형이 아니라 타원을 그릴 때는 ellipse() 메서드를 사용해야 한다. 타원은 원형과 달리 중앙값이 아니라 사각형을 그리는 것처럼 두 개의 좌표값을 사용하여 표현한다. 예제에서는 파란색으로 좌표 위치 250, 400에서 200, 100까지의 공간을 동그라미로 그려서 표현한다. 선 두께는 0이기 때문에 타원 전체를 파란색으로 칠한 형태로 그려진다.

```
# 타원 그리기
pygame.draw.ellipse(screen, BLUE, [250, 400, 200, 100], 0)
```

코드 3.13 타원 그리기 예제

게임 화면에 글자를 표현할 때는 pygame.font 모듈을 사용한다. 모듈에 많은 메서드들이 있지만, 기본적으로 시스템 폰트를 가져오는 SysFont() 메서드를 이용해본다. 가져올 시스템 폰트를 'FixedSys'로 지정하고, 폰트 크기는 40으로 하며, 두껍게 하기 위해 True 값을 주고, 이탤릭 표현은 False를 준다. 아직까지는 글자가 화면에 나타나지 않고, 표현할 폰트만 정의한 것이다. 정의한 font에서 render() 메서드를 호출하여 어떤 글자를 나타낼지 정의한다.

먼저 문자열로 "Hello pygame"을 주고, 대상 픽셀의 주위 픽셀에 중간색을 넣어주어 멀리서 보면 부드럽게 해주는 안티앨리어스(Anti-Aliasing) 기능을 사용하며, 색상은 검은색으로 한다. 배경색도 지정할 수 있지만, 사용하지 않으면 입력하지 않아도 된다. 실제 화면에 텍스트를 표시하기 위해서는 screen에서 blit() 메서드를 이용한다. blit() 메서드에는 원하는 폰트 설정과 문자열, 색상까지 정한 text를 넣고, 출력할 위치 좌표값으로 [500, 400]을 주어 그리게 된다.

```
# 폰트 선택(폰트, 크기, 두껍게, 이탤릭)
font = pygame.font.SysFont('FixedSys', 40, True, False)

# 글자 표현(텍스트, 안티앨리어스 여부, 색상, 배경색)
text = font.render("Hello pygame", True, BLACK)

# 화면에 텍스트 표시
screen.blit(text, [200, 600])
```

코드 3.14 글자 예제

완성된 코드를 실행하면 다음과 같이 실행된 화면을 보여줄 것이다. 다른 종류의 색깔로 세 개의 선이 있고, 사각형, 삼각형, 원형, 타원, 텍스트까지 잘 보여주고 있다.

예제에서 사용되는 pygame.draw 모듈과 pygame.font 모듈은 훨씬 많은 메서드를 제공하며, 자세한 메서드들을 살펴보려면 pygame.draw 모듈 문서(http://www.pygame.org/docs/ref/draw.html)와 pygame.font 모듈 문서(https://www.pygame.org/docs/ref/font.html)를 살펴보면 된다.

```python
import pygame

# 게임 스크린 크기
SCREEN_WIDTH = 600
SCREEN_HEIGHT = 700

# 색 정의
BLACK = (0, 0, 0)
WHITE = (255, 255, 255)
RED = (255, 0, 0)
GREEN = (0, 255, 0)
BLUE = (0, 0, 255)

# pygame 초기화
pygame.init()

# 윈도우 제목
pygame.display.set_caption("Drawing")

# 스크린 정의
screen = pygame.display.set_mode((SCREEN_WIDTH, SCREEN_HEIGHT))

# 게임 화면 업데이트 속도
clock = pygame.time.Clock()

# 게임 종료 전까지 반복
done = False

# 게임 반복 구간
while not done:
    # 이벤트 반복 구간
    for event in pygame.event.get():
        if event.type == pygame.QUIT:
```

```python
            done = True

    # 게임 로직 구간

    # 화면 삭제 구간

    # 스크린 화면 채우기
    screen.fill(WHITE)

    # 선 그리기
    pygame.draw.line(screen, RED, [50, 50], [500, 50], 4)
    pygame.draw.line(screen, GREEN, [50, 100], [500, 100], 4)
    pygame.draw.line(screen, BLUE, [50, 150], [500, 150], 4)

    # 사각형 그리기
    pygame.draw.rect(screen, RED, [50, 200, 150, 150], 4)

    # 다각형 그리기
    pygame.draw.polygon(screen, GREEN, [[350, 200], [250, 350], [450, 350]], 4)

    # 원형 그리기
    pygame.draw.circle(screen, BLUE, [150, 450], 60, 4)

    # 타원 그리기
    pygame.draw.ellipse(screen, BLUE, [250, 400, 200, 100], 0)

    # 폰트 선택(폰트, 크기, 두껍게, 이탤릭)
    font = pygame.font.SysFont('FixedSys', 40, True, False)

    # 안티얼리어스를 적용하고 검은색 문자열 렌더링
    text = font.render("Hello pygame", True, BLACK)

    # 화면에 텍스트 표시
```

```
    screen.blit(text, [200, 600])

    # 화면 업데이트
    pygame.display.flip()

    # 초당 60 프레임으로 업데이트
    clock.tick(60)

# 게임 종료
pygame.quit()
```

코드 3.15 선, 도형, 글자 그리기 완성 코드

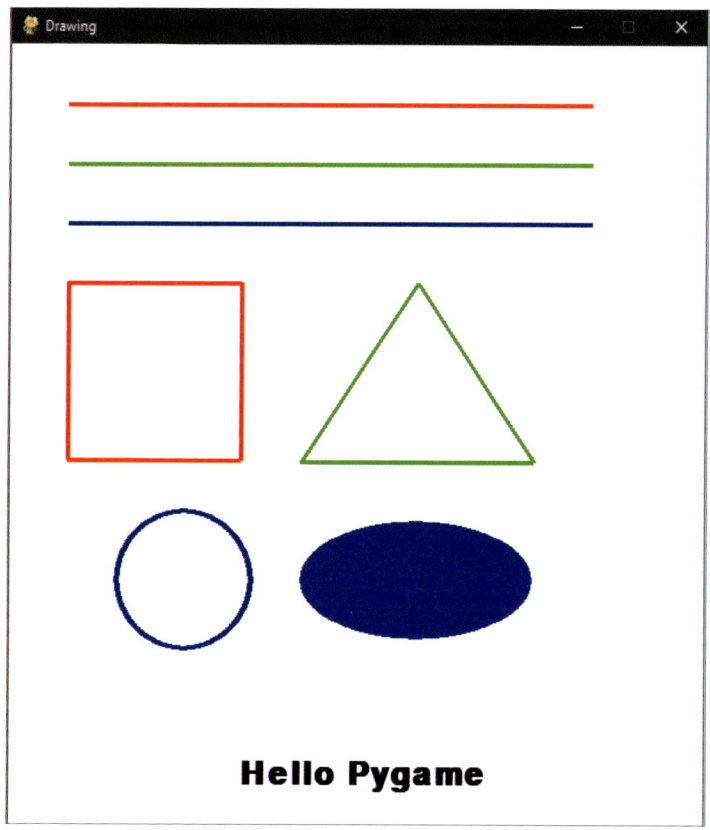

그림 3.8 그리기 예제 실행 화면

3.6 공놀이 하기

pygame에서 도형을 그리는 방법을 배웠다면 도형을 움직여보자. 그냥 움직이는 것만으로는 재미가 없으니 공이 움직이듯이 예제를 만들어보자.

일단 기본 코드를 가져와서 공놀이 예제를 만들기 위한 초기 설정을 해준다. 게임 스크린 크기를 800 x 600으로 지정하고, 색은 WHITE와 BLUE만 사용한다. 윈도우 제목 표시줄에는 "Ball"이라고 정의한다.

```python
import pygame

# 게임 스크린 크기
SCREEN_WIDTH = 800
SCREEN_HEIGHT = 600

# 색 정의
WHITE = (255, 255, 255)
BLUE = (0, 0, 255)

# pygame 초기화
pygame.init()

# 윈도우 제목
pygame.display.set_caption("Ball")

# 스크린 정의
screen = pygame.display.set_mode((SCREEN_WIDTH, SCREEN_HEIGHT))

# 게임 화면 업데이트 속도
clock = pygame.time.Clock()
```

코드 3.16 공놀이 초기 설정 예제

화면에서 공을 움직이기 위해서는 일단 공의 위치와 방향, 크기 등에 대한 변수를 정의해주어야 한다. 예제를 보면, 공의 위치 좌표값을 사용하기 위해서 ball_x, ball_y를 정의하였다. 초기값으로는 스크린 크기인 SCREEN_WIDTH와 SCREEN_HEIGHT의 값을 2로 나누어서 공이 처음에 화면 중앙에 위치하도록 하였다. 나누기 연산 시에는 자료형이 실수형으로 변경되므로 int() 함수를 통해서 정수형으로 변환해준다.

```
# 공 초기 위치, 크기, 속도
ball_x = int(SCREEN_WIDTH / 2)
ball_y = int(SCREEN_HEIGHT / 2)
ball_dx = 4
ball_dy = 4
ball_size = 40
```

코드 3.17 공 변수 정의 및 초기화 예제

이후 게임 반복을 위한 코드는 기본 코드와 동일하다. 이후 게임 로직 구간과 화면 그리기 구간에서 코드가 추가된다.

```
# 게임 종료 전까지 반복
done = False

# 게임 반복 구간
while not done:
    # 이벤트 반복 구간
    for event in pygame.event.get():
        if event.type == pygame.QUIT:
            done = True
```

코드 3.18 게임 반복 구간 예제

공놀이 게임의 로직을 정의하려면 앞서 정의한 공 관련 변수를 사용해야 한다. 속도에 따라 공을 움직이게 만들고자 공의 x 좌표값인 ball_x 변수에 다음 방향 값인 ball_dx를 더해준다. 마찬가지로 y 좌표값인 ball_y 변수에 대해서도 ball_dy를 더해준다. 다음으로 공이 스크린을 벗어나는 경우에는 부딪혀서 팅기도록 해야 한다.

먼저 공이 스크린 범위를 벗어나는지 체크하는 조건문을 만들어보자. 공은 x와 y 값이 공의 중앙 위치를 나타낸다. 그러면 공의 표면 위치는 공의 반지름 값인 ball_size를 더해주면 된다. 만약 (ball_x + ball_size)의 값이 SCREEN_WIDTH 값을 벗어난다면 공의 오른쪽 표면이 스크린 너비 크기를 벗어난다. (ball_x - ball_size)의 값이 0보다 작으면 공의 왼쪽 표면이 스크린 왼쪽으로 벗어난다. 만약 이런 조건에 해당하는 경우에는 ball_dx = ball_dx * -1을 하여 ball_dx의 값이 양수일 경우에는 음수로 바꾸고, 음수일 경우에는 양수로 바꾸어 방향을 반대로 바꾸게 된다. 유사하게 y축에 대해서도 같은 조건문 형태로 추가하면 된다.

```python
# 게임 로직 구간
# 속도에 따라 원형 위치 변경
ball_x += ball_dx
ball_y += ball_dy

# 공이 스크린을 벗어날 경우
if (ball_x + ball_size) > SCREEN_WIDTH or (ball_x - ball_size) < 0:
    ball_dx = ball_dx * -1
if (ball_y + ball_size) > SCREEN_HEIGHT or (ball_y - ball_size) < 0:
    ball_dy = ball_dy * -1
```

코드 3.19 공놀이 게임 로직 구간 예제

공의 위치를 게임 로직 구간에서 변경하였다면, 변경된 위치에 대한 공을 그려야 한다. 먼저 스크린을 WHITE 색으로 채워주고, 원형 그리기 메서드인 circle()을 이용해 파란색 공을 변경된 위치값에 그려준다. 그리고 그린 공을 화면에 반영하고자 pygame.display.flip() 메서드를 이용하여 화면 전체를 업데이트해준다.

```python
# 스크린 채우기
screen.fill(WHITE)

# 화면 그리기 구간
# 공 그리기
pygame.draw.circle(screen, BLUE, [ball_x, ball_y], ball_size, 0)

# 화면 업데이트
pygame.display.flip()
```

코드 3.20 공놀이 게임 화면 그리기 예제

반복문의 마지막에 초당 프레임의 수를 정의하고, 반복문이 종료될 경우 게임이 종료되도록 `pygame.quit()` 메서드를 추가한다.

```python
    # 초당 60 프레임으로 업데이트
    clock.tick(60)

# 게임 종료
pygame.quit()
```

코드 3.21 공놀이 화면 그리기 예제

완성된 코드를 실행하면 파란색 공이 스크린 안에서 계속 움직이는 것을 볼 수 있다. 이렇게 움직이는 것은 게임 화면이 반복되어 그려지고 업데이트되어 움직이는 것처럼 보이는 것이다.

```python
import pygame

# 게임 스크린 크기
SCREEN_WIDTH = 800
SCREEN_HEIGHT = 600

# 색 정의
WHITE = (255, 255, 255)
BLUE = (0, 0, 255)

# pygame 초기화
pygame.init()

# 윈도우 제목
pygame.display.set_caption("Ball")

# 스크린 정의
screen = pygame.display.set_mode((SCREEN_WIDTH, SCREEN_HEIGHT))

# 게임 화면 업데이트 속도
```

```python
clock = pygame.time.Clock()

# 공 초기 위치, 크기, 속도
ball_x = int(SCREEN_WIDTH / 2)
ball_y = int(SCREEN_HEIGHT / 2)
ball_dx = 4
ball_dy = 4
ball_size = 40

# 게임 종료 전까지 반복
done = False

# 게임 반복 구간
while not done:
    # 이벤트 반복 구간
    for event in pygame.event.get():
        if event.type == pygame.QUIT:
            done = True

    # 게임 로직 구간
    # 속도에 따라 원형 위치 변경
    ball_x += ball_dx
    ball_y += ball_dy

    # 공이 스크린을 벗어날 경우
    if (ball_x + ball_size) > SCREEN_WIDTH or (ball_x - ball_size) < 0:
        ball_dx = ball_dx * -1
    if (ball_y + ball_size) > SCREEN_HEIGHT or (ball_y - ball_size) < 0:
        ball_dy = ball_dy * -1

    # 스크린 채우기
    screen.fill(WHITE)
```

```python
    # 화면 그리기 구간
    # 공 그리기
    pygame.draw.circle(screen, BLUE, [ball_x, ball_y], ball_size, 0)

    # 화면 업데이트
    pygame.display.flip()

    # 초당 60 프레임으로 업데이트
    clock.tick(60)

# 게임 종료
pygame.quit()
```

코드 3.22 공놀이 완성 코드

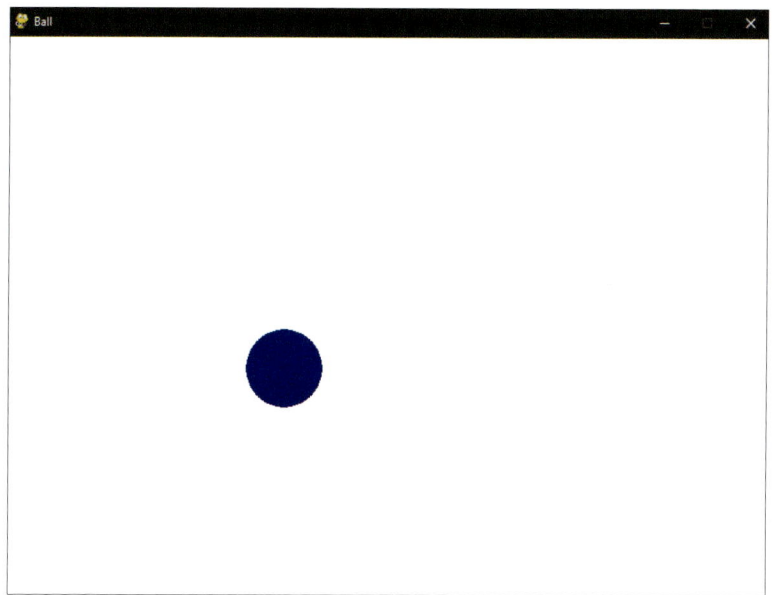

그림 3.9 공놀이 예제 실행 화면

3.7 이미지 사용

게임에서 아주 중요한 요소 중에 하나가 바로 이미지를 넣어서 사용하는 것이다. 이미지 없이 게임을 만들면 디자인 요소가 부족해서 게임에 대한 몰입감이 떨어질 수밖에 없다. 이미지를 사용해서 게임 화면에 넣는 방법에 대해서 알아보도록 하자.

먼저 게임 화면에 pygame 기본 코드를 기반으로 경로 지정에 사용하고자 os 라이브러리를 import 해주고, LAND 라는 땅 색으로 정의한 변수를 정의한다. 제목은 "Image"로 set_caption() 메서드에 입력해준다.

```python
import pygame
import os

# 게임 스크린 크기
SCREEN_WIDTH = 640
SCREEN_HEIGHT = 320

# 색 정의
LAND = (160, 120, 40)

# pygame 초기화
pygame.init()

# 윈도우 제목
pygame.display.set_caption("Image")

# 스크린 정의
screen = pygame.display.set_mode((SCREEN_WIDTH, SCREEN_HEIGHT))

# 게임 화면 업데이트 속도
clock = pygame.time.Clock()
```

코드 3.23 이미지 사용 윈도우 설정 예제

먼저 게임에 넣을 이미지들이 필요하다. 이미지는 직접 제작하거나 인터넷에서 다운로드하거나 유료로 구매해야 한다. 게임에서 지형으로 사용할 이미지는 다양한 이미지를 무료로 제공해주는 (pixabay.com)에서 다운로드 하였다. 다운로드 한 이미지는 소스 코드가 있는 디렉토리에서 assets이라는 폴더를 생성한 뒤, 폴더 안에 넣어주자.

그림 3.10 지형 이미지 (https://pixabay.com/vectors/terrain-grass-green-field-nature-575538)

예제로 사용되는 이미지는 아이콘을 유, 무료로 제공해주는 (www.flaticon.com)에서 다운로드 하였다. 무료 아이콘이지만 꼭 저작자를 밝혀 주어야 한다. 이런 아이콘이 만들어지기 위해서는 디자이너들의 수고가 들어간다. 예제에서는 귀여운 버섯 아이콘을 3개 다운로드 하였다. 아이콘 이미지도 assets 폴더 안에다가 옮겨준다.

그림 3.11 버섯 이미지 ("Icon made by Smashicons from www.flaticon.com")

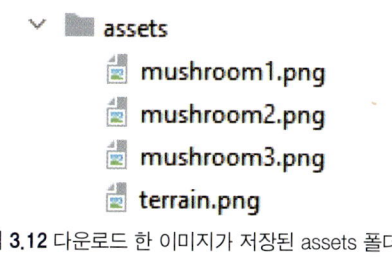

그림 3.12 다운로드 한 이미지가 저장된 assets 폴더

게임 화면에서 이미지를 넣기 위해서는 먼저 다운로드 한 이미지를 불러와야 한다. pygame에서 이미지를 가져오는 방법은 pygame.image.load() 메서드를 이용하는 것이다. 지형 이미지인 terrain.png 파일을 로드해서 배경 이미지로 사용하고, 버섯 이미지로 mushroom1.png, mushroom2.png, mushroom3.png 파일을 각각 로드해보자. 여기서 주의해야 할 사항은 pygame.image.load() 메서드에 사용하는 인수 값은 이미지의 경로에 해당된다. 이미지의 정확한 위치에 대한 경로를 지정해주어야 한다.

예제 코드에서는 assets 폴더에 대한 경로를 얻기 위해서 현재 소스 파일이 있는 디렉토리 경로 current_path를 os.path.dirname(__file__)을 통해 가져온다. 그리고 os.path.join(current_path, 'assets')으로 기존 경로에 assets 폴더 경로를 결합하여 assets_path로 정의한다.

배경 이미지의 실제 위치는 assets_path와 'terrain.png'를 os.path.join() 메서드로 결합한 경로에 존재한다. 이 경로를 pygame.image.load() 메서드를 이용해 이미지를 로드하여 background_image로 정의한다. 마찬가지로 버섯 이미지로 다운로드 한 'mushroom1.png', 'mushroom2.png', 'mushroom3.png' 파일도 이미지를 로드해준다.

만약 이미지가 코드와 같은 디렉토리 안에 없고, 다른 곳에 존재한다면 이미지를 찾지 못한다는 오류 메시지 FileNotFoundError: No such file or directory가 발생한다.

```
# assets 경로 설정
current_path = os.path.dirname(__file__)
assets_path = os.path.join(current_path, 'assets')

# 배경 이미지 로드
background_image = pygame.image.load(os.path.join(assets_path, 'terrain.png'))

# 이미지 로드
mushroom_image_1 = pygame.image.load(os.path.join(assets_path, 'mushroom1.png'))
mushroom_image_2 = pygame.image.load(os.path.join(assets_path, 'mushroom2.png'))
mushroom_image_3 = pygame.image.load(os.path.join(assets_path, 'mushroom3.png'))
```

코드 3.24 이미지 로드 예제

먼저 pygame에서 기본적으로 사용되는 게임 반복 구간을 정의해주고, 윈도우 화면을 전역변수로 정의한 LAND 색상으로 fill() 메서드를 이용해 채워준다. 그리고 배경 이미지와 버섯 이미지들을 게임 화면에 그려주기 위해서는 blit() 메서드를 이용해야 한다. blit() 메서드에 첫 번째 파라미터로 이미지 변수를 넣고, 두 번째 파라미터로는 윈도우 화면에 x, y 좌표값을 넣어 어느 위치에 이미지를 그려줄지를 지정해준다. 버섯 이미지 3개를 각각 적절한 다른 위치에 그려주고, flip() 메서드를 통해 화면을 업데이트해준다.

```python
# 게임 종료 전까지 반복
done = False

# 게임 반복 구간
while not done:
    # 이벤트 반복 구간
    for event in pygame.event.get():
        if event.type == pygame.QUIT:
            done = True

    # 게임 로직 구간

    # 화면 삭제 구간

    # 스크린 채우기
    screen.fill(LAND)

    # 화면 그리기 구간
    # 배경 이미지 그리기
    screen.blit(background_image, background_image.get_rect())

    # 버섯 이미지 그리기
    screen.blit(mushroom_image_1, [100, 80])
    screen.blit(mushroom_image_2, [300, 100])
    screen.blit(mushroom_image_3, [450, 140])

    # 화면 업데이트
    pygame.display.flip()
```

```python
    # 초당 60 프레임으로 업데이트
    clock.tick(60)

# 게임 종료
pygame.quit()
```

코드 3.25 이미지 사용 예제

완성된 코드를 실행해보면 귀여운 버섯이 땅에서 자라고 있는 것처럼 그려주고 있다. 이렇게 이미지를 이용하면 게임을 더 멋지고 현실감 있게 만들어볼 수 있다.

```python
import pygame
import os

# 게임 스크린 크기
SCREEN_WIDTH = 640
SCREEN_HEIGHT = 320

# 색 정의
LAND = (160, 120, 40)

# pygame 초기화
pygame.init()

# 윈도우 제목
pygame.display.set_caption("Image")

# 스크린 정의
screen = pygame.display.set_mode((SCREEN_WIDTH, SCREEN_HEIGHT))

# 게임 화면 업데이트 속도
clock = pygame.time.Clock()

# assets 경로 설정
```

```python
current_path = os.path.dirname(__file__)
assets_path = os.path.join(current_path, 'assets')

# 배경 이미지 로드
background_image = pygame.image.load(os.path.join(assets_path, 'terrain.png'))

# 이미지 로드
mushroom_image_1 = pygame.image.load(os.path.join(assets_path, 'mushroom1.png'))
mushroom_image_2 = pygame.image.load(os.path.join(assets_path, 'mushroom2.png'))
mushroom_image_3 = pygame.image.load(os.path.join(assets_path, 'mushroom3.png'))

# 게임 종료 전까지 반복
done = False

# 게임 반복 구간
while not done:
    # 이벤트 반복 구간
    for event in pygame.event.get():
        if event.type == pygame.QUIT:
            done = True

    # 게임 로직 구간

    # 화면 삭제 구간

    # 스크린 화면 채우기
    screen.fill(LAND)

    # 화면 그리기 구간
    # 배경 이미지 그리기
    screen.blit(background_image, background_image.get_rect())

    # 버섯 이미지 그리기
```

```python
    screen.blit(mushroom_image_1, [100, 80])
    screen.blit(mushroom_image_2, [300, 100])
    screen.blit(mushroom_image_3, [450, 140])

    # 화면 업데이트
    pygame.display.flip()

    # 초당 60 프레임으로 업데이트
    clock.tick(60)

# 게임 종료
pygame.quit()
```

코드 3.26 이미지 사용 완성 코드

그림 3.13 이미지 사용 실행 화면

3.8 키보드 조작

게임을 만들면서 중요한 요소가 바로 조작 제어와 관련된 부분이다. 사용자로부터 받은 입력이나 조작이 반영되지 않으면 영상과 다름이 없기 때문에 사용자가 뭔가 움직일 수 있는 조작이 필요하다. 대표적으로 조작하기 위한 인터페이스로 키보드, 마우스, 조이스틱 등이 있다.

다음 예제에서는 키보드를 통해 어떻게 조작하는지 살펴보도록 하자. 먼저 키보드를 제어하는 게임 화면을 위해 pygame 기본 코드를 기반으로 이미지 경로 지정을 위해 os 라이브러리를 import 해주고, 회색을 정의한 GRAY 변수를 정의한다. 제목은 "Keyboard"로 set_caption() 메서드에 입력해준다.

```python
import pygame
import os

# 게임 스크린 크기
SCREEN_WIDTH = 800
SCREEN_HEIGHT = 600

# 색 정의
GRAY = (200, 200, 200)

# pygame 초기화
pygame.init()

# 윈도우 제목
pygame.display.set_caption("Keyboard")

# 스크린 정의
screen = pygame.display.set_mode((SCREEN_WIDTH, SCREEN_HEIGHT))

# 게임 화면 업데이트 속도
clock = pygame.time.Clock()
```

코드 3.27 키보드 조작 윈도우 설정 예제

화면에서 키보드 조작으로 움직이는 이미지 예제를 만들기 위해서 키보드 이미지를 다운로드 한다. 물론 아무 이미지나 사용 가능하지만, 예제에서 사용하는 키보드 이미지 파일은 SuanLab 홈페이지(http://suanlab.com/book/)에서 다운로드 할 수 있다. 다운로드 한 키보드 이미지는 assets 폴더에 저장한다.

다음으로 키보드 이미지가 저장된 assets 경로를 가져오고, pygame.image 모듈의 load() 메서드를 사용해 'keyboard.png' 파일을 로드한다. 그리고 키보드 이미지의 위치 좌표값을 위해 keyboard_x, keyboard_y라는 초기값(화면 중앙)을 가진 변수를 정의한다. 방향 값을 위해 keyboard_dx, keyboard_dy 변수도 선언한다.

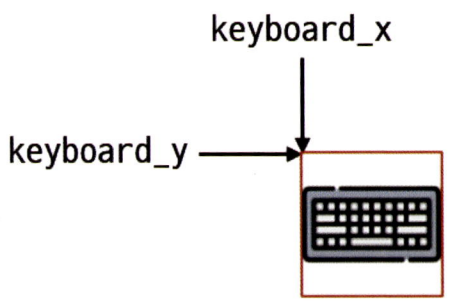

그림 3.14 키보드 이미지 ("Icon made by Freepik from www.flaticon.com")

```
# assets 경로 설정
current_path = os.path.dirname(__file__)
assets_path = os.path.join(current_path, 'assets')

# 키보드 이미지 초기 설정
keyboard_image = pygame.image.load(os.path.join(assets_path, 'keyboard.png'))
keyboard_x = int(SCREEN_WIDTH / 2)
keyboard_y = int(SCREEN_HEIGHT / 2)
keyboard_dx = 0
keyboard_dy = 0
```

코드 3.28 키보드 이미지 초기 설정 예제

게임 반복 구간에서 이벤트 처리 반복에 키보드 입력 값에 따른 움직임 제어에 대해 정의해야 한다. 이벤트 반복을 통해 들어온 이벤트 event.type이 만약 pygame.KEYDOWN일 경우에는 사용자로부터 키보드가 입력되었다는 의미가 된다. 입력된 키 중에서 방향키에 따라서 이미지의 위치 값을 조정한다. 먼저 왼쪽 방향키 pygame.K_LEFT가 눌린 경우에는 keyboard_dx의 값을 -3으로 한다. pygame.K_RIGHT가 눌린 경우에는 keyboard_dx의 값을 3으로 한다. 즉, 원점을 기준으로 방향키가 왼쪽이 눌린 경우에는 왼쪽으로 3만큼 이동하고, 오른쪽이 눌린 경우에는 오른쪽으로 3만큼 이동한다. 마찬가지로 위 방향키 pygame.K_UP이 눌리면 keyboard_dy의 값을 -3으로 하고, pygame.K_DOWN이 눌리면 keyboard_dy의 값을 3으로 한다.

다음으로 키를 눌렀다 떼어 놓을 경우에 대한 이벤트 처리가 필요하다. event.type이 pygame.KEYUP이 될 경우에는 키보드에 눌린 키가 놓인 경우를 말한다. 만약 왼쪽 방향인 pygame.K_LEFT 또는 오른쪽 방향인 pygame.K_RIGHT가 놓인 경우에는 keyboard_dx 값을 0으로 하여 멈춰진 상태로 둔다. 그리고 위쪽 방향인 pygame.K_UP이나 아래 방향인 pygame.K_DOWN이 놓인 경우에는 keyboard_dy의 값을 0으로 한다. 즉 키보드에서 키를 눌렀다가 뗀 경우에는 방향 값을 0으로 만들어 정지하게 만드는 것이 중요하다.

```python
# 게임 종료 전까지 반복
done = False

# 게임 반복 구간
while not done:
    # 이벤트 반복 구간
    for event in pygame.event.get():
        if event.type == pygame.QUIT:
            done = True
        # 키가 눌릴 경우
        elif event.type == pygame.KEYDOWN:
            if event.key == pygame.K_LEFT:
                keyboard_dx = -3
            elif event.key == pygame.K_RIGHT:
                keyboard_dx = 3
            elif event.key == pygame.K_UP:
                keyboard_dy = -3
            elif event.key == pygame.K_DOWN:
                keyboard_dy = 3
        # 키가 놓일 경우
        elif event.type == pygame.KEYUP:
            if event.key == pygame.K_LEFT or event.key == pygame.K_RIGHT:
                keyboard_dx = 0
```

```
        elif event.key == pygame.K_UP or event.key == pygame.K_DOWN:
            keyboard_dy = 0
```
코드 3.29 키보드 조작 예제

게임 로직 구간에서는 키보드 방향키로부터 옮겨진 위치 값으로 이미지의 위치를 바꿔주어야 한다. keyboard_x에 keyboard_dx를 더하고, keyboard_y에 keyboard_dy를 더하여 변경된 위치로 이동할 수 있게 한다. 게임의 스크린을 채우기 위해서 색을 정의해둔 GRAY 전역변수를 넣어서 회색으로 배경을 채워준다. 다음으로 screen.blit() 메서드를 이용하여 키보드 이미지 변수 keyboard_image를 넣어주고, 키보드 이미지의 위치 값 [keyboard_x, keyboard_y]를 넣어서 해당 위치에 키보드 이미지가 뜨게 한다. 화면 업데이트를 통해서 키 조작에 따라 이동하는 키보드 이미지를 볼 수 있다.

```
# 게임 로직 구간
# 키보드 이미지의 위치 변경
keyboard_x += keyboard_dx
keyboard_y += keyboard_dy

# 스크린 채우기
screen.fill(GRAY)

# 화면 그리기 구간
# 키보드 이미지 그리기
screen.blit(keyboard_image, [keyboard_x, keyboard_y])

# 화면 업데이트
pygame.display.flip()

# 초당 60 프레임으로 업데이트
clock.tick(60)

# 게임 종료
pygame.quit()
```
코드 3.30 키보드 이미지 위치 및 그리기 예제

완성된 코드를 실행해보면 키보드 이미지가 키보드의 방향키 조작에 따라 움직이는 것을 확인할 수 있다. 이런 기본 코드를 활용해서 재미있는 게임들을 만들어볼 수 있는 것이다.

```python
import pygame
import os

# 게임 스크린 크기
SCREEN_WIDTH = 800
SCREEN_HEIGHT = 600

# 색 정의
GRAY = (200, 200, 200)

# pygame 초기화
pygame.init()

# 윈도우 제목
pygame.display.set_caption("Keyboard")

# 스크린 정의
screen = pygame.display.set_mode((SCREEN_WIDTH, SCREEN_HEIGHT))

# 게임 화면 업데이트 속도
clock = pygame.time.Clock()

# assets 경로 설정
current_path = os.path.dirname(__file__)
assets_path = os.path.join(current_path, 'assets')

# 키보드 이미지 초기 설정
keyboard_image = pygame.image.load(os.path.join(assets_path, 'keyboard.png'))
keyboard_x = int(SCREEN_WIDTH / 2)
keyboard_y = int(SCREEN_HEIGHT / 2)
```

```python
keyboard_dx = 0
keyboard_dy = 0

# 게임 종료 전까지 반복
done = False

# 게임 반복 구간
while not done:
    # 이벤트 반복 구간
    for event in pygame.event.get():
        if event.type == pygame.QUIT:
            done = True
        # 키가 눌릴 경우
        elif event.type == pygame.KEYDOWN:
            if event.key == pygame.K_LEFT:
                keyboard_dx = -3
            elif event.key == pygame.K_RIGHT:
                keyboard_dx = 3
            elif event.key == pygame.K_UP:
                keyboard_dy = -3
            elif event.key == pygame.K_DOWN:
                keyboard_dy = 3
        # 키가 놓일 경우
        elif event.type == pygame.KEYUP:
            if event.key == pygame.K_LEFT or event.key == pygame.K_RIGHT:
                keyboard_dx = 0
            elif event.key == pygame.K_UP or event.key == pygame.K_DOWN:
                keyboard_dy = 0

    # 게임 로직 구간
    # 키보드 이미지의 위치 변경
    keyboard_x += keyboard_dx
    keyboard_y += keyboard_dy
```

```python
# 스크린 채우기
screen.fill(GRAY)

# 화면 그리기 구간
# 키보드 이미지 그리기
screen.blit(keyboard_image, [keyboard_x, keyboard_y])

# 화면 업데이트
pygame.display.flip()

# 초당 60 프레임으로 업데이트
clock.tick(60)

# 게임 종료
pygame.quit()
```

코드 3.31 키보드 조작 완성 코드

그림 3.15 키보드 조작 실행 화면

 ## 마우스 조작

게임을 조작하는 대표적인 인터페이스 중 하나로 마우스가 있다. 키보드는 키마다 이벤트 처리를 해야 하는 것과 달리 마우스는 마우스 위치 자체를 알 수 있기 때문에 비교적 쉽게 활용할 수 있다. 마우스로 움직이는 이미지를 예제로 만들어보도록 하자. 먼저 pygame 기본 코드에서 사용할 색인 BLUE를 정의하고, 윈도우 제목은 "Mouse"로 정의해준다.

```python
import pygame
import os

# 게임 스크린 크기
SCREEN_WIDTH = 800
SCREEN_HEIGHT = 600

# 색 정의
GREEN = (100, 200, 100)

# pygame 초기화
pygame.init()

# 윈도우 제목
pygame.display.set_caption("Mouse")

# 스크린 정의
screen = pygame.display.set_mode((SCREEN_WIDTH, SCREEN_HEIGHT))

# 게임 화면 업데이트 속도
clock = pygame.time.Clock()
```

코드 3.32 마우스 조작 윈도우 설정 예제

마우스 조작으로 움직이는 이미지로 사용할 파일을 다운로드 한다. 예제와 같이 마우스 이미지를 사용하거나 아무 원하는 이미지로 사용 가능하다. 다운로드 한 이미지는 assets 폴더에 저장한다. 마우스 이미지 파일인 "mouse.png"를 로드하고, 이미지의 위치 값인 mouse_x, mouse_ y를 초기에 스크린 중앙에 위치하도록 정의한다.

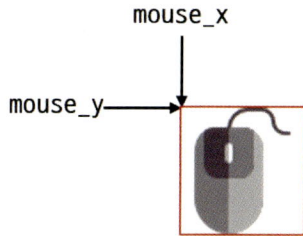

그림 3.16 마우스 이미지 ("Icon made by Freepik from www.flaticon.com")

```
# assets 경로 설정
current_path = os.path.dirname(__file__)
assets_path = os.path.join(current_path, 'assets')

# 마우스 이미지 초기 설정
mouse_image = pygame.image.load(os.path.join(assets_path, 'mouse.png'))
mouse_x = int(SCREEN_WIDTH / 2)
mouse_y = int(SCREEN_HEIGHT / 2)
```

코드 3.33 마우스 이미지 정의 예제

마우스의 커서 위치에 이미지가 있어야 하므로 기본 마우스 커서는 숨겨주어야 한다. pygame.mouse 모듈에서 set_visible() 메서드는 화면에 커서를 보여줄지 여부를 설정할 수 있다. set_visible(False)로 지정하면 값을 주면 마우스 커서가 숨겨지며, set_visible(True)로 지정하면 커서가 보인다.

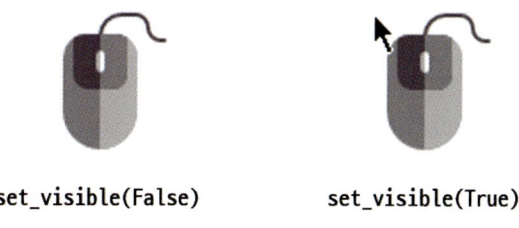

그림 3.17 마우스 커서 감추기

```
# 마우스 커서 숨기기
pygame.mouse.set_visible(False)
```

코드 3.34 마우스 커서 숨기기 예제

게임 반복 구간에서 필요한 부분은 바로 마우스 위치 값을 가져오는 것이다. 마우스의 위치 값은 pygame.mouse 모듈에서 get_pos() 메서드를 통해 받아올 수 있다. 이때 받아온 위치 값은 x와 y 값이 둘 다 들어가 있다. pos[0]에는 x 값이 있고, pos[1]에는 y 값이 있다. 그렇기에 분리하여 mouse_x와 mouse_y 변수에 넣어둔다.

```
# 게임 종료 전까지 반복
done = False

# 게임 반복 구간
while not done:
    # 이벤트 반복 구간
    for event in pygame.event.get():
        if event.type == pygame.QUIT:
            done = True

    # 게임 로직 구간

    # 마우스 위치 값 가져오기
    pos = pygame.mouse.get_pos()
    mouse_x = pos[0]
    mouse_y = pos[1]
```

코드 3.35 마우스 위치 값 예제

마우스를 움직일 화면의 색을 녹색으로 만들기 위해서 전역변수로 정의했던 GREEN로 화면을 채운다. 그리고 screen.blit() 메서드로 마우스 이미지 mouse_image를 넣고, 이미지의 위치 값인 mouse_x, mouse_y를 넣어준다. 화면 업데이트를 통해 마우스 이미지가 나타나며 마우스가 움직일 때마다 마우스 위치 값에 마우스 이미지를 그려 넣는다.

```python
    # 스크린 화면 채우기
    screen.fill(GREEN)

    # 화면 그리기 구간
    # 마우스 이미지 그리기
    screen.blit(mouse_image, [mouse_x, mouse_y])

    # 화면 업데이트
    pygame.display.flip()

    # 초당 60 프레임으로 업데이트
    clock.tick(60)

# 게임 종료
pygame.quit()
```

코드 3.36 마우스 조작 화면 그리기 예제

완성된 코드를 실행하면 다음 화면과 같이 이미지가 마우스 조작으로 움직이는 것을 확인할 수 있다. 이렇게 마우스 조작을 통해서 추후 재미있는 게임을 만들어볼 수 있다.

```python
import pygame
import os

# 게임 스크린 크기
SCREEN_WIDTH = 800
SCREEN_HEIGHT = 600

# 색 정의
GREEN = (100, 200, 100)

# pygame 초기화
pygame.init()
```

```python
# 윈도우 제목
pygame.display.set_caption("Mouse")

# 스크린 정의
screen = pygame.display.set_mode((SCREEN_WIDTH, SCREEN_HEIGHT))

# 게임 화면 업데이트 속도
clock = pygame.time.Clock()

# assets 경로 설정
current_path = os.path.dirname(__file__)
assets_path = os.path.join(current_path, 'assets')

# 마우스 이미지 초기 설정
mouse_image = pygame.image.load(os.path.join(assets_path, 'mouse.png'))
mouse_x = int(SCREEN_WIDTH / 2)
mouse_y = int(SCREEN_HEIGHT / 2)

# 마우스 커서 숨기기
pygame.mouse.set_visible(False)

# 게임 종료 전까지 반복
done = False

# 게임 반복 구간
while not done:
    # 이벤트 반복 구간
    for event in pygame.event.get():
        if event.type == pygame.QUIT:
            done = True

    # 게임 로직 구간
```

```python
# 마우스 위치 값 가져오기
pos = pygame.mouse.get_pos()
mouse_x = pos[0]
mouse_y = pos[1]

# 스크린 채우기
screen.fill(GREEN)

# 화면 그리기 구간
# 마우스 이미지 그리기
screen.blit(mouse_image, [mouse_x, mouse_y])

# 화면 업데이트
pygame.display.flip()

# 초당 60 프레임으로 업데이트
clock.tick(60)

# 게임 종료
pygame.quit()
```

코드 3.37 마우스 조작 완성 코드

그림 3.18 마우스 조작 실행 화면 예제

3.10 음악 및 사운드 사용

게임에서 중요한 요소가 바로 소리이다. 게임에서 소리만 없어져도 굉장히 단순한 게임이 된다. 플레이어는 시각적 요소와 함께 청각적 요소인 사운드를 통해 게임을 보고 듣고 느끼게 된다. 사운드는 게임을 몰입하게 만들고 박진감을 주는 요소이다. 게임에서 사운드는 크게 배경 음악과 효과음으로 구분할 수 있다. 배경 음악은 게임 진행 시에 계속 재생되는 소리인 반면 효과음은 게임의 어떤 이벤트 발생에 따라 재생되는 소리이다. 다음으로 pygame에서 소리를 다루는 방법에 대해서 알아보자.

pygame에서 배경음악과 효과음을 넣는 예제를 만들어보도록 하자. 먼저 pygame 기본 코드에서 사용할 색인 BLACK을 정의하고, pygame.init() 메서드로 초기화시킨다. 그리고 윈도우 제목은 "Sound"로 pygame.display.set_caption() 메서드로 정의해주고, pygame.display.set_mode() 메서드로 너비 640에 높이 400의 크기로 스크린을 생성한다.

```
import pygame
import os

# 게임 스크린 크기
SCREEN_WIDTH = 640
SCREEN_HEIGHT = 400

# 색 정의
BLACK = (0, 0, 0)

# pygame 초기화
pygame.init()

# 윈도우 제목
pygame.display.set_caption("Sound")

# 스크린 정의
screen = pygame.display.set_mode((SCREEN_WIDTH, SCREEN_HEIGHT))

# 게임 화면 업데이트 속도
```

```
clock = pygame.time.Clock()
```
코드 3.38 사운드 사용 윈도우 설정 예제

사운드 배경 이미지 파일인 'equalizer.png'를 로드하고, 배경 음악 'bgm.wav'과 효과음 'sound.wav'도 로드해줘야 한다. 물론 원하는 이미지, 배경음악, 효과음을 따로 지정해서 사용해도 된다. pygame에서 배경 음악과 효과음을 다루는 기능은 pygame.mixer에 정의되어 있다. 배경 음악은 pygame.mixer.music 모듈 안에 load() 메서드로 배경 음악을 로드하고, play() 메서드로 음악을 재생시킨다. play() 메서드를 호출할 때 재생 반복 수를 넣게 되어 있는데, 만약 -1을 넣게 되면 무한 반복 재생된다. pygame.mixer.Sound() 메서드는 효과음을 가져오는 데 사용된다.

```
# assets 경로 설정
current_path = os.path.dirname(__file__)
assets_path = os.path.join(current_path, 'assets')

# 배경 이미지 로드
background_image = pygame.image.load(os.path.join(assets_path, 'equalizer.png'))

# 배경 음악 로드
pygame.mixer.music.load(os.path.join(assets_path, 'bgm.wav'))
pygame.mixer.music.play(-1) # 무한 반복 재생

# 효과음 로드
sound = pygame.mixer.Sound(os.path.join(assets_path, 'sound.wav'))
```
코드 3.39 배경 이미지, 배경 음악, 효과음 로드 예제

사운드 제어를 위한 반복 구간에서 필요한 부분은 바로 마우스 버튼 클릭 이벤트를 사용하는 것이다. 먼저 게임 반복을 종료시킬 수 있도록 pygame.QUIT 이벤트 타입일 경우 done 변수를 True로 만들고, 마우스를 클릭하는 이벤트 타입이 pygame.MOUSEBUTTONDOWN일 경우에는 아까 로드한 효과음 sound에 대해서 play() 메서드로 효과음을 재생한다.

```
# 게임 종료 전까지 반복
done = False

# 게임 반복 구간
while not done:
    # 이벤트 반복 구간
    for event in pygame.event.get():
        if event.type == pygame.QUIT:
            done = True
        if event.type == pygame.MOUSEBUTTONDOWN:
            sound.play()     # 효과음 재생
```

코드 3.40 게임 이벤트 반복 예제

스크린의 배경 색은 전역변수로 정의했던 BLACK으로 screen.fill() 메서드를 통해 채운다. 그리고 screen.blit() 메서드로 배경 이미지인 background_image를 넣고, 배경 이미지의 위치 값인 get_rect() 메서드를 넣어준다. pygame.display.flip() 메서드로 화면을 업데이트 하고, 초당 60 프레임으로 clock.tick() 메서드를 통해 업데이트 해준다.

```
    # 게임 로직 구간

    # 화면 삭제 구간

    # 스크린 채우기
    screen.fill(BLACK)

    # 화면 그리기 구간
    # 배경 이미지 그리기
    screen.blit(background_image, background_image.get_rect())

    # 화면 업데이트
    pygame.display.flip()

    # 초당 60 프레임으로 업데이트
```

```
        clock.tick(60)

# 게임 종료
pygame.quit()
```

코드 3.41 게임 화면 구성 예제

완성된 사운드 조작 코드를 실행하면 다음 화면과 같이 사운드 배경 화면이 뜨고 멋진 배경 음악이 재생되는 것을 알 수 있다. 마우스 클릭을 해보면 효과음이 재생된다. 이렇게 배경 음악과 효과음을 제어하는 방법을 배워보았다.

```python
import pygame
import os

# 게임 스크린 크기
SCREEN_WIDTH = 640
SCREEN_HEIGHT = 400

# 색 정의
BLACK = (0, 0, 0)

# pygame 초기화
pygame.init()

# 윈도우 제목
pygame.display.set_caption("Sound")

# 스크린 정의
screen = pygame.display.set_mode((SCREEN_WIDTH, SCREEN_HEIGHT))

# 게임 화면 업데이트 속도
clock = pygame.time.Clock()

# assets 경로 설정
```

```python
current_path = os.path.dirname(__file__)
assets_path = os.path.join(current_path, 'assets')

# 배경 이미지 로드
background_image = pygame.image.load(os.path.join(assets_path, 'equalizer.png'))

# 배경 음악 로드
pygame.mixer.music.load(os.path.join(assets_path, 'bgm.wav'))
pygame.mixer.music.play(-1) # 무한 반복 재생

# 효과음 로드
sound = pygame.mixer.Sound(os.path.join(assets_path, 'sound.wav'))

# 게임 종료 전까지 반복
done = False

# 게임 반복 구간
while not done:
    # 이벤트 반복 구간
    for event in pygame.event.get():
        if event.type == pygame.QUIT:
            done = True
        if event.type == pygame.MOUSEBUTTONDOWN:
            sound.play()     # 효과음 재생

    # 게임 로직 구간

    # 화면 삭제 구간

    # 스크린 채우기
    screen.fill(BLACK)

    # 화면 그리기 구간
```

```
# 배경 이미지 그리기
screen.blit(background_image, background_image.get_rect())

# 화면 업데이트
pygame.display.flip()

# 초당 60 프레임으로 업데이트
clock.tick(60)

# 게임 종료
pygame.quit()
```

코드 3.42 음악 및 사운드 완성 코드

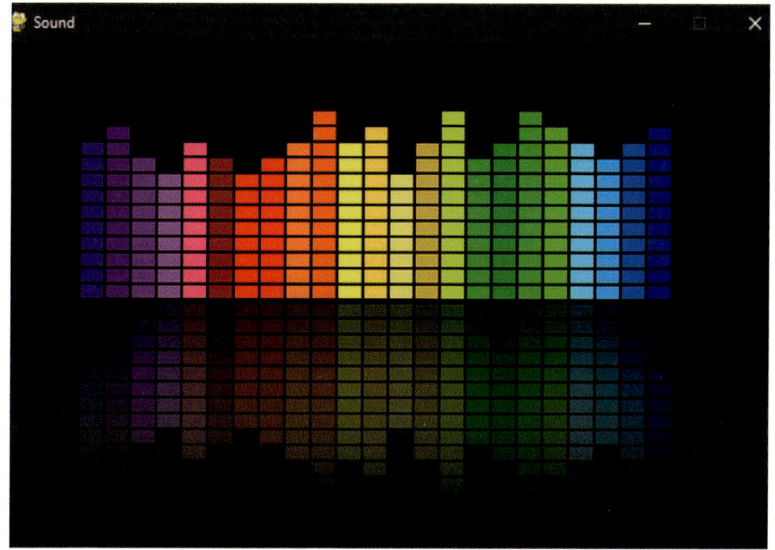

그림 3.19 사운드 조작 실행 화면 예제

4. 스네이크 게임(Snake Game)

스네이크 게임은 1970년대에 처음 나온 고전 게임 장르로서 지금까지도 수많은 변종들이 나오고 있는 인기 장르 중 하나이다. 파이썬을 이용하면 비교적 간단하게 코딩할 수 있고, 만드는 과정을 따라 하다 보면 게임을 만드는 재미와 코딩의 원리를 쉽게 이해할 수 있다. 이제 스네이크 게임을 차근차근 만들어보자.

4.1 스네이크 게임 규칙

스네이크 게임에는 수많은 변종들이 있지만, 이 책에서 만들어볼 스네이크 게임이 가지는 기본 규칙에 대해서 알아보자.

- 네모난 공간에 뱀이 한 마리 놓인다.
- 뱀은 멈추지 않고 머리가 향하는 방향으로 이동한다.
- 플레이어는 뱀의 머리 방향만 바꿀 수 있다. (게임 조작)
- 뱀이 벽이나 자신의 몸에 부딪히면 죽는다.
- 먹이를 먹을 때마다 길이가 길어지고, 속도가 빨라진다(게임의 난이도 증가)

스네이크 게임 중에는 뱀이 벽을 넘어서 반대편 벽으로 나오게 하거나, 한 번에 많은 먹이를 주거나, 공간에 장애물이나 적 캐릭터를 등장시키기도 한다. 이 책에서는 가장 간단한 형태로 스네이크 게임을 만들어본다.

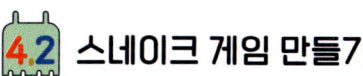 ## 스네이크 게임 만들기

4.2.1 패키지 import

스네이크 게임을 만들기 위해서는 가장 먼저 게임을 만들 때 필요한 여러 모듈들을 포함해야 한다. 기본적으로 게임 제작을 위한 pygame 모듈, os 모듈, sys 모듈, 그리고 랜덤 모듈 random을 가져오고, time 모듈에 포함된 sleep() 함수를 가져온다.

```
import pygame
import os
import sys
import random
from time import sleep
```

코드 4.1 스네이크 게임 import 코드

4.2.2 게임 화면 구성

게임에서 필수적으로 창의 크기나 색상, 조작을 어떻게 할 것인지 정의해야 한다. 가장 먼저 화면을 구성하기 위하여 전역변수 SCREEN_WIDTH, SCREEN_HEIGHT를 정의한다. 크기는 각각 800과 600이다. 바둑판식 게임판을 만들기 위하여 GRID_SIZE로 20만큼 창의 크기를 나눈다. GRID_WIDTH는 800 / 20으로 40, GRID_HEIGHT는 600 / 20으로 30이 되고, GRID_SIZE로 나누어진 칸의 전체 개수는 40 x 30으로 1200개가 된다.

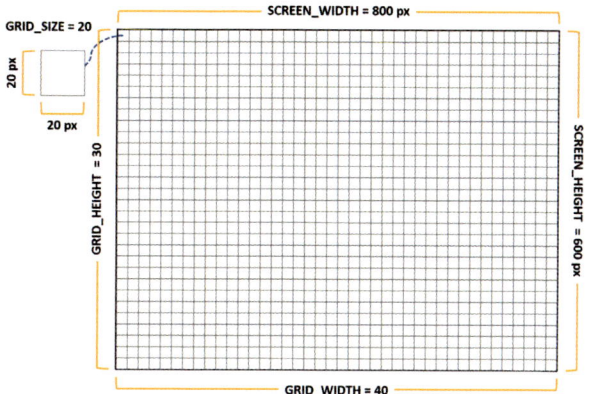

그림 4.1 게임 화면 구성

이렇게 구성된 게임 화면에서 뱀은 나누어진 칸으로 움직인다. 다음으로 스네이크 게임 화면에 필요한 전역변수 SCREEN_WIDTH, SCREEN_HEIGHT, GRID_SIZE, GRID_WIDTH, GRID_HEIGHT를 정의해준다.

```
# 게임 스크린 전역변수
SCREEN_WIDTH = 800
SCREEN_HEIGHT = 600

# 게임 화면 전역변수
GRID_SIZE = 20
GRID_WIDTH = SCREEN_WIDTH / GRID_SIZE
GRID_HEIGHT = SCREEN_HEIGHT / GRID_SIZE
```

코드 4.2 게임 화면 전역변수

4.2.3 방향 개념 이해

스네이크 게임에서 뱀이 움직이는 방향을 정의하기 위한 전역변수가 필요하다. 이 게임에서 뱀은 4가지 방향으로만 움직일 수 있다. 기본적으로 게임 윈도우는 위치마다 양수로 x, y 좌표가 표현되어 있다. 현재 좌표값이 (1, 1)이라면, 위 방향으로 이동하려면 y 값을 감소시켜야 하므로 (0, -1)을 더해서 (1, 0) 좌표 위치가 되며, 아래 방향은 y 값을 증가시켜야 하므로 (0, 1)을 더해주면 (1, 2) 좌표 위치로 이동된다. 오른쪽 방향은 x 값만 증가시켜야 하므로 (1, 0)을 더해주어 (2, 1) 좌표 위치로 이동하고, 왼쪽 방향은 x 값만 감소시켜야 하므로 (-1, 0)을 더해주어 (0, 1) 좌표 위치로 이동된다.

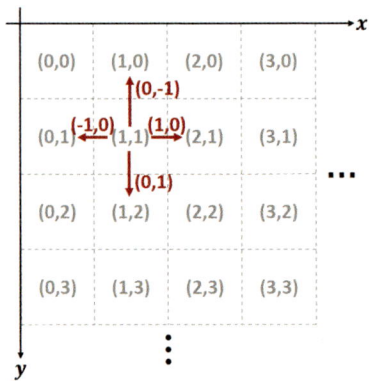

그림 4.2 방향을 위한 좌표값

4.2 스네이크 게임 만들기

4.2.1 패키지 import

스네이크 게임을 만들기 위해서는 가장 먼저 게임을 만들 때 필요한 여러 모듈들을 포함해야 한다. 기본적으로 게임 제작을 위한 pygame 모듈, os 모듈, sys 모듈, 그리고 랜덤 모듈 random을 가져오고, time 모듈에 포함된 sleep() 함수를 가져온다.

```python
import pygame
import os
import sys
import random
from time import sleep
```

코드 4.1 스네이크 게임 import 코드

4.2.2 게임 화면 구성

게임에서 필수적으로 창의 크기나 색상, 조작을 어떻게 할 것인지 정의해야 한다. 가장 먼저 화면을 구성하기 위하여 전역변수 SCREEN_WIDTH, SCREEN_HEIGHT를 정의한다. 크기는 각각 800과 600이다. 바둑판식 게임판을 만들기 위하여 GRID_SIZE로 20만큼 창의 크기를 나눈다. GRID_WIDTH는 800 / 20으로 40, GRID_HEIGHT는 600 / 20으로 30이 되고, GRID_SIZE로 나누어진 칸의 전체 개수는 40 x 30으로 1200개가 된다.

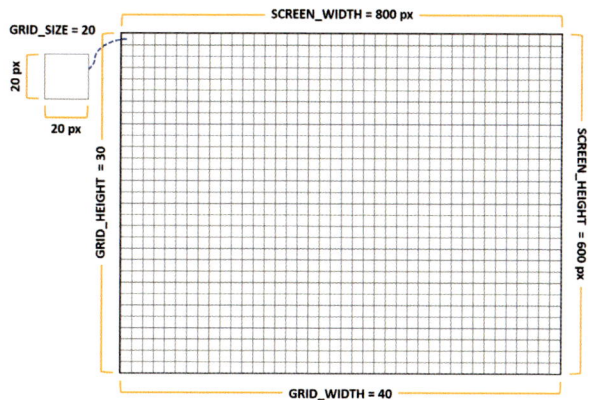

그림 4.1 게임 화면 구성

이렇게 구성된 게임 화면에서 뱀은 나누어진 칸으로 움직인다. 다음으로 스네이크 게임 화면에 필요한 전역변수 SCREEN_WIDTH, SCREEN_HEIGHT, GRID_SIZE, GRID_WIDTH, GRID_HEIGHT를 정의해준다.

```
# 게임 스크린 전역변수
SCREEN_WIDTH = 800
SCREEN_HEIGHT = 600

# 게임 화면 전역변수
GRID_SIZE = 20
GRID_WIDTH = SCREEN_WIDTH / GRID_SIZE
GRID_HEIGHT = SCREEN_HEIGHT / GRID_SIZE
```

코드 4.2 게임 화면 전역변수

4.2.3 방향 개념 이해

스네이크 게임에서 뱀이 움직이는 방향을 정의하기 위한 전역변수가 필요하다. 이 게임에서 뱀은 4가지 방향으로만 움직일 수 있다. 기본적으로 게임 윈도우는 위치마다 양수로 x, y 좌표가 표현되어 있다. 현재 좌표값이 (1, 1)이라면, 위 방향으로 이동하려면 y 값을 감소시켜야 하므로 (0, -1)을 더해서 (1, 0) 좌표 위치가 되며, 아래 방향은 y 값을 증가시켜야 하므로 (0, 1)을 더해주면 (1, 2) 좌표 위치로 이동된다. 오른쪽 방향은 x 값만 증가시켜야 하므로 (1, 0)을 더해주어 (2, 1) 좌표 위치로 이동하고, 왼쪽 방향은 x 값만 감소시켜야 하므로 (-1, 0)을 더해주어 (0, 1) 좌표 위치로 이동된다.

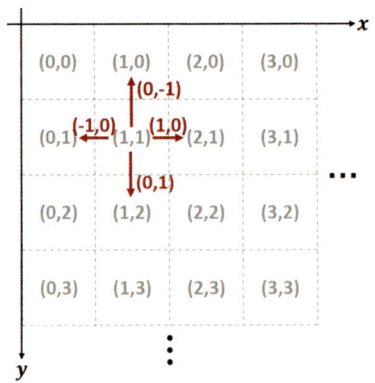

그림 4.2 방향을 위한 좌표값

게임에서 사용할 4가지 방향값인 UP, DOWN, LEFT, RIGHT에 대해 미리 전역변수들을 정의한다.

```
# 방향 전역변수
UP = (0, -1)
DOWN = (0, 1)
LEFT = (-1, 0)
RIGHT = (1, 0)
```

코드 4.3 방향 전역변수

4.2.4 색상 정의

스네이크 게임에서 필요한 색상들을 전역변수 WHITE, GREEN, ORANGE, GRAY로 정의해보자. RGB의 각 값이 최대가 되면 흰색이 된다. 배경색으로 사용할 흰색 전역변수 WHITE = (255, 255, 255)를 정의한다. 먹이의 색은 오렌지색으로 ORANGE = (250, 150, 0)을 정의하고, 점수의 글씨 색으로 회색 전역변수 GRAY = (100, 100, 100)을 정의한다.

그림 4.3 색상 정의

```
# 색상 전역변수
WHITE = (255, 255, 255)
ORANGE = (250, 150, 0)
GRAY = (100, 100, 100)
```

코드 4.4 색상 전역변수

4.2.5 뱀 객체 정의

다음은 뱀에 대해서 정의할 차례이다. 객체의 이름을 Snake로 하고, 게임에서 뱀이 하는 역할이 무엇인지 생각해보자. 하나하나 뱀이 가지는 역할에 따라 총 여섯 개의 메서드를 정의해보자.

```
# 뱀 객체
class Snake ():
```

코드 4.5 뱀 객체 선언

4.2.5.1 __init__() 메서드

가장 먼저 객체 생성 시 호출되는 __init__() 메서드에는 뱀 객체 생성을 위해서 self.create() 메서드를 호출한다.

```python
def __init__(self):
    self.create()
```

코드 4.6 뱀 객체 초기화 __init__() 메서드

4.2.5.2 create() 메서드

뱀을 생성하는 create() 메서드에서는 멤버 변수인 self.length의 값을 2로 정의해준다. 그리고 self.positions는 뱀의 위치를 저장한다. 초기에는 뱀의 위치를 게임 화면의 중앙으로 지정하기 위해서는 게임 화면의 너비인 SCREEN_WIDTH의 값을 2로 나누고, 높이인 SCREEN_HEIGHT의 값을 2로 나누면 된다. 그리고 뱀이 처음에 어느 방향을 가질지 결정해야 한다. self.direction에 아무 방향이나 정의해도 되지만, 매 게임마다 같은 방향으로만 생성된다면 재미가 없다. 그래서 우리는 총 4개의 방향 UP, DOWN, LEFT, RIGHT에서 하나를 랜덤으로 선택되도록 만들어보자. random.choice() 함수는 무작위로 리스트의 값 중에서 하나를 선택하는 역할을 한다. 방향으로 정의한 4개의 전역변수를 리스트에 넣어 [UP, DOWN, LEFT, RIGHT]로 표현하고 random.choice() 함수에 넣어주면 4개의 방향 중 하나를 랜덤으로 선택하여 반환한다.

```python
# 뱀 생성
def create(self):
    self.length = 2
    self.positions = [(int(SCREEN_WIDTH / 2), int(SCREEN_HEIGHT / 2))]
    self.direction = random.choice([UP, DOWN, LEFT, RIGHT])
```

코드 4.7 뱀 객체 create() 메서드

4.2.5.3 control() 메서드

뱀은 사용자가 지정한 방향대로 움직이도록 조정이 가능해야 한다. control() 메서드에서는 사용자가 주는 xy 방향 좌표값에 따라 self.direction의 값을 변경해주면 된다. 그러나 여기서 조건문을 하나 넣어주어야 한다. 뱀은 현재 방향과 반대 방향으로는 움직일 수 없어야 한다. 예를 들어, 오른쪽으로 가는 뱀이 오른쪽으로 계속 가거나 위와 아래 방향으로 갈 수 있다. 그러나 왼쪽 방향으로는 갈 수 없다. 그럴 경우 뱀이 겹쳐지기 때문이다. 그렇다면 뱀이 반대 방향으로 갈 수 없도록 하려면 어떻게 해야 할까? 간단한 조건문 하나면 가능하다.

사용자가 조정한 방향은 매개변수 xy에 정의되어 있다. xy는 x와 y의 값을 가지고 있다. xy[0]은 x 값을, xy[1]은 y 값을 가진다. 사용자가 지정한 방향인 x와 y 값 모두에 -1을 곱하면 반대 방향이 된다(이 부분이 이해되지 않는다면 4.2.3절로 돌아가 각 방향의 x, y 값에 -1을 곱해보자). 즉, 사용자가 지정한 방향의 반대 방향이 현재 뱀의 방향과 일치한다면, 사용자는 뱀의 방향과 반대 방향으로 방향을 조정한 것이다. 그럴 경우 그냥 return으로 조건문을 빠져나오고, 그 외의 방향일 경우에는 else 문을 이용해 사용자가 지정한 xy 값으로 self.direction 값을 변경한다.

```python
# 뱀 방향 조정
def control(self, xy):
    if (xy[0] * -1, xy[1] * -1) == self.direction:
        return
    else:
        self.direction = xy
```

코드 4.8 뱀 객체 control() 메서드

4.2.5.4 move() 메서드

뱀이 사용자가 지정한 방향으로 이동하려면 어떻게 해야 할까? 뱀을 이동시키는 건 간단하다. 하나씩 살펴보면 먼저 뱀의 현재 위치 정보가 있는 self.positions에서 [0]번째, 즉 뱀의 머리 부분을 cur 변수로 할당한다. 그리고 현재 이동하는 방향인 self.direction 변수에서 좌표값인 x, y 변수를 할당한 후 new 변수를 할당한다. new는 뱀이 나아갈 방향에 대한 값을 가진다. new를 계산하기 위해서는 뱀의 머리에 해당하는 cur 변수에서 x 좌표값에 해당하는 cur[0]와 y 좌표값에 해당하는 cur[1]에 x와 y 변수값을 더해주면 된다. 그러나 주의할 건 게임 화면이 GRID_SIZE로 바둑판처럼 되어 있다는 점이다. 그러므로 x와 y 변수에 GRID_SIZE를 곱해서 뱀이 GRID_SIZE 단위로 움직이게 한다.

```python
# 뱀 이동
def move(self):
    cur = self.positions[0]
    x, y = self.direction
    new = (cur[0] + (x * GRID_SIZE)), (cur[1] + (y * GRID_SIZE))
```

코드 4.9 뱀 객체 move() 메서드

뱀이 이동하면서 고려해야 할 두 가지 조건이 있다. 먼저 뱀이 자기 몸통에 닿으면 죽는다. 그리고 뱀이 게임 창을 넘어갈 경우 죽는다. 이 조건들을 처리할 조건문을 정의해보자. 뱀이 자기 몸통에 닿는 경우는 간단한 조건문으로 만들 수 있다. 뱀의 위치들을 기록하는 self.positions 변수에서 머리를 제외한 부분이 몸통이므로 다음 이동할 위치인 new가 self.potisions에서 몸통에 해당하는 부분들의 위치인 self.positions[2:]와 겹치면 몸통에 닿은 것으로 처리할 수 있다. 그리고 몸통에 닿으면 time.sleep(1)을 이용해서 1초 정지하고, create() 메서드를 호출하여 뱀을 처음부터 다시 생성한다.

```python
# 뱀이 자기 몸통에 닿았을 경우 뱀 처음부터 다시 생성
if new in self.positions[2:]:
    sleep(1)
    self.create()
```

코드 4.10 뱀이 자기 몸통에 닿았을 때 처리 코드

다음 조건인 뱀이 창을 넘어갈 경우도 1초 정지하고, create() 메서드를 호출하여 다시 시작한다. 그러면 뱀이 창을 넘어갔다는 조건은 어떻게 만들 수 있을까? 이 조건들도 비교적 간단하다. 게임 창은 너비는 0부터 최대 값인 SCREEN_WIDTH까지고, 높이는 0부터 최대 값인 SCREEN_HEIGHT까지이다. 이 범위를 뱀이 넘어갈 경우를 체크하는 조건문을 만들면 된다. 먼저 다음 이동할 위치인 new에서 x축에 대한 값인 new[0]이 0보다 작으면 뱀이 게임 창의 왼쪽으로 넘어간 것이다. 그리고 new[0] 값이 SCREEN_WIDTH 값 이상이 되면 게임 창의 오른쪽으로 넘어간 것이다. 마찬가지로 y축에 대한 new[1]의 값이 0보다 작거나 SCREEN_HEIGHT 값 이상이 되는지 체크해본다. 각 조건 중에서 하나라도 만족하면 뱀이 다시 생성되도록 한다.

```python
# 뱀이 게임 화면을 넘어갈 경우 뱀 처음부터 다시 생성
elif new[0] < 0 or new[0] >= SCREEN_WIDTH or \
     new[1] < 0 or new[1] >= SCREEN_HEIGHT:
    sleep(1)
    self.create()
```

코드 4.11 뱀이 게임 화면을 넘어갈 때 처리 코드

위 두 조건이 아닌 경우는 뱀이 정상적으로 이동하는 경우이다. 뱀의 이동은 한 칸씩 이동하는 것과 같다. 뱀이 이동할 위치인 new의 값을 뱀의 전체 위치 값들을 가지는 self.positions의 가장 앞 부분에 insert(0, new)를 통해 삽입한다. 그리고 꼬리 부분을 pop()으로 하나 제거하면

뱀이 이동하는 것처럼 만들 수 있다. 그러나 여기에 조건이 하나 필요하다. 뱀이 길어질 경우가 있기 때문에 현재 뱀의 길이인 self.length보다 self.positions의 길이가 클 경우에만 pop()으로 제거해야 한다. 이렇게 하면 뱀이 자연스럽게 길이가 길어지며 이동할 수 있다. 그렇다면 뱀이 길어지는 경우는 언제일까? 다음 절에서 살펴보자.

```python
# 뱀이 정상적으로 이동하는 경우
else:
    self.positions.insert(0, new)
    if len(self.positions) > self.length:
        self.positions.pop()
```

코드 4.12 뱀이 정상적으로 이동하는 경우 처리 코드

4.2.5.5 eat() 메서드

뱀이 먹이를 먹을 때 eat() 메서드가 호출되고, eat() 메서드에는 단순히 뱀의 길이인 self.length 값을 1 증가시키는 것이 전부이다. 뱀의 길이가 증가됨에 따라 move()에서 자연스럽게 이동하면서 길이가 증가될 것이다.

```python
# 뱀이 먹이를 먹을 때 호출
def eat(self):
    self.length += 1
```

코드 4.13 뱀 객체 eat() 메서드

4.2.5.6 draw() 메서드

뱀을 게임 화면에 그리기 위해서 draw() 메서드를 정의해보자. 먼저 뱀의 색깔을 초록색과 회색의 중간 색으로 채워질 수 있도록 색상값을 가지는 변수 red, green, blue를 정의해준다. red 변수는 0부터 50까지의 값을 가지며, green 변수는 150으로 고정되며, blue 변수는 0부터 150까지의 값을 가지도록 한다. 뱀 객체에서 가지는 전체 위치 값들인 self.positions 에 대해 하나하나 뱀의 색깔을 정해주기 위해 color 튜플 변수로 빨간색은 100 + red * i로 계산하고, 초록색은 150 값으로 고정하고, 파란색은 blue * i로 계산한다. 스네이크 게임은 GRID_SIZE 크기의 사각형으로 모든 객체들을 구성한다. 사각형 객체를 만들기 위해 pygame.Rect() 함수를 이용해 self.positions에 포함된 각각의 위치 p에 GRID_SIZE 크기의 사각형을 생성하여 rect 변수에 할당한다. 그리고 pygame.draw.rect() 함수를 통해서 사각형 rect을 color 변수의 색상으로 객체를 그린다.

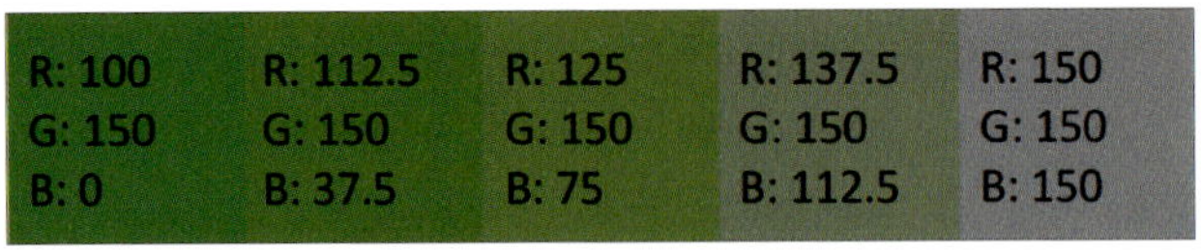

R: 100	R: 112.5	R: 125	R: 137.5	R: 150
G: 150	G: 150	G: 150	G: 150	G: 150
B: 0	B: 37.5	B: 75	B: 112.5	B: 150

그림 4.4 그려진 뱀 예제 (길이: 5)

```python
# 뱀 그리기
def draw(self, screen):
    red, green, blue = 50 / (self.length - 1), 150, 150 / (self.length - 1)
    for i, p in enumerate(self.positions):
        color = (100 + red * i, green, blue * i)
        rect = pygame.Rect((p[0], p[1]), (GRID_SIZE, GRID_SIZE))
        pygame.draw.rect(screen, color, rect)
```

코드 4.14 뱀 객체 draw() 메서드

4.2.6 먹이 객체 정의

먹이 객체 Feed를 먼저 정의한다. 그리고 3개의 메서드로 구성한다.

```python
# 먹이 객체
class Feed():
```

코드 4.15 먹이 객체 코드

4.2.6.1 __init__() 메서드

먼저 초기화 메서드 __init__()을 정의해보자. 먹이의 위치 값인 self.position은 (0, 0)으로 초기화하고, 먹이의 색깔인 self.color는 ORANGE로 정의한다. 그리고 먹이 객체를 생성하는 self.create() 메서드를 호출한다.

```python
def __init__(self):
    self.position = (0, 0)
    self.color = ORANGE
    self.create()
```

코드 4.16 먹이 객체 초기화 __init__() 메서드 코드

4.2.6.2 create() 메서드

create() 메서드는 먹이를 랜덤한 위치에 나타날 수 있도록 위치 값을 정해준다. 먼저 x 값을 0 부터 GRID_WIDTH - 1 범위에서 랜덤하고 선택하고, y 값을 0부터 GRID_HEIGHT - 1 범위에서 랜덤하고 선택한다. 그리고 x와 y 값에 GRID_SIZE 만큼 곱해주고, 그 값을 먹이의 위치인 self.position 값으로 할당한다.

```python
# 먹이 생성
def create(self):
    x = random.randint(0, GRID_WIDTH - 1)
    y = random.randint(0, GRID_HEIGHT - 1)
    self.position = x * GRID_SIZE, y * GRID_SIZE
```

코드 4.17 먹이 객체 create() 메서드 코드

4.2.6.3 draw() 메서드

먹이 객체를 그리기 위해서 draw() 메서드를 정의한다. draw() 메서드는 Snake의 draw() 메서드와 유사하게 self.color 색상으로 self.position 위치에 그리도록 pygame.Rect() 메서드를 이용해 GRID_SIZE 크기만큼의 사각형을 pygame.draw.rect() 함수를 호출해 그린다.

```python
# 먹이 그리기
def draw(self, screen):
    rect = pygame.Rect((self.position[0], self.position[1]), (GRID_SIZE, GRID_SIZE))
    pygame.draw.rect(screen, self.color, rect)
```

코드 4.18 먹이 객체 draw() 메서드 코드

4.2.7 게임 객체 정의

스네이크 게임에서 필요한 객체들을 부르고, 각종 이벤트와 로직, 게임 화면을 처리할 게임 객체 Game을 정의한다.

```python
# 게임 객체
class Game():
```

코드 4.19 스네이크 게임 객체 코드

4.2.7.1 __init__() 메서드

게임 객체의 초기화 메서드 __init__()에서는 앞서 정의한 뱀 객체 Snake와 먹이 객체 Feed에 대한 인스턴스를 생성해준다. 그리고 게임의 난이도 증가를 위해 속도를 증가시키고자 self. speed 변수를 초기값 5로 정의해준다.

```python
def __init__(self):
    self.snake = Snake()
    self.feed = Feed()
    self.speed = 5
```

코드 4.20 게임 객체 초기화 __init__() 메서드 코드

4.2.7.2 process_events() 메서드

게임이 시작되면 이벤트나 키보드 입력을 반복하여 처리해주어야 하고, 게임 화면도 계속 갱신해주어야 한다. process_events() 메서드에서는 먼저 pygame.event.get() 함수를 이용하여 게임 이벤트들을 계속 받아온다. 만약 사용자가 게임을 종료시켜 event.type이 QUIT일 경우에는 return True로 값을 반환하여 반복을 멈추고 게임을 종료시킨다. QUIT 이벤트 외에도 event. type이 KEYDOWN일 경우 키보드가 눌린 이벤트를 의미한다. 키보드가 눌렸는데 눌린 키 값에 따라서 뱀의 방향을 조정해주어야 한다. event.key 값이 K_UP, K_DOWN, K_LEFT, K_RIGHT 중에 어떤 값으로 오면 그 방향으로 뱀을 control() 메서드를 통해 방향 전역변수인 UP, DOWN, LEFT, RIGHT를 이용해 조정한다.

```python
# 게임 이벤트 처리 및 조작
def process_events(self):
    for event in pygame.event.get():
        if event.type == pygame.QUIT:
            return True
        elif event.type == pygame.KEYDOWN:
            if event.key == pygame.K_UP:
                self.snake.control(UP)
            elif event.key == pygame.K_DOWN:
                self.snake.control(DOWN)
            elif event.key == pygame.K_LEFT:
                self.snake.control(LEFT)
```

```
            elif event.key == pygame.K_RIGHT:
                self.snake.control(RIGHT)
    return False
```

코드 4.21 게임 이벤트 처리 process_events() 메서드 코드

4.2.7.3 run_logic() 메서드

게임의 로직을 처리하는 `run_logic()` 메서드에서는 `snake.move()`를 호출하여 뱀을 계속 움직이고, `check_eat()` 함수를 통해 뱀이 먹이를 먹었는지 체크한다. 게임 속도는 기본값 10에 뱀의 길이를 더한 값을 2로 나누는 것으로 계산한다. 즉, 뱀이 길어질수록 속도가 빨라져서 난이도가 올라간다.

```
# 게임 로직 수행
def run_logic(self):
    self.snake.move()
    self.check_eat(self.snake, self.feed)
    self.speed = (10 + self.snake.length) / 2
```

코드 4.22 게임 로직 수행 run_logic() 메서드 코드

4.2.7.4 check_eat() 메서드

스네이크 게임에서 뱀이 먹이를 먹었는지를 항상 체크해주기 위해 `check_eat()` 메서드를 정의해보자. 뱀이 먹이를 먹었는지 아는 방법은 간단하다. 바로 뱀의 머리에 대한 위치 `snake.position[0]`과 먹이에 대한 위치 `feed.position`이 같으면 뱀이 먹이를 획득한 것이다. 뱀이 먹이를 먹었다면 snake 인스턴스의 `eat()` 메서드를 호출하여 뱀의 길이를 증가시키고, 새로운 먹이 객체 생성을 위해서 `feed.create()` 메서드를 호출한다.

```
# 뱀이 먹이를 먹었는지 체크
def check_eat(snake, feed):
    if snake.positions[0] == feed.position:
        snake.eat()
        feed.create()
```

코드 4.23 먹이 체크 check_eat() 메서드 코드

4.2.7.5 draw_info() 메서드

게임을 구성할 때 중요한 요소가 바로 점수와 같은 정보이다. 스네이크 게임에서는 뱀의 길이와 속도를 점수처럼 표시해준다. 먼저 length 값을 문자열로 변환하고, speed 값은 반올림한 뒤 문자열로 변환하여 info 변수에 정보를 출력할 문자열로 만들어준다. 다음은 게임에서 사용할 폰트를 정의하기 위해서 시스템에서 기본 내장된 폰트인 FixedSys를 지정한다. 사용하고 싶은 다른 폰트를 지정해서 넣어주어도 되지만, 본 예제에서는 간단히 영어로 된 게임 정보를 출력하기 위해서 시스템 폰트를 사용한다. 시스템 폰트는 pygame.font.SysFont()를 통해 'FixedSys'로 지정하고, 크기는 30으로 지정한다. 정의한 글꼴 스타일에 GRAY 색상으로 info 변수를 생성하고, 텍스트를 표시할 사각형 정보를 get_rect() 메서드를 통해 text_rect으로 받아오고, 좌표 값 text_rect.x, text_rect.y를 10, 10을 갖도록 할당한다. 그리고 screen의 blit() 메서드를 이용하여 게임 화면에 text를 반영한다.

Length: 2   Speed: 5.5

그림 4.5 게임 정보 표시 예제

```python
# 게임 정보 출력
def draw_info(self, length, speed, screen):
    info = "Length: " + str(length) + "    " + "Speed: " + str(round(speed, 2))
    font = pygame.font.SysFont('FixedSys', 30, False, False)
    text_obj = font.render(info, True, GRAY)
    text_rect = text_obj.get_rect()
    text_rect.x, text_rect.y = 10, 10
    screen.blit(text_obj, text_rect)
```

코드 4.24 게임 정보 표시 draw_info() 메서드 코드

4.2.7.6 display_frame() 메서드

반복적으로 게임 화면을 그리기 위해서 무한 반복문 안에 지속적으로 처리해야 될 것들을 정의해보자. 먼저 surface.fill(WHITE) 호출을 통해 게임 화면 배경색을 하얀색으로 채운다. 그리고 draw_info() 함수를 통해 게임 정보들을 출력한다. 게임 화면 screen에 뱀과 먹이를 snake.draw()와 feed.draw() 메서드 호출로 그려주고, screen.blit() 메서드로 변경된 게임 화면을 반영한다.

```python
# 게임 프레임 처리
def display_frame(self, screen):
    screen.fill(WHITE)
    self.draw_info(self.snake.length, self.speed, screen)
    self.snake.draw(screen)
    self.feed.draw(screen)
    screen.blit(screen, (0, 0))
```

코드 4.25 게임 프레임 처리 display_frame() 메서드 코드

4.2.8 메인 함수 정의

스네이크 게임 코드의 처음 시작은 메인 함수 main()에서 시작된다. 게임에 초기화 및 환경 설정을 위해서 가장 먼저 pygame.init()을 통해 pygame을 초기화한다. pygame.display.set_caption() 메서드를 이용하여 게임 창의 제목 표시줄에 'Snake Game'이라 출력한다. 그리고 스네이크 게임 화면이 SCREEN_WIDTH, SCREEN_HEIGHT 크기를 가지도록 pygame.display.set_mode() 함수를 이용해 초기화한 뒤, screen 변수로 게임 화면을 받아온다. 게임 속도를 조절하기 위해 pygame.time.Clock()을 통해 clock 변수를 생성하고, 정의한 게임 객체의 인스턴스 game을 생성한다.

```python
def main():
    # 게임 초기화 및 환경 설정
    pygame.init()
    pygame.display.set_caption('Snake Game')
    screen = pygame.display.set_mode((SCREEN_WIDTH, SCREEN_HEIGHT))
    clock = pygame.time.Clock()
    game = Game()
```

코드 4.26 스네이크 게임 메인 함수 main() 코드

실제 게임이 실행되어 필요한 처리가 계속 반복되도록 done 변수가 True 값이 되기 전까지 while 반복문을 구성한다. game의 process_events() 메서드를 호출하여 게임 키 조작과 이벤트를 처리하고 게임을 종료할 경우 return 되는 True 값이 done 변수의 값이 되어 반복문이 종료된다. 그리고 게임 로직 부분을 처리하고자 run_logic() 메서드를, 게임 화면을 처리하는 display_frame() 메서드를 호출한다. 한 번의 반복으로 필요한 처리가 끝나면 pygame.display.flip() 메서드로 게임 화면 전체에 변경된 부분들을 반영해준다. 게임 속도 변수인 game.speed

를 clock.tick() 메서드에 넣어 게임 속도가 빨라지도록 반영해준다. 반복이 종료되는 경우에는 pygame.quit() 메서드가 호출되며 프로그램이 종료된다.

```
done = False
while not done:
    done = game.process_events()
    game.run_logic()
    game.display_frame(screen)
    pygame.display.flip()
    clock.tick(game.speed)

pygame.quit()
```

코드 4.27 스네이크 게임 반복 처리 코드

실제 파이썬에서는 메인 프로그램의 실행을 __name__의 값이 문자열 '__main__'일 경우로 판단하여 프로그램의 시작점을 판단한다. 여기서는 코드의 처음 실행을 main() 함수를 호출하는 것으로 한다.

```
if __name__ == '__main__':
    main()
```

코드 4.28 메인 함수 실행 코드

4.3 스네이크 게임 실행

완성된 코드를 실행하면 스네이크 게임이 실행된다. 그런데 게임이 실행되지 않고 오류 메시지가 나타날 수도 있다. 그럴 때는 오류 메시지를 자세히 살펴보고 어느 부분에서 오류가 발생했는지 찾아서 수정한 뒤 다시 실행하면 된다. 프로그래밍 실력 향상은 오류를 수정하는 것에서 시작한다. 스네이크 게임의 전체 게임 코드를 자신의 코드와 비교해보며 잘 작성되었는지 확인해보고, 게임을 실행해보자.

```
import pygame
import os
import sys
```

```python
import random
from time import sleep

# 게임 스크린 전역변수
SCREEN_WIDTH = 800
SCREEN_HEIGHT = 600

# 게임 화면 전역변수
GRID_SIZE = 20
GRID_WIDTH = SCREEN_WIDTH / GRID_SIZE
GRID_HEIGHT = SCREEN_HEIGHT / GRID_SIZE

# 방향 전역변수
UP = (0, -1)
DOWN = (0, 1)
LEFT = (-1, 0)
RIGHT = (1, 0)

# 색상 전역변수
WHITE = (255, 255, 255)
ORANGE = (250, 150, 0)
GRAY = (100, 100, 100)


# 뱀 객체
class Snake():
    def __init__(self):
        self.create()

    # 뱀 생성
    def create(self):
        self.length = 2
        self.positions = [(int(SCREEN_WIDTH / 2), int(SCREEN_HEIGHT / 2))]
```

```python
        self.direction = random.choice([UP, DOWN, LEFT, RIGHT])

    # 뱀 방향 조정
    def control(self, xy):
        if (xy[0] * -1, xy[1] * -1) == self.direction:
            return
        else:
            self.direction = xy

    # 뱀 이동
    def move(self):
        cur = self.positions[0]
        x, y = self.direction
        new = (cur[0] + (x * GRID_SIZE)), (cur[1] + (y * GRID_SIZE))

        # 뱀이 자기 몸통에 닿았을 경우 뱀 처음부터 다시 생성
        if new in self.positions[2:]:
            sleep(1)
            self.create()
        # 뱀이 게임 화면을 넘어갈 경우 뱀 처음부터 다시 생성
        elif new[0] < 0 or new[0] >= SCREEN_WIDTH or \
                new[1] < 0 or new[1] >= SCREEN_HEIGHT:
            sleep(1)
            self.create()
        # 뱀이 정상적으로 이동하는 경우
        else:
            self.positions.insert(0, new)
            if len(self.positions) > self.length:
                self.positions.pop()

    # 뱀이 먹이를 먹을 때 호출
    def eat(self):
        self.length += 1
```

```python
    # 뱀 그리기
    def draw(self, screen):
        red, green, blue = 50 / (self.length - 1), 150, 150 / (self.length - 1)
        for i, p in enumerate(self.positions):
            color = (100 + red * i, green, blue * i)
            rect = pygame.Rect((p[0], p[1]), (GRID_SIZE, GRID_SIZE))
            pygame.draw.rect(screen, color, rect)


# 먹이 객체
class Feed():
    def __init__(self):
        self.position = (0, 0)
        self.color = ORANGE
        self.create()

    # 먹이 생성
    def create(self):
        x = random.randint(0, GRID_WIDTH - 1)
        y = random.randint(0, GRID_HEIGHT - 1)
        self.position = x * GRID_SIZE, y * GRID_SIZE

    # 먹이 그리기
    def draw(self, screen):
        rect = pygame.Rect((self.position[0], self.position[1]), (GRID_SIZE, GRID_SIZE))
        pygame.draw.rect(screen, self.color, rect)


# 게임 객체
class Game():
    def __init__(self):
        self.snake = Snake()
```

```python
        self.feed = Feed()
        self.speed = 20

    # 게임 이벤트 처리 및 조작
    def process_events(self):
        for event in pygame.event.get():
            if event.type == pygame.QUIT:
                return True
            elif event.type == pygame.KEYDOWN:
                if event.key == pygame.K_UP:
                    self.snake.control(UP)
                elif event.key == pygame.K_DOWN:
                    self.snake.control(DOWN)
                elif event.key == pygame.K_LEFT:
                    self.snake.control(LEFT)
                elif event.key == pygame.K_RIGHT:
                    self.snake.control(RIGHT)
        return False

    # 게임 로직 수행
    def run_logic(self):
        self.snake.move()
        self.check_eat(self.snake, self.feed)
        self.speed = (20 + self.snake.length) / 4

    # 뱀이 먹이를 먹었는지 체크
    def check_eat(self, snake, feed):
        if snake.positions[0] == feed.position:
            snake.eat()
            feed.create()

    # 게임 정보 출력
    def draw_info(self, length, speed, screen):
```

```python
            info = "Length: " + str(length) + "    " + "Speed: " + str(round(speed, 2))
            font = pygame.font.SysFont('FixedSys', 30, False, False)
            text_obj = font.render(info, True, GRAY)
            text_rect = text_obj.get_rect()
            text_rect.x, text_rect.y = 10, 10
            screen.blit(text_obj, text_rect)

        # 게임 프레임 처리
        def display_frame(self, screen):
            screen.fill(WHITE)
            self.draw_info(self.snake.length, self.speed, screen)
            self.snake.draw(screen)
            self.feed.draw(screen)
            screen.blit(screen, (0, 0))


def main():
    # 게임 초기화 및 환경 설정
    pygame.init()
    pygame.display.set_caption('Snake Game')
    screen = pygame.display.set_mode((SCREEN_WIDTH, SCREEN_HEIGHT))
    clock = pygame.time.Clock()
    game = Game()

    done = False
    while not done:
        done = game.process_events()
        game.run_logic()
        game.display_frame(screen)
        pygame.display.flip()
        clock.tick(game.speed)

    pygame.quit()
```

```python
if __name__ == '__main__':
    main()
```

코드 4.29 스네이크 게임 완성 코드

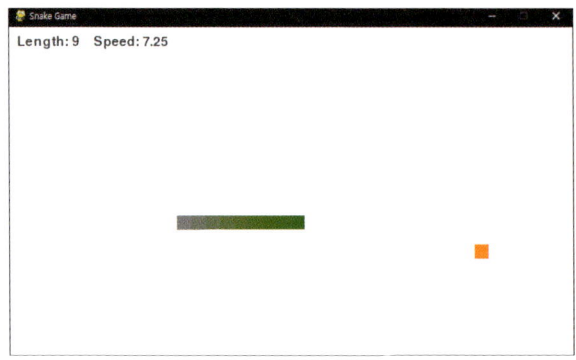

그림 4.6 스네이크 게임 화면

4.4 스네이크 게임 실행 파일 만들기

게임을 실행할 때마다 파이썬 코드를 통해 실행하는 것이 아닌 exe 실행 파일로 만들어서 실행하거나 배포해야 한다. 내가 만든 게임을 다른 친구들에게 보내줄 때도 파이썬 코드와 리소스들을 보내는 것이 아니라 실행 파일 하나만 보내면 된다. 다음은 실행 파일을 만들어주는 pyinstaller 패키지를 사용하여 스네이크 게임의 실행 파일을 만들어보자. 먼저 pyinstaller 패키지가 설치되어 있지 않다면 `pip install pyinstaller` 명령어를 통해 설치해야 한다. 자신이 사용하는 IDE 환경에 맞춰서 명령어를 명령 프롬프트나 Visual Studio Code 또는 파이참의 터미널에서 실행하면 된다.

```
G:\내 드라이브\[SuanLab]\Publish\Python Game\sources\4 Snake Game>pip install pyinstaller
Collecting pyinstaller
  Using cached pyinstaller-4.5-py3-none-win_amd64.whl (1.9 MB)
Requirement already satisfied: pefile>=2017.8.1 in c:\users\suan\appdata\local\programs\python\python39\li
b\site-packages (from pyinstaller) (2021.5.24)
Requirement already satisfied: setuptools in c:\users\suan\appdata\local\programs\python\python39\lib\site
-packages (from pyinstaller) (49.2.1)
Requirement already satisfied: altgraph in c:\users\suan\appdata\local\programs\python\python39\lib\site-p
ackages (from pyinstaller) (0.17)
Requirement already satisfied: pywin32-ctypes>=0.2.0 in c:\users\suan\appdata\local\programs\python\python
39\lib\site-packages (from pyinstaller) (0.2.0)
Requirement already satisfied: pyinstaller-hooks-contrib>=2020.6 in c:\users\suan\appdata\local\programs\p
ython\python39\lib\site-packages (from pyinstaller) (2021.2)
Requirement already satisfied: future in c:\users\suan\appdata\local\programs\python\python39\lib\site-pac
kages (from pefile>=2017.8.1->pyinstaller) (0.18.2)
Installing collected packages: pyinstaller
Successfully installed pyinstaller-4.5
```

그림 4.7 pyinstaller 설치 화면

설치한 pyinstaller를 실행하여 실행 파일을 만들기 위해 다음 명령어를 실행시키면 된다.

```
pyinstaller -w -F snake_game.py
```

여기서 -w은 윈도우로 실행시키는 옵션이고, --add-data는 게임 리소스 파일을 추가하는 옵션이다. 우리는 스네이크 게임에서 사용하는 나눔고딕코딩 폰트 파일의 경로인 assets\NanumGothicCoding-Bold.ttf를 지정하고, 세미콜론 ; 뒤에 이동할 디렉토리인 assets를 지정한다. 그리고 -F는 실행 파일 하나로 모든 것을 다 합치는 옵션이다. 마지막에는 게임 코드인 snake_game.py 파일을 지정해준다.

```
G:\내 드라이브\[SuanLab]\Publish\Python Game\sources\4 Snake Game>pyinstaller -w -F snake_game.py
87 INFO: PyInstaller: 4.5
88 INFO: Python: 3.9.1
90 INFO: Platform: Windows-10-10.0.19041-SP0
97 INFO: wrote G:\내 드라이브\[SuanLab]\Publish\Python Game\sources\4 Snake Game\snake_game.spec
105 INFO: UPX is not available.
130 INFO: Extending PYTHONPATH with paths
['G:\\내 드라이브\\[SuanLab]\\Publish\\Python Game\\sources\\4 Snake Game',
 'G:\\내 드라이브\\[SuanLab]\\Publish\\Python Game\\sources\\4 Snake Game']
623 INFO: checking Analysis
623 INFO: Building Analysis because Analysis-00.toc is non existent
625 INFO: Initializing module dependency graph...
631 INFO: Caching module graph hooks...
646 INFO: Analyzing base_library.zip ...
3452 INFO: Processing pre-find module path hook distutils from 'c:\\users\\suan\\appdata\\local\\pr
ograms\\python\\python39\\lib\\site-packages\\PyInstaller\\hooks\\pre_find_module_path\\hook-distut
ils.py'.
3454 INFO: distutils: retargeting to non-venv dir 'c:\\users\\suan\\appdata\\local\\programs\\pytho
n\\python39\\lib'
5924 INFO: Caching module dependency graph...
6277 INFO: running Analysis Analysis-00.toc
```

그림 4.8 pyinstaller 실행 화면

pyinstaller 실행을 마친 뒤에 폴더를 살펴보면 build와 dist 폴더가 생성되었으며, 그 안에 여러 파일들이 생성된 것을 알 수 있다. dist 폴더 안을 살펴보면 snake_game.exe 파일이 생성된 것을 알 수 있다. 생성된 실행 파일을 통해서 스네이크 게임을 즐길 수 있다.

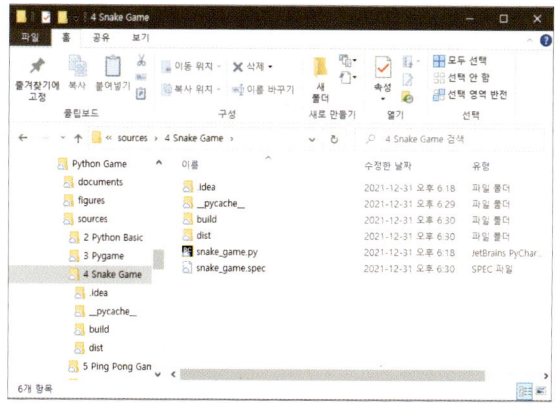

그림 4.9 pyinstaller 실행 결과 화면

4.5 다양한 스네이크 게임

스네이크 게임은 오래전부터 지금까지 많은 버전과 다양한 변종들이 탄생했다. 재미있게도 구글에서는 '스네이크 게임'이라고 검색하면 웹에서 실행 가능한 게임이 뜬다. HTML5로 만들었으며 우리가 만든 스네이크 게임과 유사한 구조이다. 하지만 귀여운 아이콘과 캐릭터들을 이용하였고, 소리도 나온다. 이처럼 우리가 만든 스네이크 게임을 멀티미디어 요소를 추가하여 더 재미있게 만들 수 있다.

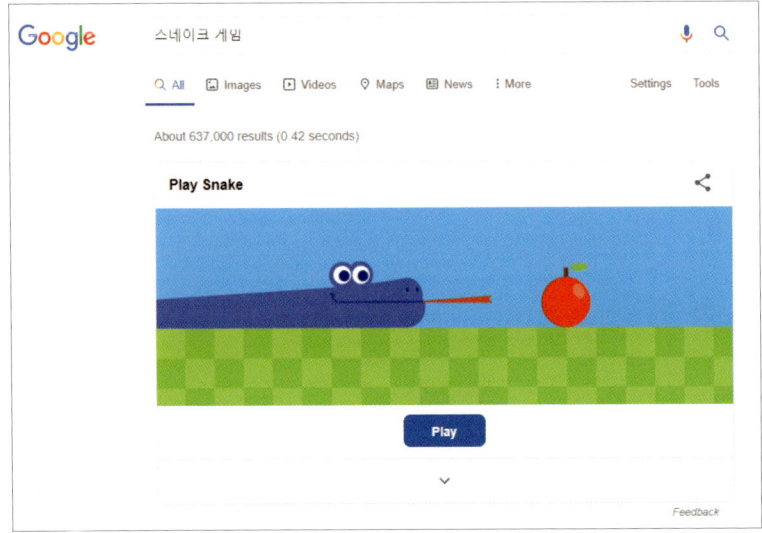

그림 4.10 구글 스네이크 게임

구글맵에서도 스네이크 게임(https://snake.googlemaps.com)을 지도라는 배경을 컨셉으로 하여 뱀을 기차로 바꾸어서 승객들을 태우는 게임으로 만들었다. 승객들을 태우고 유명 관광지에 도착하는 게임 요소를 추가하였다. 이처럼 스네이크 게임을 다른 컨셉으로 바꿀 수 있다.

그림 4.11 구글 맵 스네이크 게임

스네이크 게임을 웹 환경에서 다른 사용자들과 대결하는 slither 사이트(http://slither.io)가 있다. 여기서는 바둑판처럼 움직이지 않고 자유롭게 움직이며 자기 몸통에 부딪히지 않는다. 전체 맵도 크고 이미 많은 먹이들이 널려 있다. 이 게임은 여러 사용자들이 같이 경쟁하면서 게임을 하는 게 컨셉이다. 자기 몸통은 통과하는 게 가능하지만, 다른 뱀의 몸통에 부딪히면 죽게 된다. 서로 경쟁하면서 즐길 수 있는 요소를 추가한 것이다.

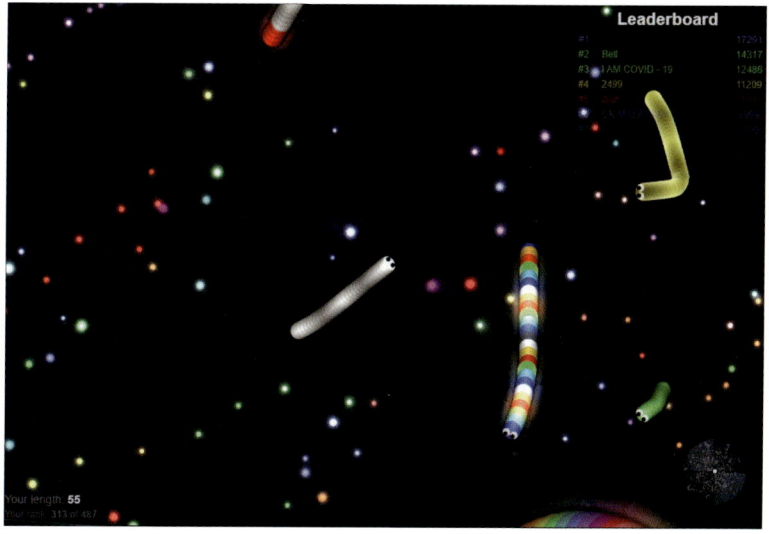

그림 4.12 slither.io 스네이크 게임

5. 핑퐁 게임(Ping Pong Game)

핑퐁 게임은 최초의 아케이드 비디오 게임 중 하나로서 2차원 그래픽 형태의 탁구 게임이다. 아주 간단한 형태의 게임이지만, 많은 곳에 판매가 될 정도로 인기가 있었으며, 아케이드 게임 시장을 개척한 히트 게임이다. 오리지널 퐁 게임보다는 조금 더 멋진 핑퐁 게임을 함께 만들어보자.

5.1 핑퐁 게임 규칙

핑퐁 게임에는 다양한 종류들이 있지만, 이 책에서 만들어볼 핑퐁 게임이 가지는 기본 규칙에 대해서 알아보자.

- 네모난 공간에 플레이어와 컴퓨터의 라켓이 있고 공이 주어진다.
- 플레이어는 라켓을 움직여서 공을 친다.
- 컴퓨터는 공을 따라서 오는 공을 친다.
- 상대방이 공을 놓치게 되면 점수를 얻는다.
- 점수를 10점 먼저 얻는 사람이 이긴다.

5.2 핑퐁 게임 리소스

게임 요소 중에서 사운드를 빼놓을 수 없다. 사운드가 없으면 허전할 정도로 게임의 완성도가 낮아진다. 사운드도 마찬가지로 직접 만들어서 사용할 수 있지만, 전문 레코딩 프로그램이나 MIDI에 대한 이해가 필요하다. 웹상에서 여러 사람들이 공개용으로 많은 사운드를 올려두고 공유한다. 여러 공유 사이트가 있지만 그중 하나인 프리사운드 사이트(http://freesound.org)에서 필요한 사운드를 찾아보자. 핑퐁 게임에서 탁구공이 부딪치는 소리를 효과음으로 사용하기 위해 "pingpong"이라는 키워드를 입력하고 검색하면 여러 사운드들이 존재한다.

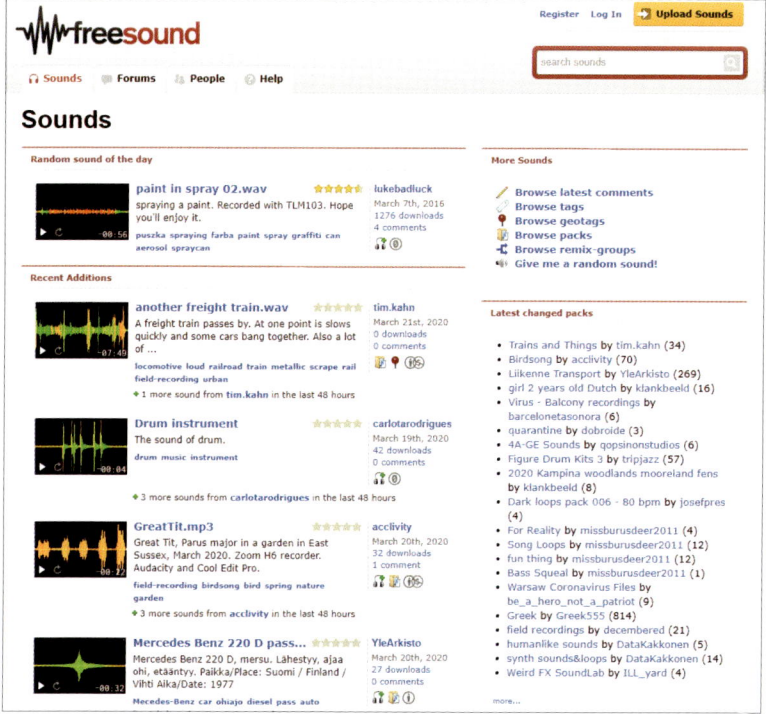

그림 5.1 프리사운드 사이트

이 책에서 사용되는 클립아트와 사운드 등의 리소스는 미리 다운로드 하여 모아두었다. 이 책의 예제를 그대로 따라 하려면 리소스를 그대로 다운로드 해서 사용하면 된다. 하지만 직접 만들거나 다른 클립아트와 사운드를 이용해도 좋다. 핑퐁 게임에 대한 리소스는 SuanLab 홈페이지(http://suanlab.com/book/)에서 다운로드 할 수 있다.

게임 리소스를 체계적으로 관리하고자 프로젝트 디렉토리 하위에 assets 디렉토리를 만들어 다운로드 한 오디오 파일들을 저장한다.

5.3 핑퐁 게임 만들기

5.3.1 모듈과 전역변수 정의

핑퐁 게임을 만들기 위해 먼저 게임을 만들 때 필요한 여러 모듈들을 포함시킨다. 기본적으로 게임 제작을 위한 pygame 모듈, 운영체제 모듈 os, 시스템 모듈 sys, 그리고 랜덤 모듈 random을 가져온다.

```python
import pygame
import os
import sys
import random
```

코드 5.1 핑퐁 게임 import 코드

핑퐁 게임에서 사용할 전역변수 SCREEN_WIDTH, SCREEN_HEIGHT와 WHITE, BLACK, BLUE, ORANGE, RED 색을 정의해준다. 그리고 초당 프레임 수로 FPS 값을 60으로 지정해준다.

그림 5.2 색 정의

```python
# 게임 스크린 크기
SCREEN_WIDTH = 480
SCREEN_HEIGHT = 640

# 색 정의
WHITE = (255, 255, 255)
BLACK = (0, 0, 0)
BLUE = (20, 60, 120)
ORANGE = (250, 170, 70)
RED = (250, 0, 0)
```

```
FPS = 60
```
코드 5.2 게임 전역변수

5.3.2 공 객체 정의

핑퐁 게임에서 제일 중요한 공에 대해서 정의해보자. 공 객체의 이름을 Ball로 정하고, 공의 움직임에 필요한 메서드들을 정의해보자.

```
# 공 객체
class Ball():
```
코드 5.3 공 객체 선언

5.3.2.1 __init__() 메서드

공 객체 생성 시 호출되는 __init__() 메서드에 먼저 12 x 12 크기의 작은 사각형을 pygame.Rect() 메서드를 이용해 만든다. 사각형의 초기 위치 좌표값으로 게임 화면의 중앙에 위치하기 위해서 SCREEN_WIDTH와 SCREEN_HEIGHT를 2로 나눈 값을 할당한다. 공이 부딪칠 때마다 효과음이 나도록 bound_sound를 가져와서 정의해준다. 공 객체가 생성된 처음에는 공의 방향을 아래로 하기 위해서 self.dx는 0으로 정의하고, self.dy는 5로 정의한다.

```
def __init__(self, bounce_sound):
    self.rect = pygame.Rect(int(SCREEN_WIDTH / 2), int(SCREEN_HEIGHT / 2), 12, 12)
    self.bounce_sound = bounce_sound
    self.dx = 0
    self.dy = 5
```
코드 5.4 공 객체 초기화 __init__() 메서드

5.3.2.2 update() 메서드

핑퐁 게임에서 공이 움직일 때마다 업데이트를 호출하여 처리해줄 필요가 있다. 기본적으로 공의 방향값인 self.dx와 self.dy를 사각형의 위치값인 self.rect.x와 self.rect.y에 공의 위치값을 업데이트 해준다.

```python
# 공 업데이트
def update(self):
    self.rect.x += self.dx
    self.rect.y += self.dy
```

코드 5.5 공 객체 update() 메서드

핑퐁 게임에서 공이 화면 밖으로 벗어나지 않고 튀어나오게 만들어야 한다. 먼저 게임 화면 왼쪽에 닿는 경우를 체크하는 방법은 `self.rect.left`의 좌표값이 0보다 작아지는 경우이다. 공의 방향을 왼쪽에서 오른쪽으로 바꾸어 튀어나오게 만들기 위해 `self.dx`의 값에 -1을 곱하여 음수를 양수로 바꿔준다. 그다음 `self.rect.left`의 값을 0으로 바꿔주면 화면 왼쪽 경계에서 공이 오른쪽으로 튀어나가게 된다. 일단 공이 화면 경계에 닿으면 부딪히는 소리를 `self.bound_sound.play()` 메서드를 통해 재생한다.

```python
# 공이 게임 화면 왼쪽으로 넘어갈 때
if self.rect.left < 0:
    self.dx *= -1
    self.rect.left = 0
    self.bounce_sound.play()
```

코드 5.6 공이 게임 화면 왼쪽에 닿을 때 처리 코드

공이 게임 화면 오른쪽에 닿을 때는 `self.rect.right` 값이 게임 화면 너비인 SCREEN_WIDTH 값보다 커지는 경우로 체크한다. 마찬가지로 `self.dx`의 값에 -1을 곱하여 공의 방향을 오른쪽에서 왼쪽으로 바꾸고, `self.rect.right`의 값을 게임 화면 너비인 SCREEN_WIDTH로 바꿔준다. 여기서도 공이 부딪히는 소리를 `self.bound_sound.play()` 메서드를 통해 재생한다.

```python
# 공이 게임 화면 오른쪽으로 넘어갈 때
elif self.rect.right > SCREEN_WIDTH:
    self.dx *= -1
    self.rect.right = SCREEN_WIDTH
    self.bounce_sound.play()
```

코드 5.7 공이 게임 화면 오른쪽에 닿을 때 처리 코드

5.3.2.3 reset() 메서드

핑퐁 게임에서 플레이어나 컴퓨터가 공을 놓친 경우에는 공의 위치를 리셋할 필요가 있다. reset() 메서드는 x, y 값에 따라서 공의 위치 값인 self.rect.x와 self.rect.y 값을 변경하여 공의 위치를 바꾸고, 방향 값인 self.dx는 -3부터 3 사이의 값으로 랜덤하게 정의하고, self.dy는 5로 정의한다. 즉, 공이 지정된 위치로 리셋되고, 랜덤한 방향으로 다시 공을 움직여 시작하게 된다.

```python
# 공 리셋
def reset(self, x, y):
    self.rect.x = x
    self.rect.y = y
    self.dx = random.randint(-3, 3)
    self.dy = 5
```

코드 5.8 공 객체 reset() 메서드

5.3.2.4 draw() 메서드

공을 게임 화면에 그리기 위해서 draw() 메서드를 정의해보자. 공은 단순히 사각형으로 이루어져 있기 때문에 pygame.draw.rect() 메서드를 이용하여 오렌지 색 전역변수인 ORANGE를 정의하고, 미리 정의한 사각형 self.rect을 넣어 그리도록 한다.

```python
# 공 그리기
def draw(self, screen):
    pygame.draw.rect(screen, ORANGE, self.rect)
```

코드 5.9 공 객체 draw() 메서드

5.3.3 플레이어 객체 정의

핑퐁 게임에서 플레이어에 대한 객체 Player를 정의한다. 그리고 움직임에 따른 업데이트 메서드와 화면에 그리는 메서드를 정의해보자.

```python
# 플레이어 객체
class Player():
```

코드 5.10 플레이어 객체 코드

5.3.3.1 __init__() 메서드

플레이어 객체의 초기화 메서드 __init__()을 정의해보자. 먼저 받아칠 수 있는 사각형 객체로 pygame.Rect() 메서드를 통해 공을 생성한다. 위치는 가운데 하단에 위치할 수 있도록 x 좌표는 SCREEN_WIDTH 값을 2로 나누고, y 좌표는 SCREEN_HEIGHT에서 40을 빼서 화면 아래에서 약간 위에 위치하도록 한다. 사각형의 크기는 가로 50에 세로 15 크기로 지정한다. 그리고 공이 부딪힐 때 나는 소리를 위해서 정의된 ping_sound 변수를 받아 self.ping_sound로 정의한다. 또한, 좌우 방향값인 self.dx는 0으로 초기화해준다.

```python
def __init__(self, ping_sound):
    self.rect = pygame.Rect(int(SCREEN_WIDTH / 2), SCREEN_HEIGHT - 40, 50, 15)
    self.ping_sound = ping_sound
    self.dx = 0
```

코드 5.11 플레이어 객체 초기화 __init__() 메서드 코드

5.3.3.2 update() 메서드

update() 메서드는 플레이어가 움직이면서 갱신해야 할 부분들을 처리하다. 먼저 라켓이라 할 수 있는 사각형 객체인 self.rect이 게임 화면 내에서만 움직일 수 있도록 해야 한다. 사각형 객체의 왼쪽인 self.rect.left가 게임 화면 너비의 시작값인 0보다 작거나 같으면서 움직이는 방향이 왼쪽이라 방향값 self.dx가 0보다 작은 조건이 되면 self.dx의 값을 0으로 할당하여 정지 상태로 만든다. 사각형 객체의 오른쪽인 self.rect.right가 게임 화면 너비인 SCREEN_WIDTH 값 이상이 되고 방향이 오른쪽이라 방향값인 self.dx가 0보다 큰 경우에 self.dx 값을 0으로 할당하여 움직이지 않게 한다.

```python
# 업데이트
def update(self, ball):
    if self.rect.left <= 0 and self.dx < 0:
        self.dx = 0
    elif self.rect.right >= SCREEN_WIDTH and self.dx > 0:
        self.dx = 0
```

코드 5.12 플레이어 객체 update() 메서드 코드

다음은 라켓인 사각형 객체가 공인 사각형 객체와 충돌이 발생하는 경우를 체크해주어야 한다. self.rect.colliderect(ball.rect) 메서드를 통해 충돌이 발생하는 경우에 공의 방향으로 ball.

dx는 -5와 5 사이의 랜덤값으로 지정하고, ball.dy는 -1을 곱하여 위 아래 방향을 바꾸어준다. 그리고 ball.rect.bottom의 값을 self.rect.top의 값으로 지정하여 공의 바닥이 라켓 위에 있도록 한다. 또한, self.ping_sound.play() 메서드로 공이 라켓에 부딪히는 소리를 재생시켜준다.

게임이 진행되면서 움직이는 방향값을 계속 사각형 객체의 위치로 반영해주어야 한다. 그래서 사각형 객체의 x값인 self.rect.x에 방향값 self.dx의 값을 더해준다.

```
# 플레이어가 공이랑 충돌한 경우
if self.rect.colliderect(ball.rect):
    ball.dx = random.randint(-5, 5)
    ball.dy *= -1
    ball.rect.bottom = self.rect.top
    self.ping_sound.play()

self.rect.x += self.dx
```

코드 5.13 플레이가 공이랑 충돌한 경우 처리 코드

5.3.3.3 draw() 메서드

플레이어의 라켓인 사각형 객체를 그리기 위해서 draw() 메서드를 정의한다. draw() 메서드는 RED 색상으로 사각형 객체인 self.rect를 pygame.draw.rect() 메서드를 이용해 그린다.

```
# 그리기
def draw(self, screen):
    pygame.draw.rect(screen, RED, self.rect)
```

코드 5.14 플레이어 객체 draw() 메서드 코드

5.3.4 적 객체 정의

핑퐁 게임에서 플레이어와 대결할 객체 Enemy를 정의한다. 적은 공의 움직임을 따라가며 받아치도록 만들어보자.

```
# 적 객체
class Enemy():
```

코드 5.15 적 객체 코드

5.3.4.1 __init__() 메서드

적 객체의 초기화를 위해서 사각형 객체를 생성한다. 사각형 객체는 게임 화면 너비 SCREEN_WIDTH 값을 반으로 나누어 중앙에 위치하도록 하고, 화면 상단에서 약간 떨어진 위치인 25를 지정한다. 사각형 객체의 크기는 너비 50에 높이 15로 지정한다. 또한, 공이 닿을 때 나는 소리인 pong_sound를 지정해준다.

```python
def __init__(self, pong_sound):
    self.rect = pygame.Rect(int(SCREEN_WIDTH / 2), 25, 50, 15)
    self.pong_sound = pong_sound
```

코드 5.16 적 객체 초기화 __init__() 메서드 코드

5.3.4.2 update() 메서드

게임 중에 적 객체가 공을 따라 움직이게 만들기 위해 update() 메서드를 정의해야 한다. 만약 적의 라켓인 사각형 객체 중앙값인 self.rect.centerx가 공의 중앙값인 ball.rect.centerx보다 큰 경우, 즉 적보다 공이 왼쪽에 있을 때에 공과의 차이값인 diff를 self.rect.centerx에서 ball.rect.centerx를 뺀 값으로 계산한다. 그리고 diff 값이 4보다 작거나 같으면 사각형 객체의 중앙값인 self.rect.centerx를 공의 중앙값인 ball.rect.centerx 값으로 지정하고, 그렇지 않으면 self.rect.x의 값에서 4를 빼서 왼쪽으로 움직인다.

```python
# 업데이트
def update(self, ball):
    # 적보다 공이 왼쪽에 있을 때
    if self.rect.centerx > ball.rect.centerx:
        diff = self.rect.centerx - ball.rect.centerx
        if diff <= 4:
            self.rect.centerx = ball.rect.centerx
        else:
            self.rect.x -= 4
```

코드 5.17 적 객체 update() 메서드 코드

만약 사각형 객체의 중앙값인 self.rect.centerx가 공 객체인 ball.rect.centerx보다 작은 경우, 즉 적보다 공이 오른쪽에 있을 때, 공의 중앙값인 ball.rect.centerx에서 사각형 객체인 self.rect.enterx를 뺀 값인 diff를 정의한다. 만약 diff 값이 4보다 작거나 같으면, 사각형 객

체 중앙값인 self.rect.centerx를 공의 중앙값인 ball.rect.centerx로 할당해주고, 그렇지 않으면 사각형 객체의 위치값인 self.rect.x에 4를 더해주어 오른쪽으로 움직인다.

```python
# 적보다 공이 오른쪽에 있을 때
elif self.rect.centerx < ball.rect.centerx:
    diff = ball.rect.centerx - self.rect.centerx
    if diff <= 4:
        self.rect.centerx = ball.rect.centerx
    else:
        self.rect.x += 4
```

코드 5.18 적보다 공이 오른쪽에 있을 때 처리 코드

그 외에 사각형 객체와 공 객체가 충돌하는 경우를 self.rect.colliderect(ball.rect) 메서드로 체크하여 적 라켓에 공이 닿았을 때 ball.dy의 값에 -1을 곱해 공의 방향을 반대로 바꾸고, 공의 상단을 사각형 객체의 하단 값으로 할당하여 사각형 객체 바닥에서부터 공이 움직이게 한다. 그리고 부딪힐 때 나는 소리를 재생하기 위해 self.pong_sound.play() 메서드를 실행한다.

```python
# 적이 공과 충돌한 경우
if self.rect.colliderect(ball.rect):
    ball.dy *= -1
    ball.rect.top = self.rect.bottom
    self.pong_sound.play()
```

코드 5.19 적이 공과 충돌한 경우 처리 코드

5.3.4.3 draw() 메서드

적의 라켓인 사각형 객체를 그리는 draw() 메서드를 정의한다. BLACK 색상으로 사각형 객체인 self.rect를 pygame.draw.rect() 메서드를 이용해 그린다.

```python
# 그리기
def draw(self, screen):
    pygame.draw.rect(screen, BLACK, self.rect)
```

코드 5.20 적 객체 draw() 메서드 코드

5.3.5 게임 객체 정의

게임에서 필요한 리소스를 로드하고, 이벤트 처리와 로직 수행, 게임 화면을 처리할 게임 객체 Game을 정의한다.

```python
# 게임 객체
class Game():
```

코드 5.21 핑퐁 게임 객체 코드

5.3.5.1 __init__() 메서드

게임 객체의 초기화 메서드 __init__()에서는 각종 게임 리소스와 객체들을 정의해준다. 먼저 게임 리소스가 저장된 경로를 받아오는 resource_path() 함수를 이용한다. assets 디렉토리 내에 있는 사운드 파일인 "bounce.wav", "ping.wav", "pong.wav"를 resource_path() 함수의 bounce_path, ping_path, pong_path로 지정하고, 폰트 파일인 "NanumGothicCoding-Bold.ttf"의 경로를 font_path로 지정한다. 사운드 파일들을 pygame.mixer.Sound() 메서드를 이용해 로드하고, 폰트 파일은 pygame.font.Font() 메서드를 통해 폰트 사이즈 50으로 self.font에 정의한다. 이후에 핑퐁 게임에서 사용되는 객체인 Ball을 생성하기 위해 "bounce.wav" 파일을 로드한 변수인 bounce_sound를 전달시키고, "ping.wav" 파일을 로드한 변수인 ping_sound를 전달시켜 Player 객체를 생성하고, "pong.wav" 파일을 로드한 변수인 pong_sound를 전달시켜 Enemy 객체를 생성한다. 그리고 플레이어의 점수를 저장할 self.player_score와 적의 점수를 저장할 self.enemy_score 변수를 0으로 초기화하여 정의한다.

```python
def __init__(self):
    bounce_path = resource_path("assets/bounce.wav")
    ping_path = resource_path("assets/ping.wav")
    pong_path = resource_path("assets/pong.wav")
    font_path = resource_path("assets/NanumGothicCoding-Bold.ttf")
    bounce_sound = pygame.mixer.Sound(bounce_path)
    ping_sound = pygame.mixer.Sound(ping_path)
    pong_sound = pygame.mixer.Sound(pong_path)
    self.font = pygame.font.Font(font_path, 50)
    self.ball = Ball(bounce_sound)
    self.player = Player(ping_sound)
```

```
        self.enemy = Enemy(pong_sound)
        self.player_score = 0
        self.enemy_score = 0
```

코드 5.22 게임 객체 초기화 __init__() 메서드 코드

5.3.5.2 process_events() 메서드

핑퐁 게임에서 필요한 이벤트와 키보드 입력을 처리하기 위해 process_events() 메서드를 정의해야 한다. 일단 게임에서 발생되는 이벤트 event를 pygame.event.get() 메서드로 가져온다. 사용자가 윈도우 창을 꺼서 event.type이 pygame.QUIT일 경우에는 return True로 값을 반환하여 반복을 멈추고 게임을 종료시킨다. 그리고 키보드가 눌려서 event.type이 pygame.KEYDOWN인 경우에 event.key 값이 pygame.K_LEFT이면 self.player.dx의 값에서 5를 빼서 왼쪽으로 움직이고, 값이 pygame.K_RIGHT이면 self.player.dx의 값에서 5를 더해 오른쪽으로 움직인다. 눌린 상태의 키를 떼어서 키가 올라오는 경우를 event.type이 pygame.KEYUP인 경우로 체크한다. 그때 올라온 키가 왼쪽 방향키인 pygame.K_LEFT 또는 오른쪽 방향키 pygame.K_RIGHT인 경우에는 플레이어의 움직임을 멈추기 위해 방향값인 self.player.dx를 0으로 지정한다.

```
# 게임 이벤트 처리 및 조작
def process_events(self):
    for event in pygame.event.get():
        if event.type == pygame.QUIT:
            return True
        if event.type == pygame.KEYDOWN:
            if event.key == pygame.K_LEFT:
                self.player.dx -= 5
            elif event.key == pygame.K_RIGHT:
                self.player.dx += 5
        elif event.type == pygame.KEYUP:
            if event.key == pygame.K_LEFT or event.key == pygame.K_RIGHT:
                self.player.dx = 0

    return False
```

코드 5.23 게임 이벤트 처리 process_events() 메서드 코드

5.3.5.3 run_logic() 메서드

run_logic() 메서드에서는 게임의 로직을 수행하도록 정의한다. 게임 진행 중에서 사용되는 self.ball, self.player, self.enemy 객체들을 업데이트하기 위해서 정의한 update() 메서드를 호출해준다.

```python
# 게임 로직 수행
def run_logic(self):
    self.ball.update()
    self.player.update(self.ball)
    self.enemy.update(self.ball)
```

코드 5.24 게임 로직 수행 run_logic() 메서드 코드

핑퐁 게임이 진행되면서 플레이어나 적이 공을 받아치지 못하고 놓친 경우에는 상대방이 점수를 획득하게 된다. 먼저 공이 게임 화면 위로 넘어간 경우는 공 객체의 y 좌표값인 self.ball.rect.y가 0보다 작을 경우로 체크할 수 있다. 즉, 적이 공을 놓쳐서 플레이어가 이긴 경우에는 self.player_score 변수에 1을 더해서 플레이어 점수를 1점 증가시키고, 공 객체의 reset() 메서드를 호출하여 플레이어의 현재 위치 중앙값인 self.player.rect.centerx, self.player.rect.centery로 공의 위치를 이동시킨다.

```python
# 공이 게임 화면 위로 넘어간 경우 (플레이어가 이긴 경우)
if self.ball.rect.y < 0:
    self.player_score += 1
    self.ball.reset(self.player.rect.centerx, self.player.rect.centery)
```

코드 5.25 플레이어가 이긴 경우 처리 코드

만약 공이 게임 화면 아래로 넘어간 경우는 공 객체의 y 좌표값인 self.ball.rect.y가 게임 화면 높이인 SCREEN_HEIGHT보다 큰 경우로 체크한다. 그리고 self.enemy_score 변수의 값에 1을 더하여 적 점수를 1점 증가시키고, 공의 위치를 적의 위치 중앙값인 self.enemy.rect.centerx, self.enemy.rect.centery로 이동시키기 위해 self.ball.reset() 메서드를 호출한다.

```python
# 공이 게임 화면 아래로 넘어간 경우 (적이 이긴 경우)
elif self.ball.rect.y > SCREEN_HEIGHT:
    self.enemy_score += 1
```

```
self.ball.reset(self.enemy.rect.centerx, self.enemy.rect.centery)
```
코드 5.26 적이 이긴 경우 처리 코드

5.3.5.4 display_message() 메서드

게임 화면에 메시지를 표시하기 위해 display_message() 메서드를 정의해보자. 게임 화면인 screen과 화면에 표시할 메시지인 message, 그리고 색상인 color를 전달받아서 화면에 메시지를 출력하도록 만든다. 먼저 self.font.render() 메서드를 통해 정의한 폰트로 message와 color를 이용해 label을 정의한다. label의 너비를 get_width() 메서드로, 높이를 get_height() 메서드로 가져온다. 게임 화면에서 중앙 위치에 메시지를 표시하기 위해 좌표값을 계산해야 한다. pos_x는 게임 화면 너비 SCREEN_WIDTH를 2로 나눈 후 그 값에 width를 2로 나눈 값을 뺀다. pos_y는 게임 화면 높이 SCREEN_HEIGHT를 2로 나눈 후 그 값에 height를 2로 나눈 값을 빼서 계산한다. 그럼 중앙 위치에 메시지가 표시될 수 있도록 계산된 pos_x와 pos_y 값을 이용해 게임 화면에 label을 표시한다. 마지막으로 pygame.display.update() 메서드를 호출하여 게임 화면에 반영해준다.

```
# 메시지 출력
def display_message(self, screen, message, color):
    label = self.font.render(message, True, color)
    width = label.get_width()
    height = label.get_height()
    pos_x = int((SCREEN_WIDTH / 2) - (width / 2))
    pos_y = int((SCREEN_HEIGHT / 2) - (height / 2))
    screen.blit(label, (pos_x, pos_y))
    pygame.display.update()
```
코드 5.27 메시지 출력을 위한 display_message() 메서드 코드

5.3.5.5 display_frame() 메서드

게임 화면을 계속 그려주기 위해 display_frame() 메서드를 정의해보자. 먼저 게임 화면을 배경색 BLUE로 채우고자 screen.fill(BLUE) 메서드를 호출한다.

```
# 게임 프레임 출력
def display_frame(self, screen):
    screen.fill(BLUE)
```
코드 5.28 게임 프레임 출력을 위한 display_frame() 메서드 코드

게임 진행 중에 self.player_score 변수값이 10이 되면, 즉 플레이어 점수가 10점이 되면, display_message() 메서드로 "승리!" 메시지를 WHITE 색상으로 출력한다. 그리고 플레이어 점수 self.player_score와 적 점수 self.enemy_score를 0으로 정의한다. 그리고 pygame.time.wait(2000)메서드를 이용해 2초간 멈추도록 한다.

그림 5.3 플레이어 승리 에제

```python
# 플레이어 점수가 10점일 경우
if self.player_score == 10:
    self.display_message(screen, "승리!", WHITE)
    self.player_score = 0
    self.enemy_score = 0
    pygame.time.wait(2000)
```

코드 5.29 플레이어 점수가 10점일 경우 처리 코드

만약 self.enemy_score 변수값이 10이 되면, 적이 10점을 먼저 얻어 이긴 것이라 플레이어가 패배하였으므로 display_message() 메서드로 "패배!" 메시지를 WHITE 색상으로 출력한다. 마찬가지로 플레이어 점수 self.player_score와 적 점수 self.enemy_score를 0으로 정의하고 pygame.time.wait(2000) 메서드로 2초간 멈춘다.

그림 5.4 적 승리 에제

```python
# 적 점수가 10점일 경우
elif self.enemy_score == 10:
    self.display_message(screen, "패배!", WHITE)
    self.player_score = 0
    self.enemy_score = 0
    pygame.time.wait(2000)
```

코드 5.30 적 점수가 10점일 경우 처리 코드

그 밖에 핑퐁 게임의 객체들인 self.ball, self.player, self.enemy를 그려주기 위해 draw() 메서드를 호출한다.

```
else:
    self.ball.draw(screen)
    self.player.draw(screen)
    self.enemy.draw(screen)
```

코드 5.31 게임 객체 ball, player, enemy 그리기 코드

게임 화면의 중앙에 점선을 그리고자 0부터 게임 화면 너비 SCREEN_WIDTH까지 24 크기의 간격으로 반복하며 pygame.draw.rect() 메서드를 이용해 WHITE로 사각형을 10 x 10 크기로 그려준다.

그림 5.5 게임 중앙 점선

```
# 게임 중앙 점선
for x in range(0, SCREEN_WIDTH, 24):
    pygame.draw.rect(screen, WHITE, [x, int(SCREEN_HEIGHT / 2), 10, 10])
```

코드 5.32 게임 중앙 점선 그리기 코드

적 점수 self.enemy_score와 플레이어 점수 self.player_score를 표시하기 위해 self.font.render() 메서드를 이용해 WHITE로 점수 글자를 만들고, screen.blit() 메서드를 통해 적 점수는 (10, 260) 좌표 위치에 그리고, 플레이어 점수는 (10, 340) 좌표 위치에 그린다.

그림 5.6 적 점수와 플레이어 점수 표시 예제

```
# 적 점수 표시
enemy_score_label = self.font.render(str(self.enemy_score), True, WHITE)
screen.blit(enemy_score_label, (10, 260))
# 플레이어 점수 표시
```

```
        player_score_label = self.font.render(str(self.player_score), True, WHITE)
        screen.blit(player_score_label, (10, 340))
```

코드 5.33 적 점수와 플레이어 점수 표시 코드

5.3.6 리소스 경로 함수 정의

핑퐁 게임에서 사용하는 다양한 리소스의 경로를 가져오기 위해서 resource_path() 함수를 정의한다. 예외 처리를 통해 pyinstaller에서 사용하는 임시 디렉토리인 sys._MEIPASS에 접근이 가능하면 base_path로 지정하고, 예외가 발생하면 base_path를 os.path.abspath(".")로 현재 경로의 절대경로를 지정한다. base_path와 relative_path를 os.path.join() 함수로 결합하여 반환한다.

```
# 게임 리소스 경로
def resource_path(relative_path):
    try:
        base_path = sys._MEIPASS
    except Exception:
        base_path = os.path.abspath(".")
    return os.path.join(base_path, relative_path)
```

코드 5.34 리소스 경로 설정 resource_path() 함수 코드

5.3.7 메인 함수 정의

핑퐁 게임을 시작했을 때의 메인 함수 main()를 정의해보자. 먼저 pygame.init()을 통해 pygame을 초기화하고, 게임 화면의 크기를 너비 SCREEN_WIDTH와 높이 SCREEN_HEIGHT 만큼 set_mode()을 통해 지정한다. 게임 창의 제목 표시줄에 pygame.display.set_caption() 메서드를 이용하여 'PingPong Game'이라고 출력한다. 게임 속도를 조절하기 위해 pygame.time.Clock()을 통해 clock 변수를 생성하고, 정의한 게임 객체의 인스턴스 game을 생성한다.

```
def main():
    pygame.init()
    screen = pygame.display.set_mode((SCREEN_WIDTH, SCREEN_HEIGHT))
    pygame.display.set_caption("PingPong Game")
    clock = pygame.time.Clock()
```

```
        game = Game()
```
코드 5.35 핑퐁 게임 메인 함수 main() 코드

핑퐁 게임 이벤트와 로직 처리, 화면 표시를 위해 while 반복문으로 done 변수가 True 값이 되기 전까지 반복한다. 먼저 game.process_events() 메서드를 호출하여 게임 키 조작과 이벤트를 처리한다. 게임 실행 화면에서는 로직을 처리하기 위해 game.run_logic() 메서드를 호출하고, 게임 화면을 처리하는 game.display_frame() 메서드를 호출한다. 게임 로직이 반복될 때마다 pygame.display.flip() 메서드로 게임 화면 전체에 변경된 부분들을 반영해준다. 게임 속도는 clock.tick(FPS) 메서드로 지정해준다. 반복이 종료되는 경우에는 pygame.quit() 메서드가 호출되어 프로그램이 종료된다.

```
        done = False
        while not done:
            done = game.process_events()
            game.run_logic()
            game.display_frame(screen)
            pygame.display.flip()
            clock.tick(FPS)

        pygame.quit()
```
코드 5.36 핑퐁 게임 이벤트와 로직 처리, 프레임 표시 코드

파이썬에서 프로그램의 시작 지점으로 __name__의 값이 문자열 '__main__'일 경우로 판단하여 핑퐁 게임 코드의 처음 시작으로 main() 함수를 호출한다.

```
if __name__ == '__main__':
    main()
```
코드 5.37 메인 함수 실행 코드

5.4 핑퐁 게임 실행

완성된 핑퐁 게임 코드를 실행하여 핑퐁 게임을 실행한다. 핑퐁 게임의 전체 코드를 비교해보며 잘 작성되었는지 확인해보고, 자신이 만든 게임을 실행해보자.

```python
import pygame
import os
import sys
import random

# 게임 스크린 크기
SCREEN_WIDTH = 480
SCREEN_HEIGHT = 640

# 색 정의
WHITE = (255, 255, 255)
BLACK = (0, 0, 0)
BLUE = (20, 60, 120)
ORANGE = (250, 170, 70)
RED = (250, 0, 0)


FPS = 60


# 공 객체
class Ball():
    def __init__(self, bounce_sound):
        self.rect = pygame.Rect(int(SCREEN_WIDTH / 2), int(SCREEN_HEIGHT / 2), 12, 12)
        self.bounce_sound = bounce_sound
        self.dx = 0
        self.dy = 5

    # 공 업데이트
    def update(self):
```

```python
            self.rect.x += self.dx
            self.rect.y += self.dy

            # 공이 게임 화면 왼쪽으로 넘어갈 때
            if self.rect.left < 0:
                self.dx *= -1
                self.rect.left = 0
                self.bounce_sound.play()
            # 공이 게임 화면 오른쪽으로 넘어갈 때
            elif self.rect.right > SCREEN_WIDTH:
                self.dx *= -1
                self.rect.right = SCREEN_WIDTH
                self.bounce_sound.play()

    # 공 리셋
    def reset(self, x, y):
        self.rect.x = x
        self.rect.y = y
        self.dx = random.randint(-3, 3)
        self.dy = 5

    # 공 그리기
    def draw(self, screen):
        pygame.draw.rect(screen, ORANGE, self.rect)


# 플레이어 객체
class Player():
    def __init__(self, ping_sound):
        self.rect = pygame.Rect(int(SCREEN_WIDTH / 2), SCREEN_HEIGHT - 40, 50, 15)
        self.ping_sound = ping_sound
        self.dx = 0
```

```python
    # 업데이트
    def update(self, ball):
        if self.rect.left <= 0 and self.dx < 0:
            self.dx = 0
        elif self.rect.right >= SCREEN_WIDTH and self.dx > 0:
            self.dx = 0
        # 플레이어가 공이랑 충돌한 경우
        if self.rect.colliderect(ball.rect):
            ball.dx = random.randint(-5, 5)
            ball.dy *= -1
            ball.rect.bottom = self.rect.top
            self.ping_sound.play()

        self.rect.x += self.dx

    # 그리기
    def draw(self, screen):
        pygame.draw.rect(screen, RED, self.rect)


# 적 객체
class Enemy():
    def __init__(self, pong_sound):
        self.rect = pygame.Rect(int(SCREEN_WIDTH / 2), 25, 50, 15)
        self.pong_sound = pong_sound

    # 업데이트
    def update(self, ball):
        # 적보다 공이 왼쪽에 있을 때
        if self.rect.centerx > ball.rect.centerx:
            diff = self.rect.centerx - ball.rect.centerx
            if diff <= 4:
                self.rect.centerx = ball.rect.centerx
```

```python
            else:
                self.rect.x -= 4
        # 적보다 공이 오른쪽에 있을 때
        elif self.rect.centerx < ball.rect.centerx:
            diff = ball.rect.centerx - self.rect.centerx
            if diff <= 4:
                self.rect.centerx = ball.rect.centerx
            else:
                self.rect.x += 4
        # 적이 공과 충돌한 경우
        if self.rect.colliderect(ball.rect):
            ball.dy *= -1
            ball.rect.top = self.rect.bottom
            self.pong_sound.play()

    # 그리기
    def draw(self, screen):
        pygame.draw.rect(screen, BLACK, self.rect)


# 게임 객체
class Game():
    def __init__(self):
        bounce_path = resource_path("assets/bounce.wav")
        ping_path = resource_path("assets/ping.wav")
        pong_path = resource_path("assets/pong.wav")
        font_path = resource_path("assets/NanumGothicCoding-Bold.ttf")
        bounce_sound = pygame.mixer.Sound(bounce_path)
        ping_sound = pygame.mixer.Sound(ping_path)
        pong_sound = pygame.mixer.Sound(pong_path)
        self.font = pygame.font.Font(font_path, 50)
        self.ball = Ball(bounce_sound)
        self.player = Player(ping_sound)
```

```python
        self.enemy = Enemy(pong_sound)
        self.player_score = 0
        self.enemy_score = 0

    # 게임 이벤트 처리 및 조작
    def process_events(self):
        for event in pygame.event.get():
            if event.type == pygame.QUIT:
                return True
            if event.type == pygame.KEYDOWN:
                if event.key == pygame.K_LEFT:
                    self.player.dx -= 5
                elif event.key == pygame.K_RIGHT:
                    self.player.dx += 5
            elif event.type == pygame.KEYUP:
                if event.key == pygame.K_LEFT or event.key == pygame.K_RIGHT:
                    self.player.dx = 0

        return False

    # 게임 로직 수행
    def run_logic(self):
        self.ball.update()
        self.player.update(self.ball)
        self.enemy.update(self.ball)

        # 공이 게임 화면 위로 넘어간 경우 (플레이어가 이긴 경우)
        if self.ball.rect.y < 0:
            self.player_score += 1
            self.ball.reset(self.player.rect.centerx, self.player.rect.centery)
        # 공이 게임 화면 아래로 넘어간 경우 (적이 이긴 경우)
        elif self.ball.rect.y > SCREEN_HEIGHT:
            self.enemy_score += 1
```

```python
            self.ball.reset(self.enemy.rect.centerx, self.enemy.rect.centery)

    # 메시지 출력
    def display_message(self, screen, message, color):
        label = self.font.render(message, True, color)
        width = label.get_width()
        height = label.get_height()
        pos_x = int((SCREEN_WIDTH / 2) - (width / 2))
        pos_y = int((SCREEN_HEIGHT / 2) - (height / 2))
        screen.blit(label, (pos_x, pos_y))
        pygame.display.update()

    # 게임 프레임 출력
    def display_frame(self, screen):
        screen.fill(BLUE)

        # 플레이어 점수가 10점일 경우
        if self.player_score == 10:
            self.display_message(screen, "승리!", WHITE)
            self.player_score = 0
            self.enemy_score = 0
            pygame.time.wait(2000)
        # 적 점수가 10점일 경우
        elif self.enemy_score == 10:
            self.display_message(screen, "패배!", WHITE)
            self.player_score = 0
            self.enemy_score = 0
            pygame.time.wait(2000)
        else:
            self.ball.draw(screen)
            self.player.draw(screen)
            self.enemy.draw(screen)
            # 게임 중앙 점선
```

```python
        for x in range(0, SCREEN_WIDTH, 24):
            pygame.draw.rect(screen, WHITE, [x, int(SCREEN_HEIGHT / 2), 10, 10])
        # 적 점수 표시
        enemy_score_label = self.font.render(str(self.enemy_score), True, WHITE)
        screen.blit(enemy_score_label, (10, 260))
        # 플레이어 점수 표시
        player_score_label = self.font.render(str(self.player_score), True, WHITE)
        screen.blit(player_score_label, (10, 340))


# 게임 리소스 경로
def resource_path(relative_path):
    try:
        base_path = sys._MEIPASS
    except Exception:
        base_path = os.path.abspath(".")
    return os.path.join(base_path, relative_path)


def main():
    pygame.init()
    screen = pygame.display.set_mode((SCREEN_WIDTH, SCREEN_HEIGHT))
    pygame.display.set_caption("PingPong Game")
    clock = pygame.time.Clock()
    game = Game()

    done = False
    while not done:
        done = game.process_events()
        game.run_logic()
        game.display_frame(screen)
        pygame.display.flip()
        clock.tick(FPS)
```

```
        pygame.quit()


if __name__ == '__main__':
    main()
```

코드 5.38 핑퐁 게임 완성 코드

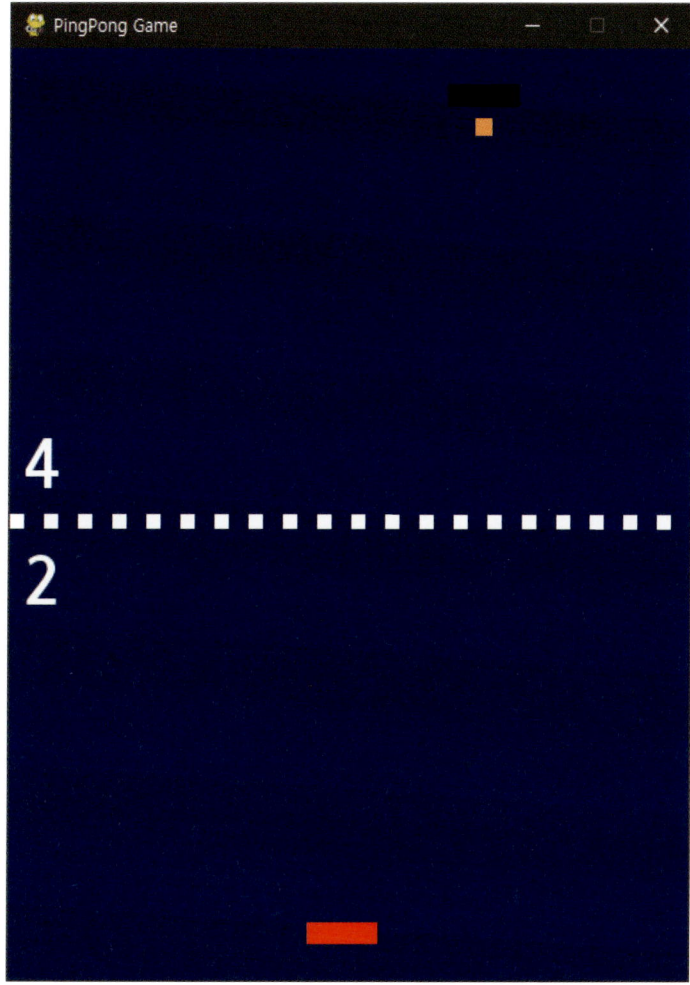

그림 5.7 핑퐁 게임 화면

5.5 핑퐁 게임 실행 파일 만들기

먼저 pyinstaller 패키지가 설치되어 있지 않다면 자신이 사용하는 IDE 환경에 맞춰서 `pip install pyinstaller` 명령어를 명령 프롬프트나 Visual Studio Code 또는 파이참의 터미널에서 실행하여 설치해야 한다. 실행 파일을 만들기 위해 다음 명령어를 실행시키면 된다.

```
pyinstaller -w --add-data assets\bounce.wav;assets --add-data assets\ping.wav;assets
--add-data assets\pong.wav;assets --add-data assets\NanumGothicCoding-Bold.ttf;assets
-F pingpong_game.py
```

여기서 -w는 윈도우로 실행시키는 옵션이고, --add-data는 게임 리소스 파일을 추가하는 옵션이다. 핑퐁 게임에서 사용하는 사운드 파일과 나눔고딕코딩 폰트 파일의 경로를 지정하고, 세미콜론 ; 뒤에 이동할 디렉토리인 assets를 지정한다. -F는 실행 파일 하나로 모든 것을 다 합치는 옵션이다. 마지막에는 게임 코드인 pingpong_game.py 파일을 지정해준다. pyinstaller를 실행하면 build와 dist 폴더가 생성되고, 그 안에 여러 파일들이 생성된 것을 알 수 있다. dist 폴더를 살펴보면 pingpong_game.exe 파일이 생성된 것을 알 수 있다. 생성된 실행 파일을 통해 핑퐁 게임을 즐길 수 있다.

```
G:\내 드라이브\[SuanLab]\Publish\Python Game\sources\5 Ping Pong Game>pyinstaller -w --add-data assets\bo
unce.wav;assets --add-data assets\ping.wav;assets --add-data assets\pong.wav;assets --add-data assets\Nan
umGothicCoding-Bold.ttf;assets -F pingpong_game.py
79 INFO: PyInstaller: 4.5
79 INFO: Python: 3.9.1
80 INFO: Platform: Windows-10-10.0.19041-SP0
88 INFO: wrote G:\내 드라이브\[SuanLab]\Publish\Python Game\sources\5 Ping Pong Game\pingpong_game.spec
92 INFO: UPX is not available.
111 INFO: Extending PYTHONPATH with paths
['G:\\내 드라이브\\[SuanLab]\\Publish\\Python Game\\sources\\5 Ping Pong Game',
 'G:\\내 드라이브\\[SuanLab]\\Publish\\Python Game\\sources\\5 Ping Pong Game']
534 INFO: checking Analysis
534 INFO: Building Analysis because Analysis-00.toc is non existent
534 INFO: Initializing module dependency graph...
540 INFO: Caching module graph hooks...
554 INFO: Analyzing base_library.zip ...
3560 INFO: Processing pre-find module path hook distutils from 'c:\\users\\suan\\appdata\\local\\programs
\\python\\python39\\lib\\site-packages\\PyInstaller\\hooks\\pre_find_module_path\\hook-distutils.py'.
3561 INFO: distutils: retargeting to non-venv dir 'c:\\users\\suan\\appdata\\local\\programs\\python\\pyt
hon39\\lib'
5747 INFO: Caching module dependency graph...
6014 INFO: running Analysis Analysis-00.toc
6022 INFO: Adding Microsoft.Windows.Common-Controls to dependent assemblies of final executable
  required by c:\users\suan\appdata\local\programs\python\python39\python.exe
```

그림 5.8 pyinstaller 실행 화면

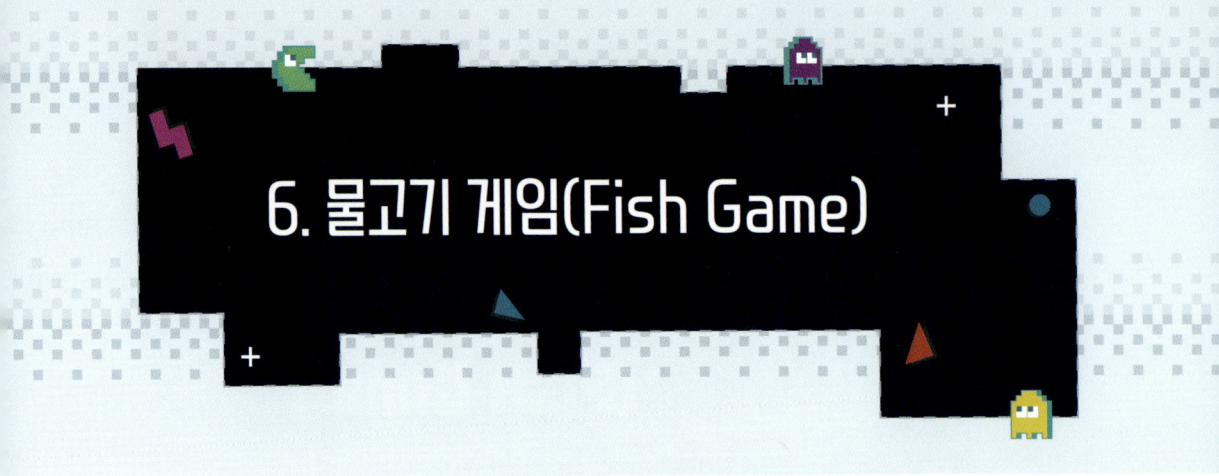

6. 물고기 게임(Fish Game)

물고기 게임은 물고기가 하수도의 파이프관을 피해서 헤엄치는 게임이다. 단순하지만 헤엄치는 것을 잘하지 못한다면 파이프관에 부딪혀서 죽게 된다. 재미있는 물고기 게임을 한번 만들어보자.

6.1 물고기 게임 규칙

물고기 게임은 여러 규칙이나 요소들을 더하여 만들 수도 있지만 이 책에서는 가장 단순한 물고기 게임을 만들어본다. 기본 규칙들을 정해보자.

- 물속에서 진행된다.
- 물고기는 멈추지 않고 움직인다.
- 플레이어는 헤엄쳐서 물고기 방향을 위아래로 바꿀 수 있다(게임 조작).
- 파이프관이 위아래에 랜덤하게 나타난다.
- 물고기가 파이프관에 부딪히면 죽는다.
- 물고기가 파이프관을 피해 헤엄치면 점수가 늘어난다.

6.2 물고기 게임 리소스

게임의 멀티미디어적인 요소를 위해 여러 리소스를 만들거나 다운로드 해야 한다. 물고기와 파이프 등의 클립아트와 게임 진행 중에 필요한 소리 파일들이 마련되어야 한다. 클립아트를 직접 만들어 쓸 수 있지만 그러기에는 디자인과, 여러 그래픽 처리 프로그램들에 대해 배워야 한다. 직접 만들지 않고도 사람들이 만든 여러 클립아트들을 인터넷에서 다운로드 할 수 있다. 여러 사이트에서 클립아트들을 제공하고 있지만, 여기서는 freepik 사이트(https://www.freepik.com)에서 찾아보자.

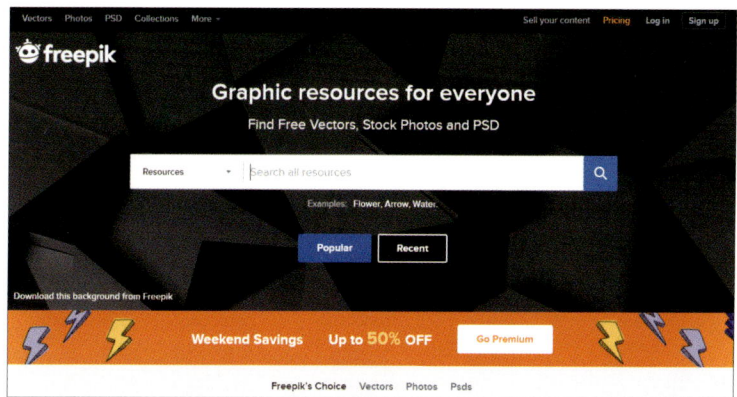

그림 6.1 freepik 사이트

freepik 사이트에서 수많은 클립아트들을 제공하기 때문에 내가 원하는 클립아트들을 검색하여 찾고, 다운로드 할 수 있다. 물고기에 대한 클립아트를 찾고 싶으면 fish와 같은 검색어를 입력하면 많은 종류의 클립아트들이 검색된다. 그중에서 마음에 드는 클립아트를 선택하면 된다. 다만 주의할 점은 각 클립아트들의 저작권에 유의해야 한다.

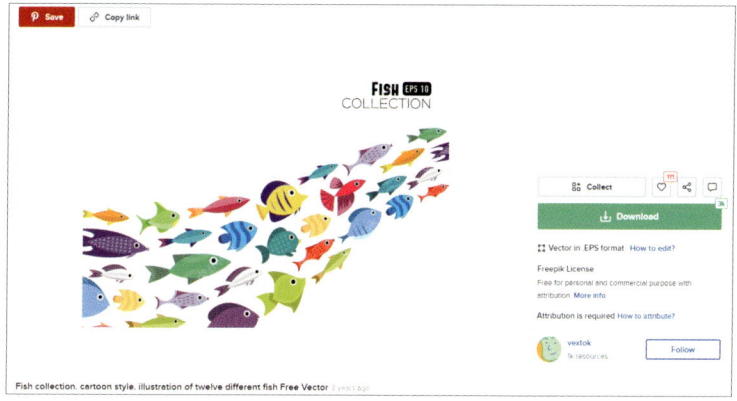

그림 6.2 물고기 클립아트 검색

물고기가 헤엄치는 소리를 효과음으로 사용하기 위해서 프리사운드 사이트(http://freesound.org)에서 swim이라는 키워드를 입력하고 검색하면 여러 사운드들이 존재한다.

여기서 사용되는 클립아트와 사운드 리소스는 미리 모아두었다. 물고기 게임 예제를 그대로 따라 하려면 SuanLab 홈페이지(http://suanlab.com/book/)에서 리소스를 그대로 다운로드하여 사용하면 된다. 물고기 게임 리소스를 체계적으로 관리하기 위해서 프로젝트 디렉토리 밑에 assets 디렉토리를 만들어서 이미지, 오디오 파일들을 저장한다.

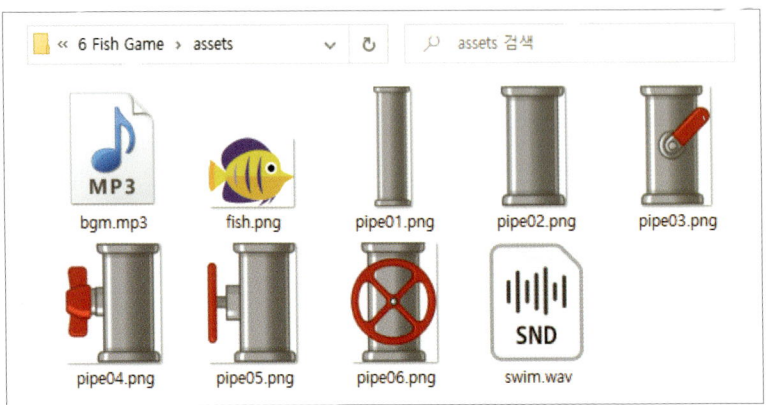

그림 6.3 물고기 게임 리소스

6.3 물고기 게임 만들기

6.3.1 모듈과 전역변수 정의

물고기 게임을 만들기 위해 필요한 모듈인 pygame 모듈, os 모듈, sys 모듈, random 모듈을 포함시킨다.

```python
import pygame
import os
import sys
import random
```

코드 6.1 패키지 코드

물고기 게임에 필요한 전역변수는 먼저 SCREEN_WIDTH, SCREEN_HEIGHT 변수로 게임 화면의 크기를 정의한다. 게임에서 사용되는 색상 전역변수도 WHITE, SEA, GROUND, DARK_GROUND로 정의한다. 초당 프레임 처리 개수인 FPS는 60으로 정의한다.

```python
# 게임 스크린 크기
SCREEN_WIDTH = 900
SCREEN_HEIGHT = 700

# 색 정의
WHITE = (255, 255, 255)
SEA = (80, 180, 220)
GROUND = (140, 120, 40)
DARK_GROUND = (70, 60, 20)


FPS = 60
```
코드 6.2 전역변수 코드

6.3.2 물고기 객체 정의

물고기 게임에서 헤엄치면서 움직일 물고기 객체를 정의해보자.

```python
# 물고기 객체
class Fish():
```
코드 6.3 물고기 객체 Fish 코드

6.3.2.1 __init__() 메서드

물고기 객체 생성자인 __init__() 메서드에서 먼저 필요한 리소스들을 로드하고 물고기 이미지를 객체로 사용한다. 먼저 리소스들이 저장된 assets 폴더의 물고기 이미지인 fish.png 파일은 resource_path() 함수를 통해 경로를 가져온 후 pygame.image.load() 메서드를 이용해 self.image로 정의하고, 헤엄치는 소리인 swim.wav 파일은 pygame.mixer.Sound() 메서드를 이용해 self.sound로 정의한다. 물고기 이미지를 로드한 self.image에 대해서 get_rect() 메서드로 이미지 크기만 한 사각형을 self.rect으로 정의한 후 사각형의 너비를 self.width로, 높이를 self.height로 정의한다. 마지막으로 self.reset() 메서드를 호출하여 물고기 위치를 지정된 곳으로 초기화한다.

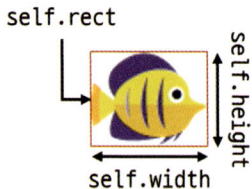

그림 6.4 물고기 객체 정의

```python
def __init__(self):
    self.image = pygame.image.load(resource_path('assets/fish.png'))
    self.sound = pygame.mixer.Sound(resource_path('assets/swim.wav'))
    self.rect = self.image.get_rect()
    self.width = self.image.get_rect().width
    self.height = self.image.get_rect().height
    self.reset()
```

코드 6.4 __init__() 메서드 코드

6.3.2.2 reset() 메서드

물고기 객체의 위치를 초기화하기 위한 reset() 메서드는 객체의 위치값인 self.rect.x와 self.rect.y에 값으로 250을 지정하고, 방향값인 self.dx와 self.dy는 0으로 지정하여 초기화한다.

```python
# 위치 초기화
def reset(self):
    self.rect.x = 250
    self.rect.y = 250
    self.dx = 0
    self.dy = 0
```

코드 6.5 reset() 메서드 코드

6.3.2.3 swim() 메서드

물고기 게임에서는 사용자가 조작하여 물고기가 헤엄쳐서 파이프를 피해 나아가야 한다. 헤엄치는 기능은 비교적 간단하다. 방향값인 self.dy에 -10을 지정하여 y축 방향으로 10만큼 위로 이동하게 만든다. 헤엄치는 소리를 내기 위해 self.sound.play() 메서드를 호출한다.

```python
# 헤엄치기
def swim(self):
    self.dy = -10
    self.sound.play()
```

코드 6.6 swim() 메서드 코드

6.3.2.4 update() 메서드

게임이 진행되면서 지속적으로 물고기의 위치값을 업데이트해주어야 한다. 물고기는 물속에서 헤엄치지 않으면 계속 바닥으로 가라앉게 해야 한다. 즉, 물고기의 y축 방향값인 self.dy에 0.5를 더해주고, self.dy 값을 물고기 객체 위치값인 self.rect.y에 더해줘서 조금씩 아래로 향하게 만든다. 물고기가 게임 화면 위로 넘어가지 않도록 해야 하므로 물고기 객체의 y 좌표값인 self.rect.y가 0보다 작거나 같으면 self.rect.y의 값을 0으로 지정하여 더 이상 화면 위로 올라가지 못하도록 한다.

게임 진행 중에 물고기가 게임 화면 아래로 넘어가지 않도록 하기 위해서 물고기의 y 좌표값인 self.rect.y에 물고기 객체의 높이인 self.height 값을 더한 값이 게임 화면 높이인 SCREEN_HEIGHT보다 크면, self.rect.y의 값을 SCREEN_HEIGHT에서 self.height 값을 뺀 값으로 물고기 객체 위치를 고정시키고, self.dy 값을 0으로 지정하여 더 이상 화면 아래로 이동되지 않도록 한다.

게임 중에 물고기는 바다 방향으로 가라앉게 되는데 방향값인 self.dy가 20을 초과하게 될 경우에는 너무 빠르게 가라앉게 되므로 계속 증가하지 못하도록 self.dy 값을 20으로 지정하여 더 이상 증가하지 않도록 한다.

```python
# 물고기 업데이트
def update(self):
    self.dy += 0.5
    self.rect.y += self.dy
    # 물고기가 게임 화면 위로 넘어갈 때
    if self.rect.y <= 0:
        self.rect.y = 0
    # 물고기가 게임 화면 아래로 넘어갈 때
    if self.rect.y + self.height > SCREEN_HEIGHT:
        self.rect.y = SCREEN_HEIGHT - self.height
        self.dy = 0
```

```
# 물고기의 y축 방향값이 20을 초과할 때
if self.dy > 20:
    self.dy = 20
```

코드 6.7 update() 메서드 코드

6.3.2.5 draw() 메서드

물고기를 게임 화면에 표시하고자 물고기 이미지인 self.image와 물고기 사각형 객체인 self.rect를 주어서 screen.blit() 메서드를 통해 그린다.

```
# 물고기 그리기
def draw(self, screen):
    screen.blit(self.image, self.rect)
```

코드 6.8 draw() 메서드 코드

6.3.3 파이프 객체 정의

물고기 게임에서 중간 중간 파이프를 등장시켜 장애물을 만들어주어야 한다. 파이프 객체를 정의해보자.

```
# 파이프 객체
class Pipe():
```

코드 6.9 파이프 객체 Pipe 정의 코드

6.3.3.1 __init__() 메서드

물고기 게임에서 사용할 파이프에 대한 리소스들을 초기화 메서드인 __init__()에서 불러와보자. 파이프 이미지는 긴 것과 짧은 것을 구분하여 위아래로 나타나게 해줘야 한다. 먼저 긴 파이프를 정의해보자. assets 폴더에서 pipe01.png 이미지 파일을 가져와 self.lpipe로 로드하고, 이미지 크기에 대한 사각형 객체를 get_rect() 메서드로 가져와 self.lpipe_rect으로 정의하고, 너비와 높이를 self.lpipe_width와 self.lpipe_height로 정의한다.

짧은 파이프들은 여러 파이프 이미지들을 가져와서 사용하기 위해 assets 폴더에서 pipe02.png 부터 pipe06.png까지 총 5개의 이미지를 pipes로 정의하고, 이 중에서 랜덤으로 하나를 선택하여 self.spipe로 정의한다. 마찬가지로 이미지 크기의 사각형 객체를 self.spipe_rect으로 정의하고, 너비와 높이를 self.spipe_width, self.spipe_height로 정의한다. 마지막으로 파이프 위치를 설정하기 위해 self.set_pos() 메서드를 호출한다.

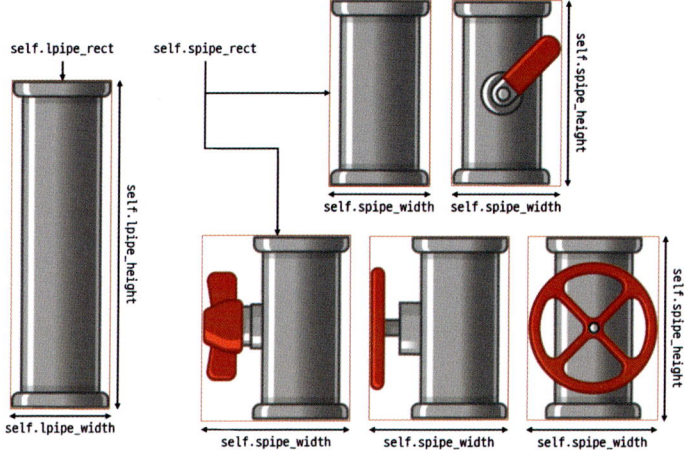

그림 6.5 파이프 객체 정의

```
def __init__(self):
    self.lpipe = pygame.image.load(resource_path('assets/pipe01.png'))
    self.lpipe_rect = self.lpipe.get_rect()
    self.lpipe_width = self.lpipe.get_rect().width
    self.lpipe_height = self.lpipe.get_rect().height

    pipes = ('assets/pipe02.png', 'assets/pipe03.png', \
             'assets/pipe04.png', 'assets/pipe05.png', 'assets/pipe06.png')
    self.spipe = pygame.image.load(resource_path(random.choice(pipes)))
    self.spipe_rect = self.spipe.get_rect()
    self.spipe_width = self.spipe.get_rect().width
    self.spipe_height = self.spipe.get_rect().height

    self.set_pos()
```

코드 6.10 __init__() 메서드 코드

6.3.3.2 set_pos() 메서드

물고기 게임에서 장애물로 나타나는 파이프의 위치를 설정하기 위해 set_pos() 메서드를 정의한다. 긴 파이프와 짧은 파이프를 랜덤하게 위치시키고자 random.randint(0, 1) 메서드를 통해 0 또는 1 중 랜덤으로 선택되게 한다. 만약 1이 선택된 경우에는 긴 파이프의 x축 위치인 self.lpipe_rect.x의 값을 SCREEN_WIDTH 값으로 지정해 게임 화면 오른쪽 밖에 위치시키고, y축 위치인 self.lpipe_rect.y의 값은 -2를 지정해 게임 화면 위 -2 지점에 위치시킨다. 짧은 파이프의 x축 위치인 self.spipe_rect.x도 SCREEN_WIDTH 값으로 게임 화면 오른쪽 밖에 위치하고, y축 위치인 self.spipe_rect.y는 게임 화면 높이인 SCREEN_HEIGHT에서 파이프의 높이인 self.spipe_height를 뺀 뒤에 2를 더해준다. 반대로 0이 선택된 경우에는 긴 파이프가 화면 아래에 위치하도록 긴 파이프 self.lpipe와 짧은 파이프 self.spipe의 위치를 바꿔 지정해준다.

```python
# 파이프 위치 설정
def set_pos(self):
    # 1인 경우 긴 파이프를 위에 위치
    if random.randint(0, 1):
        self.lpipe_rect.x = SCREEN_WIDTH
        self.lpipe_rect.y = -2
        self.spipe_rect.x = SCREEN_WIDTH
        self.spipe_rect.y = SCREEN_HEIGHT - self.spipe_height + 2
    # 0인 경우 긴 파이프를 아래에 위치
    else:
        self.spipe_rect.x = SCREEN_WIDTH
        self.spipe_rect.y = -2
        self.lpipe_rect.x = SCREEN_WIDTH
        self.lpipe_rect.y = SCREEN_HEIGHT - self.lpipe_height + 2
```

코드 6.11 set_pos() 메서드 코드

6.3.3.3 update() 메서드

물고기 게임이 진행되면서 물고기가 마치 오른쪽으로 움직이는 것처럼 만들기 위해 파이프가 왼쪽으로 이동하게 만들어야 한다. 파이프에 대한 업데이트는 긴 파이프와 짧은 파이프의 x축 값, 즉 self.lpipe_rect.x와 self.spipe_rect.x 값을 -4 하여 왼쪽으로 이동하게 만든다.

```
# 파이프 업데이트
def update(self):
    self.lpipe_rect.x -= 4
    self.spipe_rect.x -= 4
```

코드 6.12 update() 메서드 코드

6.3.3.4 out_of_screen() 메서드

파이프가 계속 왼쪽으로 이동한다면 게임 화면 왼쪽 밖으로 벗어나게 된다. 파이프가 화면을 벗어난 경우를 체크할 수 있도록 out_of_screen() 메서드를 만들어야 한다. 파이프는 긴 파이프와 짧은 파이프 둘 다 왼쪽으로 이동하기 때문에 그중 하나인 짧은 파이프 self.spipe_rect에 대해서 x값에 파이프의 너비인 self.spipe_width를 더한 값이 0보다 작거나 같을 경우 화면을 벗어난 경우로 True를 반환하고, 그 외에는 False를 반환한다.

```
# 파이프가 게임 화면을 벗어난 유무 체크
def out_of_screen(self):
    if self.spipe_rect.x + self.spipe_width <= 0:
        return True
    return False
```

코드 6.13 out_of_screen() 메서드 코드

6.3.3.5 check_crash() 메서드

물고기 게임에서는 파이프에 물고기가 충돌한 경우를 체크해주어야 한다. 파이프는 긴 것과 짧은 것 두 종류가 있으니 각각 충돌한 여부를 체크해보자. 먼저 긴 파이프에 물고기가 충돌한 경우부터 체크해보면 다음과 같다.

❶ self.lpipe_rect.x에 self.lpipe_width를 더한 값이 fish.rect.x보다 큰 경우
❷ self.lpipe_rect.x가 fish.rect.x에 fish.width를 더한 값보다 작은 경우
❸ self.lpipe_rect.y가 fish.rect.y에 fish.height를 더한 값보다 작은 경우
❹ self.lpipe_rect.y에 self.lpipe_height를 더한 값이 fish.rect.y보다
  큰 경우에는 True를 반환한다.

그림 6.6 긴 파이프 충돌 예제

만약 짧은 파이프에 물고기가 충돌한 경우를 체크해보면 다음과 같다.

❶ self.spipe_rect.x에 self.spipe_width를 더한 값이 fish.rect.x보다 큰 경우
❷ self.spipe_rect.x가 fish.rect.x에 fish.width를 더한 값보다 작은 경우
❸ self.spipe_rect.y가 fish.rect.y에 fish.height를 더한 값보다 작은 경우
❹ self.spipe_rect.y에 self.spipe_height를 더한 값이 fish.rect.y보다 큰 경우에는 True를 반환한다.

그 외의 경우에는 충돌이 발생하지 않았으니 False를 반환한다.

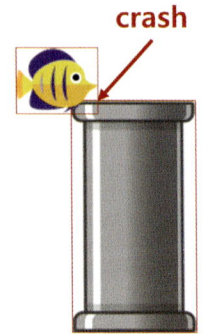

그림 6.7 짧은 파이프 충돌 예제

```python
# 물고기가 파이프에 충돌한 여부 체크
def check_crash(self, fish):
    # 긴 파이프에 충돌한 경우
    if (self.lpipe_rect.x + self.lpipe_width > fish.rect.x) and \
        (self.lpipe_rect.x < fish.rect.x + fish.width) and \
        (self.lpipe_rect.y < fish.rect.y + fish.height) and \
        (self.lpipe_rect.y + self.lpipe_height > fish.rect.y):
        return True
    # 짧은 파이프에 충돌한 경우
    elif (self.spipe_rect.x + self.spipe_width > fish.rect.x) and \
        (self.spipe_rect.x < fish.rect.x + fish.width) and \
        (self.spipe_rect.y < fish.rect.y + fish.height) and \
        (self.spipe_rect.y + self.spipe_height > fish.rect.y):
        return True
    else:
        return False
```

코드 6.14 check_crash() 메서드 코드

6.3.3.6 draw() 메서드

게임 진행 중 파이프를 계속 그리도록 draw() 메서드를 정의한다. 긴 파이프인 self.lpipe와 짧은 파이프인 self.spipe를 screen.blit() 메서드를 이용해 그려준다.

```python
# 파이프 그리기
def draw(self, screen):
    screen.blit(self.lpipe, self.lpipe_rect)
    screen.blit(self.spipe, self.spipe_rect)
```

코드 6.15 draw() 메서드 코드

6.3.4 게임 객체 정의

물고기 게임에서 사용할 각종 리소스와 객체들을 정의하고, 이벤트와 게임 로직, 게임 화면을 처리하는 객체 Game을 정의한다.

```python
# 게임 객체
class Game():
```
코드 6.16 게임 객체 Game 정의 코드

6.3.4.1 __init__() 메서드

게임 객체의 초기화 메서드 __init__()에서는 사용할 리소스들을 로드하기 위해 assets 디렉토리 경로를 assets_path로 저장하고, 게임에서 사용할 폰트로 FixedSys에 40 크기로 self.fonl를 정의한다. 배경음악으로 사용할 bgm.mp3 파일을 pygame.mixer.music.load() 메서드로 로드한다.

```python
def __init__(self):
    # 게임 리소스 로드
    self.assets_path = os.path.join(os.path.dirname(__file__), 'assets')
    self.font = pygame.font.SysFont("FixedSys", 40, True, False)
    pygame.mixer.music.load(os.path.join(self.assets_path, 'bgm.mp3'))
```
코드 6.17 게임 리소스 로드 코드

물고기 객체 Fish를 self.fish로 정의하고, 파이프 객체를 담은 리스트로 self.pipes를 정의한 후, Pipe 객체를 생성하여 append() 메서드를 통해 리스트에 추가한다. 새로운 파이프라인을 생성할 기준이 되는 위치값인 self.pipe_pos 변수를 0으로 초기화한다. 그 밖에도 게임에서 사용되는 점수를 위한 변수로 self.score를 0으로 초기화하고, 게임 메뉴 유무를 체크하기 위해 self.menu_on 변수를 True로 초기화하여 정의한다.

```python
    self.fish = Fish()
    self.pipes = []
    self.pipes.append(Pipe())
    self.pipe_pos = 0
    # 게임 점수
    self.score = 0
    # 게임 메뉴 On/Off
    self.menu_on = True
```
코드 6.18 게임 객체 및 변수 초기화 코드

6.3.4.2 process_events() 메서드

물고기 게임에서 필요한 이벤트 처리와 조작을 처리하기 위해 `process_events()` 메서드를 정의하고, `pygame.event.get()` 메서드를 이용하여 각종 게임 이벤트를 가져온다. 이벤트 중에 사용자가 게임을 종료시켜 `event.type`이 `pygame.QUIT`일 경우에는 `return True`로 값을 반환하여 반복을 멈추고 게임을 종료시킨다.

```python
# 게임 이벤트 처리 및 조작
def process_events(self):
    for event in pygame.event.get():
        if event.type == pygame.QUIT:
            return True
```

코드 6.19 게임 이벤트 처리 코드

게임 메뉴 상태에서 사용자가 스페이스 키를 눌렀을 때 게임이 시작되도록 이벤트 처리를 위해 `self.menu_on` 변수가 `True`인 경우에 `event.type`이 `pygame.KEYDOWN` 이고, `event.key`가 `pygame.K_SPACE`일 경우에는 스페이스 키가 눌린 것으로 처리한다. 스페이스 키가 눌린 경우에는 `pygame.mixer.music.play(-1)`을 호출하여 배경 음악에 -1 값을 주어 반복 재생하도록 한다. 점수 변수인 `self.score`를 0으로 초기화하고, `self.menu_on` 값은 `False`로 변경하여 메뉴 화면을 벗어나게 한다. 게임이 다시 시작되도록 `self.fish.reset()` 메서드로 물고기 객체 및 파이프를 초기화하여 처음 시작 상태로 만들어준다.

```python
        # 메뉴 화면 이벤트 처리
        if self.menu_on:
            if event.type == pygame.KEYDOWN:
                if event.key == pygame.K_SPACE:
                    pygame.mixer.music.play(-1)
                    self.score = 0
                    self.menu_on = False
                    self.fish.reset()
                    self.pipes = []
                    self.pipes.append(Pipe())
```

코드 6.20 메뉴 화면 이벤트 처리

게임 화면에 대한 이벤트 처리를 위해 스페이스 키 조작에 따라 물고기를 헤엄치는 이벤트 처리가 필요하다. 키를 누른 경우인 pygame.KEYDOWN 이벤트에서 스페이스 키인 pygame.K_SPACE 가 참인 경우에는 self.fish.swim() 메서드를 호출하여 물고기를 헤엄치도록 만든다. 그 외에는 False 값을 리턴한다.

```
        # 게임 화면 이벤트 처리
        else:
            if event.type == pygame.KEYDOWN:
                if event.key == pygame.K_SPACE:
                    self.fish.swim()
    return False
```

코드 6.21 게임 화면 이벤트 처리 코드

6.3.4.3 run_logic() 메서드

물고기 게임에서 로직을 처리하기 위해 run_logic() 메서드를 만들어보자. 먼저 파이프 리스트인 self.pipes에서 각 파이프마다 로직을 처리하기 위해 반복하고, 파이프의 x축 위치인 pipe.spipe_rect.x가 새로운 파이프가 추가될 기준이 되는 위치인 self.pipe_pos가 되면 파이프 리스트에 새로운 파이프를 추가하고, 게임 점수 self.score의 값을 1 증가시킨다.

만약 파이프가 게임 화면을 벗어난 경우에는 벗어난 파이프를 제거해주기 위해 이전에 만든 out_of_screen() 메서드로 파이프가 벗어났는지 여부를 체크해주고, 파이프 리스트의 첫 번째 파이프인 self.pipes[0]를 del로 제거해준다. 새롭게 파이프를 생성할 기준 위치값을 random.randrange() 메서드를 이용해 200부터 300 사이에서 4 간격 떨어진 값들 중 랜덤 값을 self.pipe_pos 값으로 사용한다.

다음으로 물고기가 파이프에 충돌한 경우를 check_crash() 메서드를 통해 체크하고, 만약 충돌한 경우에는 pygame.mixer_music.stop() 메서드로 배경음악을 끄고, self.menu_on을 True로 설정하여 메뉴를 띄우도록 한다.

```
# 게임 로직 수행
def run_logic(self, screen):
    for pipe in self.pipes:
        # 파이프의 위치가 지정된 위치가 되면 새로운 파이프 추가
        if pipe.spipe_rect.x == self.pipe_pos:
```

```
            self.pipes.append(Pipe())
            self.score += 1
        # 파이프가 게임 화면에서 벗어나면 벗어난 파이프 제거
        if pipe.out_of_screen():
            del self.pipes[0]
            self.pipe_pos = random.randrange(200, 400, 4)
        # 파이프에 물고기가 충돌한 경우
        if pipe.check_crash(self.fish):
            pygame.mixer_music.stop()
            self.menu_on = True
```

코드 6.22 물고기 게임 로직 코드

6.3.4.4 draw_text() 메서드

물고기 게임에서 필요한 텍스트를 그려주기 위해 텍스트 text와 폰트 font, 위치값 x, y, 색상 main_color를 이용해서 draw_text() 메서드를 정의한다. 먼저 font.render() 메서드를 이용해 text와 main_color로 폰트 객체를 만들고, get_rect() 메서드를 통해 텍스트를 표시할 사각형 객체로 text_rect을 정의하고, text_rect.center에 중앙 좌표값으로 x, y 값을 지정한다. screen.blit() 메서드를 통해 게임 화면에 텍스트를 표시한다.

그림 6.8 점수 표시 예제

```
# 텍스트 그리기
def draw_text(self, screen, text, font, x, y, main_color):
    text_obj = font.render(text, True, main_color)
    text_rect = text_obj.get_rect()
    text_rect.center = x, y
    screen.blit(text_obj, text_rect)
```

코드 6.23 게임 정보 표시 draw_text() 메서드 코드

6.3.4.5 display_menu() 메서드

물고기 게임에서 사용할 메뉴를 보여주기 위해 display_menu() 메서드를 정의한다. 먼저 화면 중앙을 계산하기 위해 SCREEN_WIDTH와 SCREEN_HEIGHT의 값을 2로 나누어 center_x와 center_y로 저장한다. 텍스트를 표시할 위치로 center_x에서 220을 빼고, center_y에서 50을 뺀 위치에 440 × 100 크기의 사각형 크기를 정의한다. 사각형을 pygame.draw.rect() 메서드를 이용해 GROUND 색으로 그리고, DARK_GROUND 색으로 사각형 두께 4만큼을 그린다. 그다음 self.draw_text() 메서드로 텍스트 "Press Space Key to Play"를 DARK_GROUND 색으로 지정된 폰트 self.font로 center_x와 center_y의 위치에 표시한다.

그림 6.9 메뉴 표시 예제

```
# 메뉴 출력
def display_menu(self, screen):
    center_x = (SCREEN_WIDTH / 2)
    center_y = (SCREEN_HEIGHT / 2)
    rect = (center_x - 220, center_y - 50, 440, 100)
    pygame.draw.rect(screen, GROUND, rect)
    pygame.draw.rect(screen, DARK_GROUND, rect, 4)
    self.draw_text(screen, "Press Space Key to Play",
                   self.font, center_x, center_y, DARK_GROUND)
```

코드 6.24 display_menu() 함수 코드

6.3.4.6 display_frame() 메서드

게임 화면을 프레임마다 그리기 위해 display_frame() 메서드를 정의한다. 먼저 배경색으로 SEA를 사용하여 전체 화면 색을 칠해준다. 바닥에 땅을 표현하기 위해 pygame.draw.rect() 메서드로 게임 화면 높이 SCREEN_HEIGHT에서 50을 뺀 값부터 GROUND 색의 사각형을 그려준다. 땅을 경계면에 그리고자 pygame.draw.line() 메서드로 4 두께만큼 DARK_GROUND 색으로 그려준다.

물고기의 위치를 self.fish.update() 메서드로 갱신하고, self.fish.draw() 메서드로 물고기를 화면에 그려준다. 파이프도 마찬가지로 위치를 갱신하고 그려주기 위해 파이프 리스트인 self.pipes 안에 파이프를 반복하며 update()와 draw() 메서드를 호출해준다. 마지막으로 게임 상

단 왼쪽에 WHITE 색으로 점수를 나타내기 위해 텍스트 "Score :"를 출력하고 게임 점수인 self.score의 값을 문자열로 변환하여 표시해준다.

```python
# 게임 프레임 출력
def display_frame(self, screen):
    screen.fill(SEA)
    pygame.draw.rect(screen, GROUND,
                     (0, SCREEN_HEIGHT - 50, SCREEN_WIDTH, 50))
    pygame.draw.line(screen, DARK_GROUND,
                     (0, SCREEN_HEIGHT - 50), (SCREEN_WIDTH, SCREEN_HEIGHT - 50), 4)
    self.fish.update()
    self.fish.draw(screen)
    for pipe in self.pipes:
        pipe.update()
        pipe.draw(screen)
    self.draw_text(screen, "Score: " + str(self.score), self.font, 100, 50, WHITE)
```

코드 6.25 display_frame() 함수 코드

6.3.5 리소스 경로 함수 정의

다음으로 resource_path() 함수를 정의하여 물고기 게임에서 사용하는 다양한 리소스의 경로를 가져오기 위해 사용한다. 먼저 pyinstaller에서 사용하는 임시 디렉토리인 sys._MEIPASS에 접근이 가능하면 base_path로 지정하고, 예외가 발생하면 base_path를 os.path.abspath(".")로 현재 경로의 절대경로를 지정한다. base_path와 relative_path를 os.path.join() 함수로 결합하여 반환한다.

```python
# 게임 리소스 경로
def resource_path(relative_path):
    try:
        base_path = sys._MEIPASS
    except Exception:
        base_path = os.path.abspath(".")
    return os.path.join(base_path, relative_path)
```

코드 6.29 리소스 경로 설정 resource_path() 함수 코드

6.3.6 메인 함수 정의

물고기 게임 코드의 시작 부분인 메인 함수 main()을 정의해보자. 먼저 pygame을 초기화를 위해 pygame.init() 메서드를 호출한다. 게임 화면 크기를 너비 SCREEN_WIDTH와 높이 SCREEN_HEIGHT 만큼 pygame.display.set_mode()을 통해 지정한다. 또한, pygame.display.set_caption()을 이용해 텍스트 "Fish Game"을 윈도우 창 제목으로 지정한다. pygame.time.Clock() 호출을 통해 clock 변수를 정의하고, 만들어 둔 게임 객체의 인스턴스를 만든다.

```python
def main():
    # 게임 설정
    pygame.init()
    screen = pygame.display.set_mode((SCREEN_WIDTH, SCREEN_HEIGHT))
    pygame.display.set_caption("Fish Game")
    clock = pygame.time.Clock()
    game = Game()
```

코드 6.26 메인 함수 main() 코드

done 변수를 False로 정의하고, done 변수가 True 값이 되기 전까지 while 반복문을 구성한다. 물고기 게임에서 계속 반복하여 game.process_events() 메서드를 호출하고 게임 키 조작 등의 이벤트를 처리한다. game.menu_on 값이 True이면 게임 메뉴 출력을 위해 game.display_menu() 메서드를 호출하고, game.menu_on 값이 False이면 게임 로직을 처리하기 위해 game.run_logic() 메서드로 호출하고, 게임 화면을 처리하기 위해 game.display_frame() 메서드를 호출한다. 필요한 처리가 끝나면 pygame.display.flip() 메서드를 통해 게임 화면 전체에 변경된 부분들을 반영한다. 게임 프레임 처리 속도인 FPS 값을 clock.tick() 메서드에 넣어 게임 처리 속도를 정하고, 반복이 종료되는 경우에는 pygame.quit() 메서드가 호출되어 프로그램을 종료한다.

```python
    done = False
    while not done:
        done = game.process_events()
        if game.menu_on:    # 게임 메뉴 처리
            game.display_menu(screen)
        else:       # 게임 화면 처리
            game.run_logic(screen)
            game.display_frame(screen)
```

```
        pygame.display.flip()
        clock.tick(FPS)

    pygame.quit()
```

코드 6.27 물고기 게임 반복 처리 코드

게임 시작 시 main() 함수가 실행되도록 파이썬 내부 전역변수인 __name__의 값이 '__main__'일 경우를 조건문으로 만들어 넣어준다.

```
if __name__ == '__main__':
    main()
```

코드 6.28 물고기 게임 메인 함수 실행 코드

물고기 게임 실행

지금까지 작성한 물고기 게임 코드를 확인해보자. 전체 코드를 비교해보며 잘못 입력되거나 오류가 없는지 확인해보고, 실행시켜서 자신이 만든 물고기 게임을 직접 즐겨보자.

```python
import pygame
import os
import sys
import random

# 게임 스크린 크기
SCREEN_WIDTH = 900
SCREEN_HEIGHT = 700

# 색 정의
WHITE = (255, 255, 255)
SEA = (80, 180, 220)
GROUND = (140, 120, 40)
```

```python
DARK_GROUND = (70, 60, 20)

FPS = 60

# 물고기 객체
class Fish():
    def __init__(self):
        self.image = pygame.image.load(resource_path('assets/fish.png'))
        self.sound = pygame.mixer.Sound(resource_path('assets/swim.wav'))

        self.rect = self.image.get_rect()
        self.width = self.image.get_rect().width
        self.height = self.image.get_rect().height
        self.reset()

    # 위치 초기화
    def reset(self):
        self.rect.x = 250
        self.rect.y = 250
        self.dx = 0
        self.dy = 0

    # 헤엄치기
    def swim(self):
        self.dy = -10
        self.sound.play()

    # 물고기 업데이트
    def update(self):
        self.dy += 0.5
        self.rect.y += self.dy
        # 물고기가 게임 화면 위로 넘어갈 때
        if self.rect.y <= 0:
```

```python
            self.rect.y = 0
        # 물고기가 게임 화면 아래로 넘어갈 때
        if self.rect.y + self.height > SCREEN_HEIGHT:
            self.rect.y = SCREEN_HEIGHT - self.height
            self.dy = 0
        # 물고기의 y축 방향값이 20을 초과할 때
        if self.dy > 20:
            self.dy = 20

    # 물고기 그리기
    def draw(self, screen):
        screen.blit(self.image, self.rect)

# 파이프 객체
class Pipe():
    def __init__(self):
        self.lpipe = pygame.image.load(resource_path('assets/pipe01.png'))
        self.lpipe_rect = self.lpipe.get_rect()
        self.lpipe_width = self.lpipe.get_rect().width
        self.lpipe_height = self.lpipe.get_rect().height

        pipes = ('assets/pipe02.png', 'assets/pipe03.png', \
                 'assets/pipe04.png', 'assets/pipe05.png', 'assets/pipe06.png')
        self.spipe = pygame.image.load(resource_path(random.choice(pipes)))
        self.spipe_rect = self.spipe.get_rect()
        self.spipe_width = self.spipe.get_rect().width
        self.spipe_height = self.spipe.get_rect().height

        self.set_pos()

    # 파이프 위치 설정
    def set_pos(self):
        # 1인 경우 긴 파이프를 위에 위치
```

```python
        if random.randint(0, 1):
            self.lpipe_rect.x = SCREEN_WIDTH
            self.lpipe_rect.y = -2
            self.spipe_rect.x = SCREEN_WIDTH
            self.spipe_rect.y = SCREEN_HEIGHT - self.spipe_height + 2
        # 0인 경우 긴 파이프를 아래에 위치
        else:
            self.spipe_rect.x = SCREEN_WIDTH
            self.spipe_rect.y = -2
            self.lpipe_rect.x = SCREEN_WIDTH
            self.lpipe_rect.y = SCREEN_HEIGHT - self.lpipe_height + 2

    # 파이프 업데이트
    def update(self):
        self.lpipe_rect.x -= 4
        self.spipe_rect.x -= 4

    # 파이프가 게임 화면을 벗어난 유무 체크
    def out_of_screen(self):
        if self.spipe_rect.x + self.spipe_width <= 0:
            return True
        return False

    # 물고기가 파이프에 충돌한 여부 체크
    def check_crash(self, fish):
        # 긴 파이프에 충돌한 경우
        if (self.lpipe_rect.x + self.lpipe_width > fish.rect.x) and \
            (self.lpipe_rect.x < fish.rect.x + fish.width) and \
            (self.lpipe_rect.y < fish.rect.y + fish.height) and \
            (self.lpipe_rect.y + self.lpipe_height > fish.rect.y):
            return True
        # 짧은 파이프에 충돌한 경우
        elif (self.spipe_rect.x + self.spipe_width > fish.rect.x) and \
```

```python
                (self.spipe_rect.x < fish.rect.x + fish.width) and \
                (self.spipe_rect.y < fish.rect.y + fish.height) and \
                (self.spipe_rect.y + self.spipe_height > fish.rect.y):
                return True
        else:
            return False

    # 파이프 그리기
    def draw(self, screen):
        screen.blit(self.lpipe, self.lpipe_rect)
        screen.blit(self.spipe, self.spipe_rect)

# 게임 객체
class Game():
    def __init__(self):
        # 게임 리소스 로드
        font_path = resource_path('assets/NanumGothicCoding-Bold.ttf')
        self.font = pygame.font.Font(font_path, 34)
        pygame.mixer.music.load(resource_path('assets/bgm.mp3'))

        self.fish = Fish()
        self.pipes = []
        self.pipes.append(Pipe())
        self.pipe_pos = 100
        # 게임 점수
        self.score = 0
        # 게임 메뉴 On/Off
        self.menu_on = True

    # 게임 이벤트 처리 및 조작
    def process_events(self):
        for event in pygame.event.get():
            if event.type == pygame.QUIT:
```

```python
                    return True
            # 메뉴 화면 이벤트 처리
            if self.menu_on:
                if event.type == pygame.KEYDOWN:
                    if event.key == pygame.K_SPACE:
                        pygame.mixer.music.play(-1)
                        self.score = 0
                        self.menu_on = False
                        self.fish.reset()
                        self.pipes = []
                        self.pipes.append(Pipe())
            # 게임 화면 이벤트 처리
            else:
                if event.type == pygame.KEYDOWN:
                    if event.key == pygame.K_SPACE:
                        self.fish.swim()
        return False

    # 게임 로직 수행
    def run_logic(self, screen):
        for pipe in self.pipes:
            # 파이프의 위치가 지정된 위치가 되면 새로운 파이프 추가
            if pipe.spipe_rect.x == self.pipe_pos:
                self.pipes.append(Pipe())
                self.score += 1
            # 파이프가 게임 화면에서 벗어나면 벗어난 파이프 제거
            if pipe.out_of_screen():
                del self.pipes[0]
                self.pipe_pos = random.randrange(200, 300, 4)
            # 파이프에 물고기가 충돌한 경우
            if pipe.check_crash(self.fish):
                pygame.mixer_music.stop()
                self.menu_on = True
```

```python
# 텍스트 그리기
def draw_text(self, screen, text, font, x, y, main_color):
    text_obj = font.render(text, True, main_color)
    text_rect = text_obj.get_rect()
    text_rect.center = x, y
    screen.blit(text_obj, text_rect)

# 메뉴 출력
def display_menu(self, screen):
    center_x = (SCREEN_WIDTH / 2)
    center_y = (SCREEN_HEIGHT / 2)
    rect = (center_x - 220, center_y - 50, 440, 100)
    pygame.draw.rect(screen, GROUND, rect)
    pygame.draw.rect(screen, DARK_GROUND, rect, 4)
    self.draw_text(screen, "Press Space Key to Play",
                   self.font, center_x, center_y, DARK_GROUND)

# 게임 프레임 출력
def display_frame(self, screen):
    screen.fill(SEA)
    pygame.draw.rect(screen, GROUND,
                     (0, SCREEN_HEIGHT - 50, SCREEN_WIDTH, 50))
    pygame.draw.line(screen, DARK_GROUND,
                     (0, SCREEN_HEIGHT - 50), (SCREEN_WIDTH, SCREEN_HEIGHT - 50), 4)
    self.fish.update()
    self.fish.draw(screen)
    for pipe in self.pipes:
        pipe.update()
        pipe.draw(screen)
    self.draw_text(screen, "Score: " + str(self.score), self.font, 100, 50, WHITE)

# 게임 리소스 경로
```

```python
def resource_path(relative_path):
    try:
        base_path = sys._MEIPASS
    except Exception:
        base_path = os.path.abspath(".")
    return os.path.join(base_path, relative_path)


def main():
    # 게임 설정
    pygame.init()
    screen = pygame.display.set_mode((SCREEN_WIDTH, SCREEN_HEIGHT))
    pygame.display.set_caption("Fish Game")
    clock = pygame.time.Clock()
    game = Game()

    done = False
    while not done:
        done = game.process_events()
        if game.menu_on:     # 게임 메뉴 처리
            game.display_menu(screen)
        else:       # 게임 화면 처리
            game.run_logic(screen)
            game.display_frame(screen)

        pygame.display.flip()
        clock.tick(FPS)

    pygame.quit()

if __name__ == '__main__':
    main()
```

코드 6.30 물고기 게임 전체 코드

그림 6.10 물고기 게임 화면 예제

물고기 게임 실행 파일 만들기

pyinstaller 패키지가 설치되어 있지 않다면 자신이 사용하는 IDE 환경에 맞춰서 `pip install pyinstaller` 명령어를 명령 프롬프트나 Visual Studio Code 또는 파이참의 터미널에서 실행하여 설치해야 한다. 실행 파일을 만들기 위해 다음 명령어를 실행시키면 된다.

```
pyinstaller -w --add-data assets\bgm.mp3;assets --add-data assets\fish.png;assets --add-data assets\NanumGothicCoding-Bold.ttf;assets --add-data assets\pipe01.png;assets --add-data assets\pipe02.png;assets --add-data assets\pipe03.png;assets --add-data assets\pipe04.png;assets --add-data assets\pipe05.png;assets --add-data assets\pipe06.png;assets --add-data assets\swim.wav;assets -F fish_game.py
```

여기서 윈도우로 실행시키기 위해 -w 옵션을 추가하고, 게임 리소스 파일을 추가하기 위해 --add-data 옵션을 추가한다. 게임에서 사용하는 이미지 파일, 사운드 파일과 나눔고딕코딩 폰트 파일의 경로를 지정하고, 세미콜론 ; 뒤에 이동할 디렉터리인 assets를 지정한다. 실행 파일

하나로 모든 것을 다 합치기 위해 -F 옵션을 사용한다. 마지막으로 코드인 fish_game.py 파일을 지정해준다. pyinstaller를 실행하면 build와 dist 폴더가 생성되고, 그 안에 여러 파일들이 생성된 것을 알 수 있다. dist 폴더를 살펴보면 fish_game.exe 파일이 생성된 것을 알 수 있다. 생성된 실행 파일을 통해 물고기 게임을 즐길 수 있다.

```
G:\내 드라이브\[SuanLab]\Publish\Python Game\sources\6 Fish Game>pyinstaller -w --add-data assets\bgm.mp3
;assets --add-data assets\fish.png;assets --add-data assets\NanumGothicCoding-Bold.ttf;assets --add-data
 assets\pipe01.png;assets --add-data assets\pipe02.png;assets --add-data assets\pipe03.png;assets --add-da
ta assets\pipe04.png;assets --add-data assets\pipe05.png;assets --add-data assets\pipe06.png;assets --add
-data assets\swim.wav;assets -F fish_game.py
72 INFO: PyInstaller: 4.5
72 INFO: Python: 3.9.1
73 INFO: Platform: Windows-10-10.0.19041-SP0
80 INFO: wrote G:\내 드라이브\[SuanLab]\Publish\Python Game\sources\6 Fish Game\fish_game.spec
84 INFO: UPX is not available.
101 INFO: Extending PYTHONPATH with paths
['G:\\내 드라이브\\[SuanLab]\\Publish\\Python Game\\sources\\6 Fish Game',
 'G:\\내 드라이브\\[SuanLab]\\Publish\\Python Game\\sources\\6 Fish Game']
542 INFO: checking Analysis
543 INFO: Building Analysis because Analysis-00.toc is non existent
543 INFO: Initializing module dependency graph...
547 INFO: Caching module graph hooks...
561 INFO: Analyzing base_library.zip ...
3746 INFO: Processing pre-find module path hook distutils from 'c:\\users\\suan\\appdata\\local\\programs
\\python\\python39\\lib\\site-packages\\PyInstaller\\hooks\\pre_find_module_path\\hook-distutils.py'.
3748 INFO: distutils: retargeting to non-venv dir 'c:\\users\\suan\\appdata\\local\\programs\\python\\pyt
hon39\\lib'
5903 INFO: Caching module dependency graph...
6174 INFO: running Analysis Analysis-00.toc
6178 INFO: Adding Microsoft.Windows.Common-Controls to dependent assemblies of final executable
  required by c:\users\suan\appdata\local\programs\python\python39\python.exe
```

그림 6.11 pyinstaller 실행 화면

7. 자동차 게임(Racing Car Game)

자동차 게임은 레이싱 게임 분야의 한 종류로서 자동차를 움직이며 다른 차들을 피하며 경주를 즐기는 게임이다. 여러 가지 탈것들과 다양한 재미요소를 더한 레이싱 게임들이 존재한다. 이 책에서는 레이싱 경주용 자동차들로 게임을 만들어보자.

7.1 자동차 게임 규칙

자동차 게임은 여러 가지 게임 요소를 가지고 다양한 형태로 만들 수 있다. 그러나 이 책에서는 만들기 쉬운 규칙만으로 재미있게 만들어본다.

- 도로 위에서 진행된다.
- 자동차는 멈추지 않고 움직인다.
- 플레이어는 자동차 방향을 바꿀 수 있다(게임 조작).
- 다른 자동차들이 랜덤하게 나타난다.
- 자동차가 다른 자동차와 부딪히면 죽는다.
- 다른 자동차들을 피하면 점수가 늘어난다.

7.2 자동차 게임 리소스

자동차 게임을 만들기 위해서는 게임에 필요한 여러 가지 멀티미디어 리소스들을 만들거나 다운로드해야 한다. 자동차를 표현하는 클립아트와 게임 진행 중에 필요한 소리 파일들이 마련

되어야 한다. 클립아트를 직접 만들어 쓸 수 있지만 그러기에는 디자인과, 여러 그래픽 처리 프로그램들에 대해 배워야 한다. 직접 만들지 않고도 사람들이 만든 여러 클립아트들을 인터넷에서 다운로드 할 수 있다. 여러 사이트에서 클립아트들을 제공하고 있지만, 우리는 클립아트 라이브러리 사이트(openclipart.org)에서 찾아보자.

그림 7.1 클립아트 라이브러리

클립아트 라이브러리 사이트에서 수많은 클립아트들을 제공 중이므로 내가 원하는 클립아트들을 검색하여 찾고, 다운로드 할 수 있다. 자동차에 대한 클립아트를 찾고 싶으면 car와 같은 검색어를 입력하면 많은 종류의 클립아트들이 검색된다. 그중에서 마음에 드는 클립아트를 선택하면 된다. 다만 주의할 점은 각 클립아트들의 저작권에 유의해야 한다.

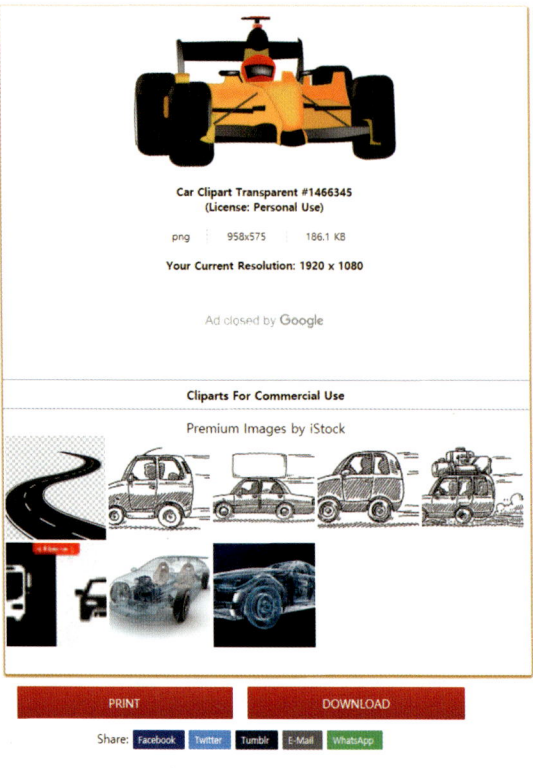

그림 7.2 자동차 클립아트 검색

프리사운드 사이트(http://freesound.org)에서 필요한 사운드를 찾아보자. 마찬가지로 car라는 키워드를 입력하고 검색하면 여러 사운드들이 존재한다.

이 책에서 사용되는 클립아트와 사운드 등의 리소스는 미리 다운로드 하여 모아두었다. 이 책의 예제를 그대로 따라 하려면 리소스를 그대로 다운로드 해서 사용하면 된다. 혹은 직접 만들거나 다른 클립아트와 사운드를 이용해도 좋다. 자동차 게임에 대한 리소스는 SuanLab 홈페이지(http://suanlab.com/book/)에서 다운로드 할 수 있다.

게임 리소스를 체계적으로 관리하기 위해 프로젝트 디렉토리 하위에 assets 디렉토리를 만들어 이미지, 오디오 파일들을 저장한다. assets 디렉토리 하위에 car 디렉토리를 만들어서 자동차 이미지만 별도로 저장한다.

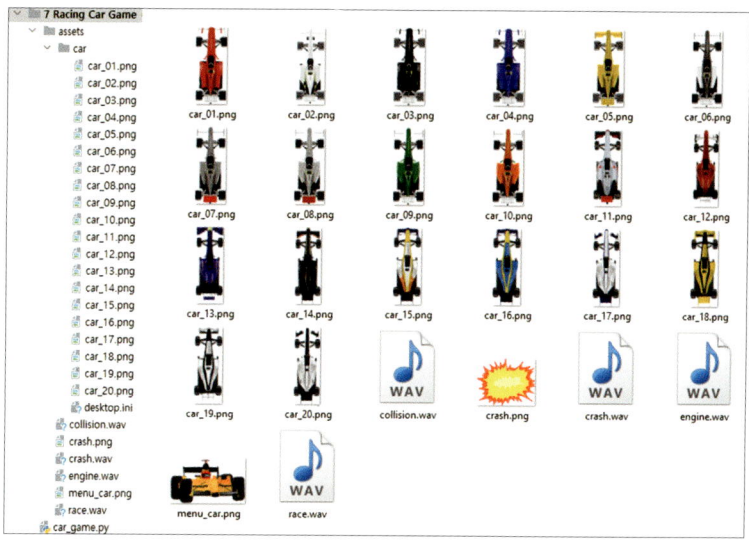

그림 7.3 자동차 게임 리소스

7.3 자동차 게임 만들기

7.3.1 모듈과 전역변수 정의

자동차 게임을 만들기 위해 pygame 모듈, os 모듈, sys 모듈, random 모듈, time 모듈의 sleep 메서드를 포함시킨다.

```
import pygame
import os
import sys
import random
from time import sleep
```

코드 7.1 패키지 코드

자동차 게임에 필요한 전역 변수는 먼저 게임 화면의 크기를 정의하기 위해서 SCREEN_WIDTH, SCREEN_HEIGHT 변수를 정의한다. 게임에서 사용할 색상 BLACK, WHITE, GRAY, RED로 전역변수로 정의한다. 게임에서 사용할 자동차의 개수 CAR_COUNT를 3으로 정의하고, 차선의 개수를 의미하는 LANE_COUNT를 5로 정의한다. 마지막으로 속도를 의미하는 SPEED를 10으로 정의하고 FPS는 60으로 정의한다.

```
# 게임 스크린 전역변수
SCREEN_WIDTH = 480
SCREEN_HEIGHT = 800

# 색상 전역변수
BLACK = (0, 0, 0)
WHITE = (255, 255, 255)
GRAY = (150, 150, 150)
RED = (200, 0, 0)

# 게임 전역변수
CAR_COUNT = 3
LANE_COUNT = 5
SPEED = 10
FPS = 60
```

코드 7.2 전역변수 코드

7.3.2 자동차 객체 정의

자동차 객체는 게임에서 사용자와 컴퓨터용 자동차로 나뉜다. 자동차의 종류, 크기 위치, 방향 등 여러 속성들을 포함해야 한다.

```
# 자동차 객체
class Car():
```

코드 7.3 자동차 객체 Car 코드

7.3.2.1 __init__() 메서드

초기화를 위해 자동차 객체 생성자로 __init__() 메서드를 정의한다. 여기서는 자동차의 위치 값인 self.x, self.y와 방향 정보인 self.dx, self.dy 값을 초기화한다.

자동차 게임에서 사용되는 각종 리소스들을 초기화 단계에서 불러와야 한다. 자동차 이미지는 assets 디렉토리 안에 car 디렉토리를 만들어서 저장하였기에, resource_path() 함수를 통해 'assests/car' 디렉토리를 car_images_path 변수로 저장한다. os.listdir() 메서드를 사용해서 car_images_path에 포함된 파일 이름들을 image_file_list 변수에 리스트로 저장한다. image_ file_list의 파일 이름들 중에서 .png 확장자를 가진 것만 필터링하고, car_images_path의 경로를 결합해 self.image_path_list 변수에 저장한다.

자동차가 충돌할 때 사용하는 'assets/crash.png' 파일의 경로를 crash_image_path로 저장하고, 사용자 자동차가 충돌할 때 사용하는 효과음 'assets/crash.wav' 파일은 crash_sound_path로 저장한다. 컴퓨터 자동차가 서로 충돌할 때 사용하는 효과음으로 'assets/collision.wav' 파일 경로를 collision_sound_path 변수에 저장하고, 자동차가 처음 엔진을 가동시키는 효과음인 'assets/engine.wav' 파일의 경로를 engine_sound_path 변수에 저장한다.

이미지는 게임 리소스의 경로들을 저장한 변수를 이용해 pygame.image.load() 메서드로 읽어와서 self.crash_image에 저장하고, 오디오는 pygame.mixer.Sound() 메서드로 읽어와 self.crash_sound, self.collision_sound, self.engine_sound에 저장한다.

```
def __init__(self, x=0, y=0, dx=0, dy=0):
    self.x = x
    self.y = y
    self.dx = dx
    self.dy = dy

    car_images_path = resource_path('assets/car')
    image_file_list = os.listdir(car_images_path)
    self.image_path_list = [os.path.join(car_images_path, file)
                       for file in image_file_list if file.endswith(".png")]

    crash_image_path = resource_path('assets/crash.png')
    crash_sound_path = resource_path('assets/crash.wav')
    collision_sound_path = resource_path('assets/collision.wav')
    engine_sound_path = resource_path('assets/engine.wav')
    self.crash_image = pygame.image.load(crash_image_path)
    self.crash_sound = pygame.mixer.Sound(crash_sound_path)
    self.collision_sound = pygame.mixer.Sound(collision_sound_path)
    self.engine_sound = pygame.mixer.Sound(engine_sound_path)
```

코드 7.4 __init__() 메서드 코드

7.3.2.2 load_image() 메서드

자동차 이미지를 가져오는 load_image() 메서드는 정의한 self.image_path_list 변수에서 랜덤하게 하나의 자동차 이미지 경로를 random.choice() 메서드로 가져온다. self.image에 실제 자동차 이미지를 로드하고, 이미지의 사이즈를 get_rect() 메서드로 가져와 너비를 self.width에 저장하고, 높이를 self.height에 저장한다.

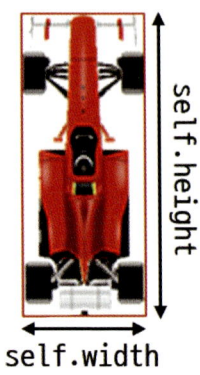

그림 7.4 자동차 너비 높이

```python
# 자동차 이미지 로드
def load_image(self):
    choice_car_path = random.choice(self.image_path_list)
    self.image = pygame.image.load(choice_car_path)
    self.width = self.image.get_rect().width
    self.height = self.image.get_rect().height
```

코드 7.5 load_image() 메서드 코드

7.3.2.3 load() 메서드

게임을 플레이하는 사용자의 자동차를 로드하기 위해 load()를 정의한다. 먼저 load_image() 메서드를 호출하여 자동차 이미지를 가져오고, 게임 화면의 중앙 하단에 등장할 수 있도록 self.x는 게임 화면 너비 크기 SCREEN_WIDTH를 2로 나누어서 지정하고, self.y 값은 게임 화면 높이 크기 SCREEN_HEIGHT에서 자동차 이미지 높이 self.height를 뺀 만큼으로 정의한다. 방향을 나타내는 self.dx, self.dy 값은 0으로 할당하여 정지된 상태로 만들고, 사용자 자동차의 경우 로드할 때 엔진 시동 소리를 self.engine_sound.play() 메서드로 실행시킨다.

```python
# 자동차 로드
def load(self):
    self.load_image()
    self.x = int(SCREEN_WIDTH / 2)
    self.y = SCREEN_HEIGHT - self.height
    self.dx = 0
    self.dy = 0
    self.engine_sound.play()
```

코드 7.6 load() 메서드 코드

7.3.2.4 load_random() 메서드

컴퓨터의 자동차를 랜덤으로 로드할 때 사용하는 load_random() 메서드는 마찬가지로 load_image() 메서드를 호출하여 자동차 이미지를 가져온다. 컴퓨터 자동차는 게임 화면 위에서 생성하여 내려오도록 만들기 위해 self.x의 값은 게임 창 크기 SCREEN_WIDTH에서 자동차 너비인 self.width 내의 범위에서 랜덤으로 가져오고, self.y 값은 자동차 높이만큼 뺀 -self.height으로 게임 창 위에서 생성한다. 밑으로 자동차가 내려오도록 방향 값인 self.dy를 4에서 9 사이의 값을 랜덤으로 가져오도록 하여 속도가 다른 차들을 생성하고, 좌우로는 움직이지 않도록 self.dx 값은 0으로 고정한다.

```python
# 자동차 랜덤 로드
def load_random(self):
    self.load_image()
    self.x = random.randrange(0, SCREEN_WIDTH - self.width)
    self.y = -self.height
    self.dx = 0
    self.dy = random.randint(4, 9)
```

코드 7.7 load_random() 메서드 코드

7.3.2.5 move() 메서드

자동차를 게임 화면에 표시할 때 움직이는 방향대로 위치를 업데이트 해주어야 한다. 이때 move() 메서드가 사용된다. 자동차의 방향 값인 self.dx, self.dy를 위치 값인 self.x, self.y의 값에 계속 더하여 반영해주어야 한다.

```python
# 자동차 이동
def move(self):
    self.x += self.dx
    self.y += self.dy
```

코드 7.8 move() 메서드 코드

7.3.2.6 out_of_screen() 메서드

자동차가 게임 화면 내에서 움직여야 하므로 게임 화면을 벗어날 경우를 처리해주어야 한다. 이때 `out_of_screen()` 메서드를 통해 자동차의 위치 값 `self.x`에 자동차의 너비인 `self.width`를 더한 값이 게임 SCREEN의 너비인 `SCREEN_WIDTH`를 초과하거나 `self.x`가 0 미만이 될 경우는 `self.x`의 값에다가 방향 값인 `self.dx`를 빼서 자동차가 더 이상 가지 못하도록 한다. 마찬가지로 `self.y`에 대해서도 동일하게 처리해준다.

```python
# 스크린 범위 체크
def out_of_screen(self):
    if self.x + self.width > SCREEN_WIDTH or self.x < 0:
        self.x -= self.dx
    if self.y + self.height > SCREEN_HEIGHT or self.y < 0:
        self.y -= self.dy
```

코드 7.9 out_of_screen() 메서드 코드

7.3.2.7 check_crash() 메서드

자동차가 다른 자동차와 충돌한 경우를 체크해주어야 한다. 이때 `check_crash()` 메서드를 이용하여 충돌하면 `True`를 `return`하고, 아니면 `False`를 `return`하도록 한다. 충돌 여부를 체크하기 위해 자기 자신을 의미하는 `self`와 인자로 받은 `car` 인스턴스를 이용한다. 먼저 각 조건을 하나하나 따로 살펴보면 다음과 같다. 첫 번째 조건 `(self.x + self.width > car.x) and (self.x < car.x + car.width)`은 x축으로 자동차가 서로 겹쳐 있는지 체크한다. 두 번째 조건 `(self.y < car.y + car.height) and (self.y + self.height > car.y)`는 y축으로 자동차가 겹쳐 있는지 체크한다. 이 조건들에 모두 해당되면 자동차는 서로 충돌한 것을 의미한다.

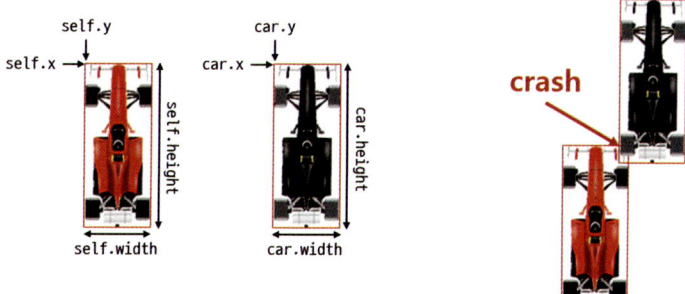

그림 7.5 자동차 충돌 체크

```
# 자동차 충돌 체크
def check_crash(self, car):
    if (self.x + self.width > car.x) and (self.x < car.x + car.width) \
        and (self.y < car.y + car.height) and (self.y + self.height > car.y):
        return True
    else:
        return False
```

코드 7.10 check_crash() 메서드 코드

7.3.2.8 draw() 메서드

자동차 객체에서 마지막 메서드인 draw()는 게임 화면에 self.x와 self.y 위치에 자동차 이미지를 그려주는 역할을 한다.

```
# 자동차 그리기
def draw(self, screen):
    screen.blit(self.image, (self.x, self.y))
```

코드 7.11 draw() 메서드 코드

7.3.2.9 draw_crash() 함수

자동차들이 충돌될 때, 충돌이 난 차가 폭발되는 모습을 보여주어야 한다. 폭발 이미지인 self.crash_image에서 get_rect() 메서드로 이미지의 크기인 너비 width와 높이 height를 가져온다. 폭발 이미지를 자동차의 중앙에 그려주기 위해서는 자동차의 중앙 위치에서 폭발 이미지의 중앙 위치값을 빼주면 폭발 이미지를 그릴 위치가 계산된다. 자동차의 중앙 위치를 알기 위해서는 현재 자동차의 위치값 self.x, self.y 값에서, 자동차의 너비 self.width와 높이 self.height를 반으로 나눈 값을 각각 더한다. 폭발 이미지의 중앙값은 width와 height 값을 2로 나누면 된다. 실제 폭발 이미지를 그려줄 위치는 자동차 중앙값에서 폭발 이미지의 중앙값만큼을 뺀 draw_x와 draw_y 위치가 된다.

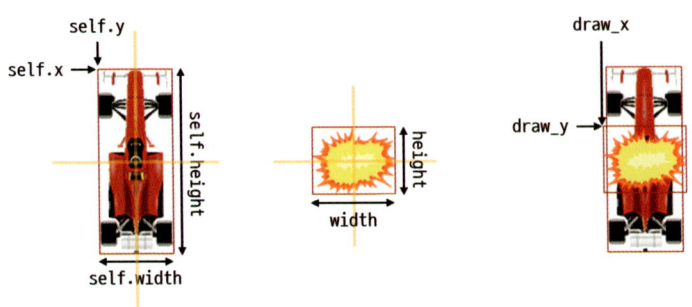

그림 7.6 자동차 충돌 위치

폭발 이미지인 self.crash_image를 screen.blit() 메서드로 draw_x와 draw_y 위치에 그리고, pygame.display.update() 메서드로 화면에 반영해준다.

```python
# 자동차 충돌 그리기
def draw_crash(self, screen):
    width = self.crash_image.get_rect().width
    height = self.crash_image.get_rect().height
    draw_x = self.x + int(self.width / 2) - int(width / 2)
    draw_y = self.y + int(self.height / 2) - int(height / 2)
    screen.blit(self.crash_image, (draw_x, draw_y))
    pygame.display.update()
```

코드 7.12 draw_score() 함수 코드

7.3.3 차선 객체 정의

자동차 게임에서 자동차는 도로 위를 달리도록 표현해야 한다. 게임 화면에서는 자동차는 게임 창 안에서만 움직이고, 사실은 차선을 밑으로 움직이도록 표현하여 마치 자동차가 달리는 것처럼 표현해야 한다. 이를 표현하는 데 사용할 차선 객체를 정의해보자. 먼저 class Lane으

로 클래스를 정의한다.

```
# 차선 객체
class Lane():
```

코드 7.13 차선 객체 Lane 정의 코드

7.3.3.1 __init__() 메서드

차선 객체의 생성자로 __init__() 메서드를 정의해보자. 먼저 차선의 색 self.color는 WHITE로 정의하고, 차선의 너비인 self.width의 값은 10, 높이인 self.height의 값은 80으로 초기화한다. y축으로 차선과 다음 차선 사이에 self.gap의 값인 20만큼을 간격으로 둔다. x축으로 차선과 차선의 공간은 self.space 값으로 게임 화면에 몇 차선을 표시하는지에 따라서 계산된다. 차선이 연속적으로 그려지는 개수는 self.count 값으로 10을 할당한다. 위치 값인 self.x는 우선 0으로 초기화하고, self.y는 게임 화면에 보이지 않는 위쪽에서부터 차선을 그리기 위해 -self.height 값을 넣어준다.

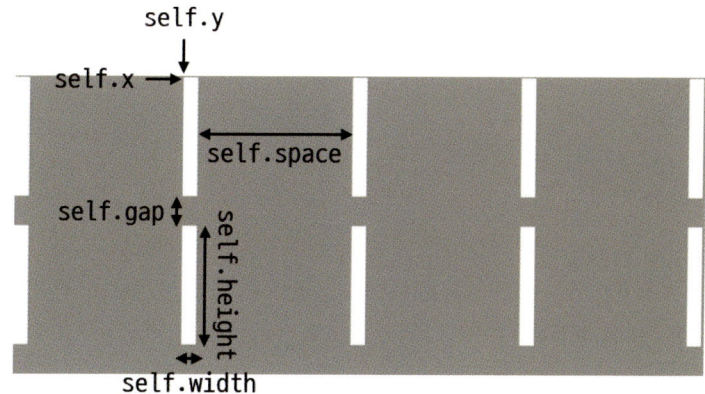

그림 7.7 도로 라인

```
def __init__(self):
    self.color = WHITE
    self.width = 10
    self.height = 80
    self.gap = 20
```

```
            self.space = (SCREEN_WIDTH - (self.width * LANE_COUNT)) / (LANE_COUNT - 1)
            self.count = 10
            self.x = 0
            self.y = -self.height
```

코드 7.14 __init__() 메서드 코드

7.3.3.2 move() 메서드

차선이 게임 진행 시에 계속 움직이도록 만들기 위해 move() 메서드를 정의해야 한다. 차선은 속도 값 speed만큼 차선의 위치 값 self.y를 더해준다. 만약 self.y 값이 0보다 크면 숨겨져 있던 차선이 화면에 다 표시된 것으로 다시 self.y 값을 -self.height 값으로 설정하여 게임 화면에 표시되지 않도록 위쪽으로 이동시킨다. self.draw() 메서드를 호출하여 차선을 그려준다.

```
# 차선 이동
def move(self, speed, screen):
    self.y += speed
    if self.y > 0:
        self.y = -self.height
    self.draw(screen)
```

코드 7.15 move() 메서드 코드

7.3.3.3 draw() 메서드

차선을 y축으로 self.count 만큼 연달아 그리기 위해 반복문을 사용하여 pygame.draw.rect() 메서드를 이용해 사각형으로 차선을 그려준다. self.y 위치에 처음 차선을 그리고, 다음 차선을 차선의 높이 self.height에서 간격 self.gap 만큼 떨어진 위치에 그린다.

```
# 차선 그리기
def draw(self, screen):
    next_lane = self.y
    for i in range(self.count):
        pygame.draw.rect(screen, self.color, \
                         (self.x, next_lane, self.width, self.height))
        next_lane += self.height + self.gap
```

코드 7.16 draw() 메서드 코드

7.3.4 게임 객체 정의

자동차 게임에서 사용되는 리소스와 객체들을 부르고, 키보드 처리 등 이벤트와 게임 로직, 게임 화면을 처리할 게임 객체 Game을 정의한다.

```
# 게임 객체
class Game():
```

코드 7.17 게임 객체 Game 정의 코드

7.3.4.1 __init__() 메서드

게임 객체의 초기화 메서드 __init__()에서는 필요한 리소스들을 로드한다. 리소스가 저장된 'assets/menu_car.png' 이미지를 resource_path() 함수로 경로를 가져오고, 경로를 저장한 menu_image_path를 로드해서 self.image_intro로 저장하고, 배경 음악인 'assets/race.wav' 파일은 pygame.mixer.music.load() 메서드로 로드한다. 게임에서 사용할 폰트로 'assets/NanumGothicCoding-Bold.ttf'를 font_path로 지정하고, pygame.font.Font() 메서드로 크기를 각각 40인 것과 30인 것으로 self.font_40, self.font_30으로 정의한다.

```
def __init__(self):
    # 게임 리소스 로드
    menu_image_path = resource_path('assets/menu_car.png')
    self.image_intro = pygame.image.load(menu_image_path)
    pygame.mixer.music.load(resource_path('assets/race.wav'))
    font_path = resource_path('assets/NanumGothicCoding-Bold.ttf')
    self.font_40 = pygame.font.Font(font_path, 40)
    self.font_30 = pygame.font.Font(font_path, 30)
```

코드 7.18 게임 객체 초기화 __init__() 메서드 코드

자동차 게임에서 표현할 여러 개의 도로 차선을 생성하기 위해서 리스트형으로 lanes 변수를 정의한다. LANE_COUNT 개수만큼 Lane 객체를 생성한다. 여기서 차선은 일정한 간격으로 공간을 두기 위해서 차선의 x 좌표 값 lane.x를 차선 공간 lane.space에 차선의 너비 lane.width만큼 더하여 계산한다. 이런 간격 차이를 두고 생성한 차선들은 lanes 리스트에 추가한다.

```python
# 도로 차선 생성
self.lanes = []
for i in range(LANE_COUNT):
    lane = Lane()
    lane.x = i * int(lane.space + lane.width)
    self.lanes.append(lane)
```
코드 7.19 도로 차선 생성 코드

컴퓨터 자동차는 여러 대를 생성한다. 리스트형 변수 cars를 정의하고, CAR_COUNT 만큼 반복한다. 생성한 자동차는 cars 리스트에 추가하여 관리한다.

```python
# 컴퓨터 자동차 생성
self.cars = []
for i in range(CAR_COUNT):
    car = Car()
    self.cars.append(car)
```
코드 7.20 컴퓨터 자동차 생성 코드

사용자가 조작할 자동차를 생성해야 한다. Car 객체를 생성하여 player 인스턴스를 생성한다.

```python
# 사용자 자동차 생성
self.player = Car()
```
코드 7.21 사용자 자동차 생성 코드

게임에서 필요한 점수 정보를 저장할 self.score 변수를 정의하여 0으로 초기화하고, 게임 메뉴를 on/off 하기 위한 self.menu_on 변수를 True로 초기화한다.

```python
# 게임 점수
self.score = 0

# 게임 메뉴 On/Off
self.menu_on = True
```
코드 7.22 사용자 자동차 생성 코드

7.3.4.2 process_events() 메서드

게임에서 이벤트나 키보드 입력을 처리하기 위해 `process_events()` 메서드에서 `pygame.event.get()` 메서드를 이용하여 게임 이벤트를 받아온다. 만약 사용자가 게임을 종료시켜 `event.type`이 `QUIT`일 경우에는 `return True`로 값을 반환하여 반복을 멈추고 게임을 종료한다.

```python
# 게임 이벤트 처리 및 조작
def process_events(self):
    # 게임 이벤트 처리
    for event in pygame.event.get():
        if event.type == pygame.QUIT:
            return True
```

코드 7.23 게임 이벤트 처리 코드

만약 `self.menu_on` 변수가 `True`이면 메뉴 화면에 대한 이벤트 처리를 한다. 메뉴 화면에서는 사용자가 스페이스 키를 눌렀을 때 게임이 시작되는 이벤트 처리가 있다. 코드상에서 `event.type`이 `pygame.KEYDOWN` 이고, `event.key`가 `pygame.K_SPACE`일 경우에는 스페이스 키가 눌린 것임을 알 수 있다. 이때 `pygame.mixer.music.play(-1)`을 호출하여 배경 음악을 재생하는데, 여기서 -1 값은 반복 재생을 의미한다. 게임 진행 중에 마우스 커서가 나타나 화면을 가리지 않도록 `pygame.mouse.set_visible(False)` 호출을 통해 마우스 커서를 안 보이도록 숨긴다. 점수 변수 `score`는 0으로 초기화하고, `menu_on` 값은 `False`로 변경하여 메뉴 화면을 벗어나도록 한다. 게임을 새로 시작하면 사용자 자동차를 `self.player.load()` 메서드로 새롭게 로드하고, 컴퓨터 자동차들도 각각 `load_random()` 메서드로 새롭게 랜덤한 위치에 로드한다. `sleep(4)`을 주어서 4초간 대기한 후에 메뉴 화면에서 게임 화면으로 넘어간다.

```python
# 메뉴 화면 이벤트 처리
if self.menu_on:
    if event.type == pygame.KEYDOWN:
        if event.key == pygame.K_SPACE:
            pygame.mixer.music.play(-1)
            pygame.mouse.set_visible(False)
            self.score = 0
            self.menu_on = False
            # 사용자 자동차 초기화
```

```
        self.player.load()
        # 컴퓨터 자동차 초기화
        for car in self.cars:
            car.load_random()
        sleep(4)
```

코드 7.24 메뉴 화면 이벤트 처리

메뉴 화면이 아닌 경우는 게임 화면에 대한 이벤트 처리를 해야 한다. 게임 화면은 사용자의 방향키에 따라서 자동차를 움직여주는 이벤트 처리가 필요하다. 크게는 키를 누른 경우인 pygame.KEYDOWN과 키를 뗀 경우인 pygame.KEYUP으로 구분된다. 키를 누른 경우를 먼저 살펴보면, 방향키 오른쪽 K_RIGHT, 왼쪽 K_LEFT, 위쪽 K_UP, 아래쪽 K_DOWN으로 구분하여 방향이 오른쪽, 왼쪽인 경우에는 self.player.dx의 값을 +5, -5만큼 조정하고, 위쪽, 아래쪽인 경우에는 self.player.dy의 값을 -5, +5만큼 조정한다. 이와 반대로 키를 뗀 경우는 왼쪽 K_LEFT 또는 오른쪽 K_RIGHT 키를 뗀 경우는 self.player.dx 값을 0으로 만들고, 위쪽 K_UP 또는 아래쪽 K_DOWN 키를 뗀 경우는 self.player.dy 값을 0으로 만들어 자동차 움직임을 멈춘다.

```
    # 게임 화면 이벤트 처리
    else:
        if event.type == pygame.KEYDOWN:
            if event.key == pygame.K_UP:
                self.player.dy -= 5
            elif event.key == pygame.K_DOWN:
                self.player.dy += 5
            elif event.key == pygame.K_LEFT:
                self.player.dx -= 5
            elif event.key == pygame.K_RIGHT:
                self.player.dx += 5
        elif event.type == pygame.KEYUP:
            if event.key == pygame.K_LEFT or event.key == pygame.K_RIGHT:
                self.player.dx = 0
            elif event.key == pygame.K_UP or event.key == pygame.K_DOWN:
                self.player.dy = 0
```

```
    return False
```
코드 7.25 게임 화면 이벤트 처리 코드

7.3.4.3 run_logic() 메서드

게임의 로직을 처리하는 `run_logic()` 메서드에서는 컴퓨터 자동차들이 포함되어 있는 `cars` 리스트를 반복하여 각 자동차마다 체크한다.

```
# 게임 로직 수행
def run_logic(self, screen):
    # 컴퓨터 자동차 체크
    for car in self.cars:
```
코드 7.26 컴퓨터 자동차 체크 코드

먼저 컴퓨터 자동차들이 게임 화면을 넘어가 지나가는 경우를 체크해준다. 자동차의 y 좌표값인 `car.y`가 게임 창 높이인 `SCREEN_HEIGHT`를 넘어가면 점수 `score` 변수에 10점 추가하고, 넘어간 컴퓨터 자동차를 새로운 랜덤한 위치에 생성한다.

```
        # 컴퓨터 자동차 게임 화면 넘어감
        if car.y > SCREEN_HEIGHT:
            self.score += 10
            car.load_random()
```
코드 7.27 컴퓨터 자동차 게임 화면 벗어남 체크 코드

게임 진행 중에 사용자 자동차가 컴퓨터 자동차와 충돌될 경우를 체크해주어야 한다. 자동차 객체의 `check_crash()` 메서드를 이용하여 서로 충돌되었는지 체크하고, 만약 충돌하면 `self.menu_on`의 값을 `True`로 바꾸어 메뉴 화면으로 바뀌게 해야 한다. `pygame.mixer.music.stop()`을 호출하여 게임 배경 음악을 끄고, `crash_sound.play()` 호출로 충돌 소리를 재생한다. 충돌이 났으니 사용자 자동차와 충돌 난 자동차의 중앙 위치에 `draw_crash()` 함수를 이용하여 충돌한 이미지를 그려준다. `sleep(1)`을 통해 1초간 멈춘 뒤 `pygame.mouse.set_visible(True)`를 통해 마우스 커서가 보이도록 한다.

```
        # 사용자 자동차 충돌 체크
        if self.player.check_crash(car):
```

```
self.menu_on = True
pygame.mixer.music.stop()
self.player.crash_sound.play()
self.player.draw_crash(screen)
car.draw_crash(screen)
sleep(1)
pygame.mouse.set_visible(True)
```

코드 7.28 사용자 자동차 충돌 체크 코드

컴퓨터 자동차들이 서로 충돌한 경우를 체크해주어야 한다. 자동차 리스트 self.cars에서 자동차 com을 가져오는데, 현재 car와 비교하여 자기 자신을 제외한 다른 자동차와의 충돌 여부를 체크하기 위해 car와 com이 같은 경우에는 None으로 아무 수행을 하지 않는다. 같지 않을 경우에는 check_crash() 메소드를 통해 충돌 여부를 체크하고, 만약 충돌 난 경우에는 점수 score에 10을 추가하고, collision_sound.play() 호출로 충돌 소리를 재생한다. 충돌된 자동차들의 중앙에 폭발하는 이미지를 draw_crash() 메서드로 표시하고, 자동차를 load_random() 메서드로 새롭게 랜덤하게 로드한다.

```
# 컴퓨터 자동차 충돌 체크
for com in self.cars:
    if car == com:
        pass
    elif car.check_crash(com):
        self.score += 10
        car.collision_sound.play()
        car.draw_crash(screen)
        car.load_random()
        com.draw_crash(screen)
        com.load_random()
```

코드 7.29 컴퓨터 자동차 충돌 체크 코드

7.3.4.4 draw_text() 메서드

자동차 게임에서 다양한 텍스트를 그려주기 위해 파라미터로 받은 텍스트와 폰트, 위치 값, 색상을 이용해서 draw_text() 메서드를 정의한다. font.render() 메서드에 텍스트와 색상 정보를 넣어 폰트 객체로 만들고, 텍스트를 표시할 사각형 정보를 get_rect() 메서드를 통해 text_rect으로 받아오고, 중앙 좌표값 text_rect.center에 파라미터로 지정한 x, y 값을 갖도록 할당한다. screen.blit() 메서드를 이용하여 게임 화면에 텍스트를 반영한다.

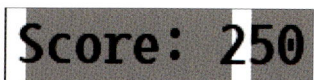

그림 7.8 게임 점수 표시 예제

```python
# 텍스트 그리기
def draw_text(self, screen, text, font, x, y, main_color):
    text_obj = font.render(text, True, main_color)
    text_rect = text_obj.get_rect()
    text_rect.center = x, y
    screen.blit(text_obj, text_rect)
```

코드 7.30 게임 정보 표시 draw_text() 메서드 코드

7.3.4.5 display_menu() 메서드

자동차 게임에서 메뉴를 구성하고 보여주기 위해 display_menu() 함수를 정의한다. 먼저 screen.fill(GRAY)로 배경색을 회색으로 채우고, 자동차 그림 menu_car.png 파일을 로드한 self.image_intro를 x와 y 좌표값인 40과 150 위치에 표시한다. 텍스트를 출력할 위치인 draw_x와 draw_y의 값을 화면 중앙으로 지정하고자 SCREEN_WIDTH와 SCREEN_HEIGHT의 값을 2로 나누어 저장한다.

메뉴에 게임 이름으로 텍스트 "PyCar: Racing Car Game"를 검은색으로 정의하여 draw_y + 50 위치에 표시한다. 다음으로 점수를 나타내기 위해 텍스트 "Score: " 뒤에 score 값을 텍스트로 변환하여 하얀색으로 draw_y + 150 위치에 표시한다. 그다음 텍스트 "Press Space Key to Start!"를 빨간색으로 draw_y + 200 위치에 표시한다.

그림 7.9 자동차 게임 메뉴

```
# 게임 메뉴 출력
def display_menu(self, screen):
    screen.fill(GRAY)      # 게임 배경
    screen.blit(self.image_intro, [40, 150])
    draw_x = int(SCREEN_WIDTH / 2)
    draw_y = int(SCREEN_HEIGHT / 2)
    self.draw_text(screen, "PyCar: Racing Car Game",
                   self.font_40, draw_x, draw_y + 50, BLACK)
```

```
        self.draw_text(screen, "Score: " + str(self.score),
                       self.font_40, draw_x, draw_y + 150, WHITE)
    self.draw_text(screen, "Press Space Key to Start!",
                   self.font_30, draw_x, draw_y + 200, RED)
```

코드 7.31 display_menu() 함수 코드

7.3.4.6 display_frame() 메서드

게임 화면이 진행되는 각 프레임마다 여러 객체들을 그리고자 `display_frame()` 메서드를 정의한다. 먼저 도로 차선들을 이동시키기 위해 각 차선들마다 `move()` 메서드를 통해 SPEED 만큼 이동시킨다.

사용자 자동차 그림을 `draw_image()` 메서드를 통해 그리며, 사용자가 조작한 대로 `move()` 메서드를 통해 자동차를 움직인다. `out_of_screen()` 메서드를 통해 자동차가 게임 화면 밖으로 나갈 수 없도록 한다. 다음으로 컴퓨터 자동차들을 화면에 표시한다. 컴퓨터 자동차도 마찬가지로 `draw_image()` 메서드를 이용해 화면에 그려주고, `move()` 메서드를 이용하여 자동차를 움직인다. 마지막으로 `draw_text()` 호출을 통해 게임의 점수인 self.score 값을 폰트 객체인 self.font_30으로 x 값은 80, y 값은 20 위치인 상단 왼쪽에 검은색으로 화면에 출력한다.

```python
# 게임 프레임 출력
def display_frame(self, screen):
    screen.fill(GRAY)    # 게임 배경

    # 도로 차선 이동
    for lane in self.lanes:
        lane.move(SPEED, screen)

    # 사용자 자동차
    self.player.draw(screen)
    self.player.move()
    self.player.out_of_screen()

    # 컴퓨터 자동차
    for car in self.cars:
```

```
            car.draw(screen)
            car.move()


        # 점수 표시
        self.draw_text(screen, "Score: " + str(self.score),
                    self.font_30, 80, 20, BLACK)
```
코드 7.32 display_frame() 함수 코드

7.3.5 리소스 경로 함수 정의

자동차 게임에서 사용하는 다양한 리소스의 경로를 가져오는 resource_path() 함수를 만들어보자. 먼저 pyinstaller에서 사용하는 임시 디렉토리인 sys._MEIPASS에 접근이 가능하면 base_path로 지정하고, 예외가 발생하면 base_path를 os.path.abspath(".")로 현재 경로의 절대경로를 지정한다. base_path와 relative_path를 os.path.join() 함수로 결합하여 반환한다.

```
# 게임 리소스 경로
def resource_path(relative_path):
    try:
        base_path = sys._MEIPASS
    except Exception:
        base_path = os.path.abspath(".")
    return os.path.join(base_path, relative_path)
```
코드 7.36 리소스 경로 설정 resource_path() 함수 코드

7.3.6 메인 함수 정의

자동차 게임 코드의 시작이라고 할 수 있는 메인 함수를 정의할 차례이다. 가장 먼저 pygame.init() 호출을 통해서 pygame을 초기화한다. set_caption()을 이용해서 텍스트 "Racing Car Game"을 윈도우 창 제목으로 지정한다. 그 후 게임 화면의 크기를 너비 SCREEN_WIDTH와 높이 SCREEN_HEIGHT 만큼 set_mode()을 통해 지정한다. 게임의 시간을 다루기 위해서 pygame.time.Clock() 호출을 통해 clock 변수를 할당받고, 만들어둔 게임 객체의 인스턴스를 만든다.

```python
def main():
    # 게임 초기화 및 환경 설정
    pygame.init()
    pygame.display.set_caption("Racing Car Game")
    screen = pygame.display.set_mode((SCREEN_WIDTH, SCREEN_HEIGHT))
    clock = pygame.time.Clock()
    game = Game()
```

코드 7.33 메인 함수 main() 코드

자동차 게임에서 계속 반복 처리되도록 done 변수가 True 값이 되기 전까지 while 반복문을 구성하고, game의 process_events() 메서드를 호출하여 게임 키 조작과 이벤트를 처리한다. 게임 메뉴의 on/off 상태인 game.menu_on 상태에 따라 게임 메뉴 출력에 game.display_menu() 메서드를 호출하고, 게임 실행 화면에서는 로직을 처리하기 위해 run_logic() 메서드를, 게임 화면을 처리하고자 display_frame() 메서드를 호출한다. 한 번의 반복으로 필요한 처리가 끝나면 pygame.display.flip() 메서드로 게임 화면 전체에 변경된 부분들을 반영해준다. 게임 속도 변수인 game.speed를 clock.tick() 메서드에 넣어 게임 속도가 빨라지도록 반영해준다. 반복이 종료되는 경우에는 pygame.quit() 메서드가 호출되어 프로그램이 종료된다.

```python
    done = False
    while not done:
        done = game.process_events()
        if game.menu_on:
            game.display_menu(screen)
        else:
            game.run_logic(screen)
            game.display_frame(screen)

        pygame.display.flip()
        clock.tick(FPS)

    pygame.quit()
```

코드 7.34 자동차 게임 반복 처리 코드

먼저 파이썬 내부 전역변수인 __name__의 값이 '__main__'일 경우를 조건문으로 만들어 게임의 시작인 main() 함수를 실행한다.

```python
if __name__ == '__main__':
    main()
```

코드 7.35 자동차 게임 메인 함수 실행 코드

 ## 7.4 자동차 게임 실행

지금까지 작성한 자동차 게임 코드를 실행해보자. 코드를 정확하게 잘 따라 입력했다면 문제없이 실행이 될 것이다. 이제 경쾌한 배경 음악과 함께 다른 자동차를 피하며 질주해보자. 실행 화면은 그림 7.10을 보면 된다.

```python
import pygame
import os
import sys
import random
from time import sleep

# 게임 스크린 전역변수
SCREEN_WIDTH = 480
SCREEN_HEIGHT = 800

# 색상 전역변수
BLACK = (0, 0, 0)
WHITE = (255, 255, 255)
GRAY = (150, 150, 150)
RED = (200, 0, 0)

# 게임 전역변수
CAR_COUNT = 3
LANE_COUNT = 5
```

```python
SPEED = 10
FPS = 60

# 자동차 객체
class Car():
    def __init__(self, x=0, y=0, dx=0, dy=0):
        self.x = x
        self.y = y
        self.dx = dx
        self.dy = dy

        car_images_path = resource_path('assets/car')
        image_file_list = os.listdir(car_images_path)
        self.image_path_list = [os.path.join(car_images_path, file)
                                for file in image_file_list if file.endswith(".png")]

        crash_image_path = resource_path('assets/crash.png')
        crash_sound_path = resource_path('assets/crash.wav')
        collision_sound_path = resource_path('assets/collision.wav')
        engine_sound_path = resource_path('assets/engine.wav')
        self.crash_image = pygame.image.load(crash_image_path)
        self.crash_sound = pygame.mixer.Sound(crash_sound_path)
        self.collision_sound = pygame.mixer.Sound(collision_sound_path)
        self.engine_sound = pygame.mixer.Sound(engine_sound_path)

    # 자동차 이미지 로드
    def load_image(self):
        choice_car_path = random.choice(self.image_path_list)
        self.image = pygame.image.load(choice_car_path)
        self.width = self.image.get_rect().width
        self.height = self.image.get_rect().height

    # 자동차 로드
```

```python
    def load(self):
        self.load_image()
        self.x = int(SCREEN_WIDTH / 2)
        self.y = SCREEN_HEIGHT - self.height
        self.dx = 0
        self.dy = 0
        self.engine_sound.play()

    # 자동차 랜덤 로드
    def load_random(self):
        self.load_image()
        self.x = random.randrange(0, SCREEN_WIDTH - self.width)
        self.y = -self.height
        self.dx = 0
        self.dy = random.randint(4, 9)

    # 자동차 이동
    def move(self):
        self.x += self.dx
        self.y += self.dy

    # 스크린 범위 체크
    def out_of_screen(self):
        if self.x + self.width > SCREEN_WIDTH or self.x < 0:
            self.x -= self.dx
        if self.y + self.height > SCREEN_HEIGHT or self.y < 0:
            self.y -= self.dy

    # 자동차 충돌 체크
    def check_crash(self, car):
        if (self.x + self.width > car.x) and (self.x < car.x + car.width) \
            and (self.y < car.y + car.height) and (self.y + self.height > car.y):
            return True
```

```python
        else:
            return False

    # 자동차 그리기
    def draw(self, screen):
        screen.blit(self.image, (self.x, self.y))


    # 자동차 충돌 그리기
    def draw_crash(self, screen):
        width = self.crash_image.get_rect().width
        height = self.crash_image.get_rect().height
        draw_x = self.x + int(self.width / 2) - int(width / 2)
        draw_y = self.y + int(self.height / 2) - int(height / 2)
        screen.blit(self.crash_image, (draw_x, draw_y))
        pygame.display.update()


# 차선 객체
class Lane():
    def __init__(self):
        self.color = WHITE
        self.width = 10
        self.height = 80
        self.gap = 20
        self.space = (SCREEN_WIDTH - (self.width * LANE_COUNT)) / (LANE_COUNT - 1)
        self.count = 10
        self.x = 0
        self.y = -self.height


    # 차선 이동
    def move(self, speed, screen):
        self.y += speed
        if self.y > 0:
            self.y = -self.height
```

```python
            self.draw(screen)

    # 차선 그리기
    def draw(self, screen):
        next_lane = self.y
        for i in range(self.count):
            pygame.draw.rect(screen, self.color, \
                            (self.x, next_lane, self.width, self.height))
            next_lane += self.height + self.gap

# 게임 객체
class Game():
    def __init__(self):
        # 게임 리소스 로드
        menu_image_path = resource_path('assets/menu_car.png')
        self.image_intro = pygame.image.load(menu_image_path)
        pygame.mixer.music.load(resource_path('assets/race.wav'))
        font_path = resource_path('assets/NanumGothicCoding-Bold.ttf')
        self.font_40 = pygame.font.Font(font_path, 40)
        self.font_30 = pygame.font.Font(font_path, 30)

        # 도로 차선 생성
        self.lanes = []
        for i in range(LANE_COUNT):
            lane = Lane()
            lane.x = i * int(lane.space + lane.width)
            self.lanes.append(lane)

        # 컴퓨터 자동차 생성
        self.cars = []
        for i in range(CAR_COUNT):
            car = Car()
            self.cars.append(car)
```

```python
        # 사용자 자동차 생성
        self.player = Car()

        # 게임 점수
        self.score = 0

        # 게임 메뉴 On/Off
        self.menu_on = True

    # 게임 이벤트 처리 및 조작
    def process_events(self):
        # 게임 이벤트 처리
        for event in pygame.event.get():
            if event.type == pygame.QUIT:
                return True
            # 메뉴 화면 이벤트 처리
            if self.menu_on:
                if event.type == pygame.KEYDOWN:
                    if event.key == pygame.K_SPACE:
                        pygame.mixer.music.play(-1)
                        pygame.mouse.set_visible(False)
                        self.score = 0
                        self.menu_on = False
                        # 사용자 자동차 초기화
                        self.player.load()
                        # 컴퓨터 자동차 초기화
                        for car in self.cars:
                            car.load_random()
                        sleep(4)
            # 게임 화면 이벤트 처리
            else:
                if event.type == pygame.KEYDOWN:
```

```python
                if event.key == pygame.K_UP:
                    self.player.dy -= 5
                elif event.key == pygame.K_DOWN:
                    self.player.dy += 5
                elif event.key == pygame.K_LEFT:
                    self.player.dx -= 5
                elif event.key == pygame.K_RIGHT:
                    self.player.dx += 5
            elif event.type == pygame.KEYUP:
                if event.key == pygame.K_LEFT or event.key == pygame.K_RIGHT:
                    self.player.dx = 0
                elif event.key == pygame.K_UP or event.key == pygame.K_DOWN:
                    self.player.dy = 0

    return False


# 게임 로직 수행
def run_logic(self, screen):
    # 컴퓨터 자동차 체크
    for car in self.cars:
        # 컴퓨터 자동차 게임 화면 넘어감
        if car.y > SCREEN_HEIGHT:
            self.score += 10
            car.load_random()

        # 사용자 자동차 충돌 체크
        if self.player.check_crash(car):
            self.menu_on = True
            pygame.mixer.music.stop()
            self.player.crash_sound.play()
            self.player.draw_crash(screen)
            car.draw_crash(screen)
            sleep(1)
```

```python
            pygame.mouse.set_visible(True)

        # 컴퓨터 자동차 충돌 체크
        for com in self.cars:
            if car == com:
                None
            elif car.check_crash(com):
                self.score += 10
                car.collision_sound.play()
                car.draw_crash(screen)
                car.load_random()
                com.draw_crash(screen)
                com.load_random()

# 텍스트 그리기
def draw_text(self, screen, text, font, x, y, main_color):
    text_obj = font.render(text, True, main_color)
    text_rect = text_obj.get_rect()
    text_rect.center = x, y
    screen.blit(text_obj, text_rect)

# 게임 메뉴 출력
def display_menu(self, screen):
    screen.fill(GRAY)       # 게임 배경
    screen.blit(self.image_intro, [40, 150])
    draw_x = int(SCREEN_WIDTH / 2)
    draw_y = int(SCREEN_HEIGHT / 2)
    self.draw_text(screen, "PyCar: Racing Car Game",
                   self.font_40, draw_x, draw_y + 50, BLACK)
    self.draw_text(screen, "Score: " + str(self.score),
                   self.font_40, draw_x, draw_y + 150, WHITE)
    self.draw_text(screen, "Press Space Key to Start!",
                   self.font_30, draw_x, draw_y + 200, RED)
```

```python
    # 게임 프레임 출력
    def display_frame(self, screen):
        screen.fill(GRAY)    # 게임 배경

        # 도로 차선 이동
        for lane in self.lanes:
            lane.move(SPEED, screen)

        # 사용자 자동차
        self.player.draw(screen)
        self.player.move()
        self.player.out_of_screen()

        # 컴퓨터 자동차
        for car in self.cars:
            car.draw(screen)
            car.move()

        # 점수 표시
        self.draw_text(screen, "Score: " + str(self.score),
                       self.font_30, 80, 20, BLACK)


# 게임 리소스 경로
def resource_path(relative_path):
    try:
        base_path = sys._MEIPASS
    except Exception:
        base_path = os.path.abspath(".")
    return os.path.join(base_path, relative_path)
```

```python
def main():
    # 게임 초기화 및 환경 설정
    pygame.init()
    pygame.display.set_caption("Racing Car Game")
    screen = pygame.display.set_mode((SCREEN_WIDTH, SCREEN_HEIGHT))
    clock = pygame.time.Clock()
    game = Game()

    done = False
    while not done:
        done = game.process_events()
        if game.menu_on:
            game.display_menu(screen)
        else:
            game.run_logic(screen)
            game.display_frame(screen)

        pygame.display.flip()
        clock.tick(FPS)

    pygame.quit()

if __name__ == '__main__':
    main()
```

코드 7.37 자동차 게임 전체 코드

 자동차 게임 실행 파일 만들기

먼저 pyinstaller 패키지가 설치되어 있지 않다면 자신이 사용하는 IDE 환경에 맞춰서 pip install pyinstaller 명령어를 명령 프롬프트나 Visual Studio Code 또는 파이참의 터미널에서 실행하여 설치해야 한다. 실행 파일을 만들기 위해 다음 명령어를 실행시키면 된다.

그림 7.10 자동차 게임 화면

```
pyinstaller -w --add-data assets\car\car_01.png;assets\car --add-data assets\car\
car_02.png;assets\car --add-data assets\car\car_03.png;assets\car --add-data assets\
car\car_04.png;assets\car --add-data assets\car\car_05.png;assets\car --add-data
assets\car\car_06.png;assets\car --add-data assets\car\car_07.png;assets\car --add-
data assets\car\car_08.png;assets\car --add-data assets\car\car_09.png;assets\car
--add-data assets\car\car_10.png;assets\car --add-data assets\car\car_11.png;assets\
car --add-data assets\car\car_12.png;assets\car --add-data assets\car\car_13.
png;assets\car --add-data assets\car\car_14.png;assets\car --add-data assets\
```

```
car\car_15.png;assets\car --add-data assets\car\car_16.png;assets\car --add-data
assets\car\car_17.png;assets\car --add-data assets\car\car_18.png;assets\car --add-
data assets\car\car_19.png;assets\car --add-data assets\car\car_20.png;assets\car
--add-data assets\collision.wav;assets --add-data assets\crash.png;assets --add-data
assets\crash.wav;assets --add-data assets\engine.wav;assets --add-data assets\menu_
car.png;assets --add-data assets\NanumGothicCoding-Bold.ttf;assets --add-data assets\
race.wav;assets -F car_game.py
```

여기서 윈도우로 실행시키기 위해 -w 옵션을 추가하고, 게임 리소스 파일을 추가하기 위해 --add-data 옵션을 추가한다. 게임에서 사용하는 이미지 파일, 사운드 파일과 나눔고딕코딩 폰트 파일의 경로를 지정하고, 세미콜론 ; 뒤에 이동할 디렉토리인 assets를 지정한다. 실행 파일 하나로 모든 것을 다 합치기 위해 -F 옵션을 사용한다. 마지막으로 코드인 car_game.py 파일을 지정해준다. pyinstaller를 실행하면 build와 dist 폴더가 생성되고, 폴더에 여러 파일들이 생성된 것을 알 수 있다. dist 폴더 안을 살펴보면 car_game.exe 파일이 생성되었음을 볼 수 있다. 생성된 실행 파일을 통해 자동차 게임을 즐길 수 있다.

```
G:\내 드라이브\[SuanLab]\Publish\Python Game\sources\7 Racing Car Game>pyinstaller -w --add-data assets\c
ar\car_01.png;assets\car --add-data assets\car\car_02.png;assets\car --add-data assets\car\car_03.png;ass
ets\car --add-data assets\car\car_04.png;assets\car --add-data assets\car\car_05.png;assets\car --add-dat
a assets\car\car_06.png;assets\car --add-data assets\car\car_07.png;assets\car --add-data assets\car\car_
08.png;assets\car --add-data assets\car\car_09.png;assets\car --add-data assets\car\car_10.png;assets\car
 --add-data assets\car\car_11.png;assets\car --add-data assets\car\car_12.png;assets\car --add-data asset
s\car\car_13.png;assets\car --add-data assets\car\car_14.png;assets\car --add-data assets\car\car_15.png;
assets\car --add-data assets\car\car_16.png;assets\car --add-data assets\car\car_17.png;assets\car --add-
data assets\car\car_18.png;assets\car --add-data assets\car\car_19.png;assets\car --add-data assets\car\c
ar_20.png;assets\car --add-data assets\collision.wav;assets --add-data assets\crash.png;assets --add-data
 assets\crash.wav;assets --add-data assets\engine.wav;assets --add-data assets\menu_car.png;assets --add-
data assets\NanumGothicCoding-Bold.ttf;assets --add-data assets\race.wav;assets -F car_game.py
91 INFO: PyInstaller: 4.5
91 INFO: Python: 3.9.1
94 INFO: Platform: Windows-10-10.0.19041-SP0
102 INFO: wrote G:\내 드라이브\[SuanLab]\Publish\Python Game\sources\7 Racing Car Game\car_game.spec
106 INFO: UPX is not available.
133 INFO: Extending PYTHONPATH with paths
['G:\\내 드라이브\\[SuanLab]\\Publish\\Python Game\\sources\\7 Racing Car Game',
 'G:\\내 드라이브\\[SuanLab]\\Publish\\Python Game\\sources\\7 Racing Car Game']
575 INFO: checking Analysis
576 INFO: Building Analysis because Analysis-00.toc is non existent
578 INFO: Initializing module dependency graph...
584 INFO: Caching module graph hooks...
599 INFO: Analyzing base_library.zip ...
3719 INFO: Processing pre-find module path hook distutils from 'c:\\users\\suan\\appdata\\local\\programs
\\python\\python39\\lib\\site-packages\\PyInstaller\\hooks\\pre_find_module_path\\hook-distutils.py'.
3766 INFO: distutils: retargeting to non-venv dir 'c:\\users\\suan\\appdata\\local\\programs\\python\\pyt
hon39\\lib'
5978 INFO: Caching module dependency graph...
6259 INFO: running Analysis Analysis-00.toc
6264 INFO: Adding Microsoft.Windows.Common-Controls to dependent assemblies of final executable
  required by c:\users\suan\appdata\local\programs\python\python39\python.exe
```

그림 7.11 pyinstaller 실행 화면

memo

8. 우주선 게임(Spaceship Game)

우주선 게임은 대중적이면서 인기 있는 아케이드 게임으로 우주를 배경으로 만들어졌다. 다른 우주선을 격추시키거나 운석을 피하는 등의 여러 종류가 있다. 이 책에서는 운석이 가득한 우주 공간에서 우주선을 조작하는 게임을 만들어본다.

8.1 우주선 게임 규칙

우주선 게임은 우주선이 등장하여 운석을 피하고, 초광속 이동을 할 수 있는 워프(Warp)를 하며 우주 여행을 한다. 이 책에서 만들 우주선 게임에 대한 규칙을 살펴보자.

- 게임 공간에 우주선이 하나 놓인다.
- 플레이어는 우주선을 자유롭게 움직일 수 있다(게임 조작).
- 운석들이 랜덤하게 사방에서 나타난다.
- 우주선이 운석과 부딪히면 죽는다.
- 운석들이 화면에 나타난 만큼 점수가 증가한다.
- 점수가 높아지면 운석이 더 많이 나타나고, 더 빠르게 움직인다(게임 난이도).
- 워프 아이템이 있으며 사용할 경우 다른 우주 공간으로 이동한다.

8.2 우주선 게임 리소스

우주선 게임을 제작 하기 위해서 우주선과 우주 배경, 암석과 같은 클립아트와 그에 어울리는 사운드 등이 필요하다. 예제에서 사용되는 클립아트와 사운드는 SuanLab 홈페이지(http://suanlab.com/book/)에서 다운로드 할 수 있다.

만약 다른 클립아트나 사운드를 사용하고 싶다면 얼마든지 변경해서 사용하면 된다. 다만 게임에서 사용할 크기로 적절히 편집하는 것이 좋다. 왜냐하면 코드상에서 다시 이미지 크기를 조절하기에는 너무 많은 연산이 사용되어 게임이 느려질 수 있다.

그림 8.1 우주선 게임 리소스

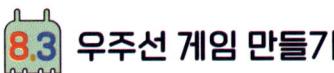 **우주선 게임 만들기**

8.3.1 모듈과 전역변수 정의

가장 먼저 우주선 게임에 필요한 여러 모듈들을 로드해주어야 한다. 게임을 위해 pygame, 운영체제 모듈 os, 시스템 모듈 sys, 랜덤 모듈 random, 수학 모듈 math, 시간 모듈 time의 sleep을 임포트(import) 해준다.

```python
import pygame
import os
import sys
import random
import math
from time import sleep
```

코드 8.1 우주선 게임 모듈 임포트 코드

우주선 게임에서 사용할 전역변수로 게임 화면의 크기 SCREEN_WIDTH와 SCREEN_HEIGHT를 800과 600으로 정의하고, 사용할 색으로 BLACK, WHITE, YELLOW, BLUE를 정의한다. FPS는 60으로 정의한다.

```python
# 게임 스크린 크기
SCREEN_WIDTH = 800
SCREEN_HEIGHT = 600

# 색 정의
BLACK = (0, 0, 0)
WHITE= (200, 200, 200)
YELLOW = (250, 250, 20)
BLUE = (20, 20, 250)

# 전역변수
FPS = 60
```

코드 8.2 우주선 게임 전역변수 코드

8.3.2 우주선 객체 정의

우주선 게임이니 우주선에 대한 클래스를 정의해야 한다. 우주선 클래스는 게임 객체에 대한 기본 클래스인 pygame.sprite.Sprite를 상속받아 정의한다.

```
# 우주선 객체
class Spaceship(pygame.sprite.Sprite):
```

코드 8.3 우주선 클래스 코드

8.3.2.1 __init__() 메서드

먼저 상속자인 __init__() 메서드에서는 pygame.sprite.Sprite를 상속받아 만든 Spaceship 클래스이기 때문에 super() 메서드를 이용하여 상위 클래스의 생성자를 호출한다. 우주선 이미지인 'assets/spaceship.png' 파일과 폭발 이미지인 'assets/explosion.png' 파일, 폭발 효과음인 'assets/explosion.wav' 파일의 경로를 resource_path() 함수를 통해 가져와 각 변수에 저장한다. pygame.image.load() 메서드로 우주선 이미지 경로인 spaceship_image_path와 폭발 이미지 경로인 explosion_image_path에 대해 로드하고, 폭발 효과음 경로인 explosion_sound_path를 pygame.mixer.Sound() 메서드로 로드한다. 우주선 이미지에 대한 크기를 image.get_rect() 메서드로 가져와 self.rect으로 정의한다. 이미지의 중앙값을 가져오고자 rect.centerx와 rect.centery를 self.centerx와 self.centery로 정의한다.

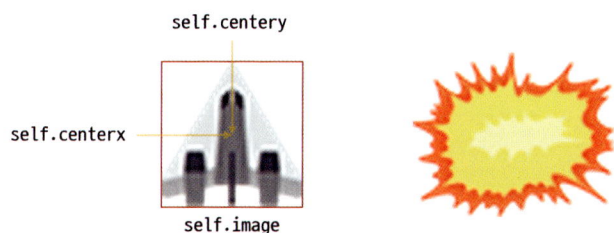

그림 8.2 우주선과 폭발 이미지

```
def __init__(self):
    super(Spaceship, self).__init__()
    spaceship_image_path = resource_path('assets/spaceship.png')
    explosion_image_path = resource_path('assets/explosion.png')
    explosion_sound_path = resource_path('assets/explosion.wav')
```

```python
        self.image = pygame.image.load(spaceship_image_path)
        self.explosion_image = pygame.image.load(explosion_image_path)
        self.explosion_sound = pygame.mixer.Sound(explosion_sound_path)
        self.rect = self.image.get_rect()
        self.centerx = self.rect.centerx
        self.centery = self.rect.centery
```

코드 8.4 우주선 생성자 코드

8.3.2.2 set_pos() 메서드

우주선의 위치를 이동시키고 싶을 때 사용할 set_pos() 메서드를 정의해야 한다. set_pos()는 x와 y 값을 가져와 x 값에서 self.centerx를 뺀 값을 self.rect.x로 넣어준다. 마찬가지로 y 값에서 self.centerx를 뺀 값을 self.rect.y로 넣어준다. 즉, 특정 좌표값으로 x와 y가 오면 그 위치에 이미지가 중앙 배치될 수 있도록 이미지 중앙값을 빼서 넣어주는 것이다.

```python
# 우주선 위치 지정
def set_pos(self, x, y):
    self.rect.x = x - self.centerx
    self.rect.y = y - self.centery
```

코드 8.5 우주선 위치 코드

8.3.2.3 collide() 메서드

우주선이 암석과 부딪히는 것에 대해서 체크해주어야 한다. collide() 메서드는 게임 객체들이 들어가 있는 sprites를 가져온 후, 포함된 모든 sprite마다 pygame.sprite.collide_rect() 메서드를 이용해 충돌 여부를 체크하고 충돌 난 sprite를 반환한다.

```python
# 우주선 충돌 체크
def collide(self, sprites):
    for sprite in sprites:
        if pygame.sprite.collide_rect(self, sprite):
            return sprite
```

코드 8.6 우주선 충돌 체크 코드

8.3.2.4 occur_explosion() 메서드

우주선이 암석과 충돌될 때, 충돌이 난 우주선이 폭발하는 모습을 보여주기 위해 폭발 이미지인 self.explosion_image에서 get_rect() 메서드로 이미지의 크기를 가져오고, 우주선 위치에 폭발 이미지를 그려주기 위해 우주선 이미지의 위치 값인 self.rect.x와 self.rect.y를 explosion_rect.x와 explosion_rect.y 값에 넣는다. 폭발 이미지인 self.explosion_image를 screen.blit() 메서드로 그려주고, self.explosion_sound.play() 메서드로 폭발 효과음을 재생한다.

```python
# 충돌 이벤트 발생
def occur_explosion(self, screen):
    explosion_rect = self.explosion_image.get_rect()
    explosion_rect.x = self.rect.x
    explosion_rect.y = self.rect.y
    screen.blit(self.explosion_image, explosion_rect)
    pygame.display.update()
    self.explosion_sound.play()
```

코드 8.7 occur_explosion() 메서드 코드

8.3.3 암석 객체 정의

우주에 존재하는 수많은 암석을 정의하기 위해 Rock 클래스를 정의한다. Rock 클래스도 마찬가지로 pygame.sprite.Sprite로부터 상속받아 정의한다.

```python
# 암석 객체
class Rock(pygame.sprite.Sprite):
```

코드 8.8 암석 클래스 코드

8.3.3.1 __init__() 메서드

먼저 상위 클래스 생성자를 super() 메서드로 호출한다. rock 디렉토리를 resource_path() 함수를 통해 'assets/rock'에서 rock_images_path 변수로 가져온다. rock 디렉토리 경로에 포함된 파일 리스트를 가져온다. 파일 리스트에서 확장자가 .png인 파일만 선별하고, 전체 경로를 앞에 붙여 self.image_path_list로 저장한다. 암석 이미지 30개의 경로 중에서 random.choice() 메서드로 하나를 선택한 경로 choice_rock_path를 로드하여 self.image로 정의한다. 로드한 이미지의 크기를 get_rect()으로 가져와 self.rect에 정의한다.

수많은 암석들은 각자 다른 위치에서 다른 속도로 움직인다. 암석 클래스의 생성자는 위치 값인 xpos, ypos를 가져오고, 수평 속도인 hspeed와 수직 속도인 vspeed를 가져온다. 위치 값으로 가져온 xpos와 ypos 값을 암석 이미지의 위치 값인 self.rect.x와 self.rect.y로 넣어 암석의 위치를 지정한다. 속도인 hspeed와 vspeed도 마찬가지로 self.hspeed와 self.vspeed로 정의한다. 암석의 방향에 따라 이미지 방향을 돌리는 set_direction() 메서드를 호출한다.

그림 8.3 암석 객체 이미지

```python
def __init__(self, xpos, ypos, hspeed, vspeed):
    super(Rock, self).__init__()
    rock_images_path = resource_path('assets\rock')
    image_file_list = os.listdir(rock_images_path)
    self.image_path_list = [os.path.join(rock_images_path, file)
                            for file in image_file_list if file.endswith(".png")]
    choice_rock_path = random.choice(self.image_path_list)
    self.image = pygame.image.load(choice_rock_path)
    self.rect = self.image.get_rect()
    self.rect.x = xpos
    self.rect.y = ypos
    self.hspeed = hspeed
    self.vspeed = vspeed
    self.set_direction()
```

코드 8.9 암석 클래스 초기화 __init__() 코드

8.3.3.2 set_direction() 메서드

암석이 나아가는 방향에 따라 암석 이미지의 각도를 변환해주는 메서드가 필요하다. 30가지 암석 이미지를 가지고 방향에 따라 각도를 돌려주면 더 다양한 암석 표현도 가능하다. 만약 self.hspeed가 0보다 커서 오른쪽으로 가는 암석이라면 암석 이미지를 270도 돌려주고, self.hspeed가 0보다 작아서 왼쪽으로 가는 암석이라면 90도 돌려준다. self.vspeed가 0보다 작아서 위로 올라가는 암석은 180도 돌려준다.

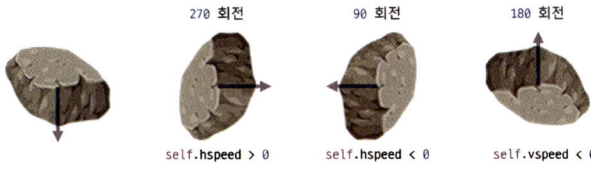

그림 8.4 암석 회전 이미지

```
# 방향 지정
def set_direction(self):
    if self.hspeed > 0:
        self.image = pygame.transform.rotate(self.image, 270)
    elif self.hspeed < 0:
        self.image = pygame.transform.rotate(self.image, 90)
    elif self.vspeed > 0:
        self.image = pygame.transform.rotate(self.image, 180)
```

코드 8.10 암석 이미지 변환 코드

8.3.3.3 update() 메서드

게임 화면이 업데이트 될 때마다 암석이 계속 속도에 따라 움직여야 한다. self.rect.x의 값에 self.hspeed를 더해서 업데이트 해주고, self.rect.y의 값에 self.vpseed를 더해서 업데이트 하면 된다. 왼쪽, 오른쪽, 위, 아래 어디로 움직이든지 속도에 맞추어 암석의 위치 값이 반영된다.

```
# 업데이트
def update(self):
    self.rect.x += self.hspeed
    self.rect.y += self.vspeed
```

코드 8.11 암석 update() 메서드 코드

8.3.4 워프 객체 정의

우주선이 다른 공간으로 초광속 이동을 할 때 사용하는 아이템인 워프에 대해서도 클래스도 정의한다. Warp 클래스도 pygame.sprite.Sprite 클래스를 상속하여 사용한다. 상속자 __init__() 메서드에서는 상위 클래스의 __init__() 메서드를 super() 메서드를 통해서 호출하고, 게임 리소스가 저장된 assets 디렉토리에서 워프 이미지 warp.png를 로드하여 self.image로 정의한다. 이미지의 크기를 get.rect() 메서드로 가져오고, 이미지의 중앙값으로 워프 이미지를 위치시키기 위해서 x와 y의 위치 값에서 self.rect.centerx와 self.rect.centery 값을 빼서 self.rect.x와 self.rect.y를 정의해준다.

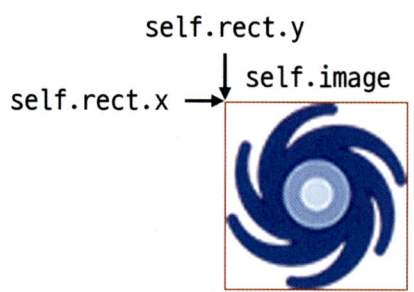

그림 8.5 워프 객체 이미지

```
# 워프 객체
class Warp(pygame.sprite.Sprite):
    def __init__(self, x, y):
        super(Warp, self).__init__()
        self.image = pygame.image.load(resource_path('assets/warp.png'))
        self.rect = self.image.get_rect()
        self.rect.x = x - self.rect.centerx
        self.rect.y = y - self.rect.centery
```

코드 8.12 워프 객체 및 초기화 코드

8.3.5 게임 객체 정의

우주선 게임에서 사용되는 다양한 리소스와 객체들을 사용하고, 이벤트와 로직, 화면을 처리할 게임 객체 Game을 정의한다.

```python
# 게임 객체
class Game():
```

코드 8.13 게임 객체 Game 정의 코드

8.3.5.1 __init__() 메서드

초기화 메서드 __init__()에서 게임 메뉴 화면에서 사용할 배경 이미지인 'assets/game_screen.png' 파일을 로드하고, 배경 이미지인 'assets/background.jpg'를 로드한다. 폰트는 'assets/NanumGothic.ttf'를 사용하고 크기만 70과 30으로 다르게 하여 self.font_70, self.font_30을 정의한다. 워프 효과음 'assets/warp.wav' 파일도 pygame.mixer.Sound()를 통해 self.warp_sound로 정의하고, 배경 음악으로 사용할 'assets/Inner_Santum.mp3' 파일은 pygame.mixer.music.load() 메서드로 로드한다. 정의했던 Spaceship 클래스를 이용해서 우주선 객체를 생성하여 self.spaceship으로 정의하고, self.rocks와 self.warps를 pygame.sprite.Group()으로 생성한다.

우주선 게임에서 중요한 건 바로 암석의 수와 속도를 어떻게 조절하는지에 달려있다. 먼저 암석이 발생 확률을 조정하기 위한 변수로 self.occur_prob를 15로 정의하고, 게임의 점수를 보여줄 변수 self.score를 0으로 초기화하며, 워프의 개수를 정의할 warp_count 변수를 1로 선언한다. 게임 메뉴를 보여줄지 유무를 위해 사용하는 변수 self.menu_on 값을 True로 초기화한다.

```python
def __init__(self):
    self.menu_image = pygame.image.load(resource_path('assets/game_screen.png'))
    self.background_img = pygame.image.load(resource_path('assets/background.jpg'))
    self.font_70 = pygame.font.Font(resource_path('assets/NanumGothic.ttf'), 70)
    self.font_30 = pygame.font.Font(resource_path('assets/NanumGothic.ttf'), 30)
    self.warp_sound = pygame.mixer.Sound(resource_path('assets/warp.wav'))
    pygame.mixer.music.load(resource_path('assets/Inner_Sanctum.mp3'))

    self.spaceship = Spaceship()
    self.rocks = pygame.sprite.Group()
    self.warps = pygame.sprite.Group()

    self.occur_prob = 15
    self.score = 0
    self.warp_count = 1
```

```
# 게임 메뉴 On/Off
self.menu_on = True
```

코드 8.14 게임 객체 초기화 __init__() 코드

8.3.5.2 process_events() 메서드

우주선 게임에서 이벤트와 마우스 입력을 처리하기 위해 process_events() 메서드에서 pygame.event.get() 메서드를 이용하여 게임 이벤트를 받아온다. 만약 사용자가 게임을 종료시켜 event.type이 QUIT일 경우에는 return True로 값을 반환하여 반복을 멈추고 게임을 종료한다.

```
# 게임 이벤트 처리 및 조작
def process_events(self):
    # 게임 이벤트 처리
    for event in pygame.event.get():
        if event.type == pygame.QUIT:+
            return True
```

코드 8.15 process_events() 메서드 코드

self.menu_on 값이 True라서 게임 메뉴를 보여주는 경우에 pygame.MOUSEBUTTONDOWN 이벤트가 발생하면 실제 게임이 시작될 수 있도록 배경 음악을 무한대로 재생시키고, pygame.mouse.set_visible(False)를 이용해 마우스 커서를 감춘다. self.score 값을 0으로, self.warp_count 값을 1로 초기화한 뒤에 게임 메뉴를 나가도록 self.menu_on 변수를 False로 저장한다.

```
# 메뉴 화면 이벤트 처리
if self.menu_on:
    if event.type == pygame.MOUSEBUTTONDOWN:
        pygame.mixer.music.play(-1)
        pygame.mouse.set_visible(False)
        self.score = 0
        self.warp_count = 1
        # 게임 메뉴 On/Off
        self.menu_on = False
```

코드 8.16 메뉴 화면 이벤트 처리 코드

게임 화면에서 이벤트 처리를 위해서는 마우스가 움직이는 `pygame.MOUSEMOTION` 이벤트가 발생하면 `pygame.mouse.get_pos()` 메서드로 마우스의 위치 값을 가져오고, 그 값을 우주선의 위치 값으로 `self.spaceship.set_pos()` 메서드로 넣어준다. 그러면 마우스의 위치가 곧 우주선의 위치가 된다.

마우스 버튼을 클릭하는 `pygame.MOUSEBUTTONDOWN` 이벤트가 발생하면 워프 아이템을 사용하는 것으로 정의한다. 그전에 `self.warp_count` 변수가 0 이상인지 살펴 보유한 워프 아이템이 있는지를 체크한다. 0 이상이면 아이템 하나를 사용한 것이므로 `self.warp_count`의 값을 -1 해준다. 워프 아이템을 사용할 때 재생할 사운드를 `self.warp_sound.play()`로 재생시킨다. 이후 `sleep(1)`을 통해 잠시 멈추었다가 `self.rocks.empty()`로 전체 암석을 지워서 다른 공간으로 이동한 것처럼 만든다.

```python
    # 게임 화면 이벤트 처리
    else:
        if event.type == pygame.MOUSEMOTION:
            self.spaceship.set_pos(*pygame.mouse.get_pos())
        elif event.type == pygame.MOUSEBUTTONDOWN:
            if self.warp_count > 0:
                self.warp_count -= 1
                self.warp_sound.play()
                sleep(1)
                self.rocks.empty()

return False
```

코드 8.17 게임 화면 이벤트 처리 코드

8.3.5.3 run_logic() 메서드

우주선 게임의 로직을 처리하는 `run_logic()` 메서드에서는 먼저 게임의 난이도를 증가시키기 위해 점수가 증가할 때마다 아주 조금씩 암석의 수 `occur_of_rocks`를 증가시키고, 운석의 속도의 최솟값 `min_rock_speed`와 최댓값 `max_rock_speed`를 증가시킨다.

```python
# 게임 로직 수행
def run_logic(self, screen):
    # 운석 수와 속도 조절
    occur_of_rocks = 1 + int(self.score / 500)
    min_rock_speed = 1 + int(self.score / 400)
    max_rock_speed = 1 + int(self.score / 300)
```

코드 8.18 암석 수 조절 코드

랜덤하게 1에서 `occur_prob` 사이의 수에서 1이 나올 확률만큼, 즉 1/15 확률만큼 암석을 생성한다. 이때 암석 생성을 위해 `occur_of_rocks` 만큼 반복하며, 최솟값 `min_rock_speed`와 최댓값 `min_rock_speed` 사이에서 랜덤한 값의 속도로 암석을 만든 다음에 `rocks`에 추가해준다. 반복이 될 때마다 게임 점수 `score`를 1 추가한다.

워프 아이템 생성의 경우에는 랜덤 확률 빈도에다 또다시 랜덤으로 1에서부터 `occur_prob`의 10 배인 150까지의 범위에서 1이 나올 확률로 희소하게 등장하도록 한다. 워프 아이템은 위치 값으로 x축으로는 30부터 `SCREEN_WIDTH - 30` 사이에 랜덤하게 위치를 정하고, y축으로는 30부터 `SCREEN_HEIGHT - 30` 사이에 랜덤한 위치로 Warp 객체를 생성한 후 `warps`에 추가해준다.

```python
    # 랜덤 확률의 빈도로 수행
    if random.randint(1, self.occur_prob) == 1:
        # 운석 생성 및 생성된 운석만큼 점수 증가
        for i in range(occur_of_rocks):
            self.rocks.add(self.create_random_rock(min_rock_speed, max_rock_speed))
            self.score += 1

    # 랜덤 확률로 워프 아이템 생성
    if random.randint(1, self.occur_prob * 10) == 1:
        warp = Warp(random.randint(30, SCREEN_WIDTH - 30),
                    random.randint(30, SCREEN_HEIGHT - 30))
        self.warps.add(warp)
```

코드 8.19 랜덤 확률로 암석과 워프 아이템 생성 코드

게임 로직으로 우주선이 암석과 충돌하는 경우와 워프 아이템을 획득한 경우를 처리해야 한다. 우주선이 암석과 충돌하는 경우는 `self.spaceship.collide(self.rocks)`로 쉽게 조건을 정의

할 수 있다. 충돌이 난 경우에는 게임이 종료되므로 배경 음악은 끄고, 충돌 발생 이벤트 처리를 위해 occur_explosion() 메서드를 호출한다. 모든 암석을 rocks.empty() 메서드로 제거해준다. 다시 게임 메뉴로 돌아가기 위해서 self.menu_on을 True로 저장한 뒤, sleep(1)을 설정해 1초 뒤에 메뉴로 돌아가게 한다.

우주선이 워프 아이템과 충돌한 경우는 spaceship.collide(self.warps)를 통해 체크한다. 즉, 워프 아이템을 획득한 경우에는 self.warp_count의 값을 1 증가시키고, 해당 warp는 kill() 메서드로 없애준다.

```python
# 우주선이 암석과 충돌
if self.spaceship.collide(self.rocks):
    pygame.mixer.music.stop()
    self.spaceship.occur_explosion(screen)
    self.rocks.empty()
    self.menu_on = True
    sleep(1)

# 워프 아이템을 획득한 경우
warp = self.spaceship.collide(self.warps)
if warp:
    self.warp_count += 1
    warp.kill()
```

코드 8.20 암석 충돌 및 워프 아이템 코드

8.3.5.4 create_random_rock() 메서드

우주의 암석을 생성하기 위해 암석의 위치와 방향을 랜덤하게 결정해주어야 한다. 그러나 암석이 어느 방향으로 이동하는지에 따라 암석의 생성 위치가 결정된다. 코드를 보면 speed를 파라미터로 받고, random_direction 변수를 랜덤하게 1에서 4 사이의 값으로 정의한다. random_direction의 값에 따라 1일 경우에는 위에서 아래로 내려오는 암석을 정의한다. 그러므로 암석의 생성 위치를 좌표값인 xpos는 0부터 SCREEN_WIDTH 사이의 랜덤한 값으로 결정하고, ypos는 0으로 준다. hspeed의 값은 0으로 주고, speed는 받아온 값으로 넣어준다. 이렇게 하면 화면 위에서 랜덤한 위치에 생성된 암석이 아래 방향으로 speed만큼의 속도로 내려오게 된다. 마찬가지로 random_direction이 2일 경우에는 오른쪽으로 왼쪽으로 이동하는 암석을 생성하고, 3일 경우에는 아래에서 위로 이동하는 암석을 생성하며, 4일 경우에는 왼쪽에서 오른쪽으로 이동하는 암석을 생성한다.

```python
# 랜덤한 암석 생성
def create_random_rock(self, min_rock_speed, max_rock_speed):
    direction = random.randint(1, 4)
    speed = random.randint(min_rock_speed, max_rock_speed)
    if direction == 1:    # Up -> Down
        return Rock(random.randint(0, SCREEN_WIDTH), 0, 0, speed)
    elif direction == 2:  # Right -> Left
        return Rock(SCREEN_WIDTH, random.randint(0, SCREEN_HEIGHT), -speed, 0)
    elif direction == 3:  # Down -> Up
        return Rock(random.randint(0, SCREEN_WIDTH), SCREEN_HEIGHT, 0, -speed)
    elif direction == 4:  # Left -> Right
        return Rock(0, random.randint(0, SCREEN_HEIGHT), speed, 0)
```

코드 8.21 암석 랜덤 생성 코드

8.3.5.5 draw_background() 메서드

게임의 배경이 되는 이미지를 게임 화면의 크기에 따라 적절히 반복하여 그려주어야 한다. 게임 이미지가 크다면 하나의 이미지를 넣어도 되겠지만, 작은 배경 이미지를 윈도우 크기에 맞추어서 반복하려면 다음과 같은 코드가 필요하다. 일단 배경 이미지를 가져온 후 `background_rect` 변수로 이미지의 크기를 지정한다. 윈도우 창 크기인 `SCREEN_WIDTH`를 배경 이미지 너비인 `background_rect.width`만큼 나눈 값의 올림 값만큼 반복하고, `SCREEN_HEIGTH`를 배경 이미지 높이인 `background_rect.height`만큼 나눈 값의 올림 값만큼 반복한다. `screen.blit()` 메서드로 배경 이미지를 바둑판식으로 반복하여 그려준다.

```python
# 배경 그리기
def draw_background(self, screen):
    background_rect = self.background_img.get_rect()
    for i in range(int(math.ceil(SCREEN_WIDTH / background_rect.width))):
        for j in range(int(math.ceil(SCREEN_HEIGHT / background_rect.height))):
            rect = pygame.Rect(i * background_rect.width,
```

```
                        j * background_rect.height,
                        background_rect.width,
                        background_rect.height)
    screen.blit(self.background_img, rect)
```

코드 8.22 우주 배경 그리기 코드

8.3.5.6 draw_text() 메서드

화면에 텍스트를 그리기 위해 사용하는 draw_text() 메서드를 정의한다. draw_text() 메서드는 화면 screen, 텍스트 text, 폰트 font, 위치 값 x, y, 사용할 색상 main_color를 입력받는다. font.render() 메서드로 텍스트와 색상 객체를 만들고, 위치 값 x, y를 텍스트 중앙위치인 text_rect.center 값으로 지정하여 screen.blit() 메서드로 화면에 그려준다.

그림 8.6 게임 정보 표시 예제

```
# 텍스트 그리기
def draw_text(self, screen, text, font, x, y, main_color):
    text_obj = font.render(text, True, main_color)
    text_rect = text_obj.get_rect()
    text_rect.center = x, y
    screen.blit(text_obj, text_rect)
```

코드 8.23 텍스트 그리기 코드

8.3.5.7 display_menu() 메서드

우주선 게임을 시작할 때 게임 메뉴를 보여줄 display_menu() 함수를 살펴보자. 먼저 마우스 커서를 set_visible(True)를 통해 보여준다. 게임 메뉴 화면에서 사용할 배경 이미지인 self.menu_image를 화면에 보여준다. 그 위에 텍스트로 글자를 나타내기 위한 위치 값으로 draw_x는 SCREEN_WIDTH / 2로 화면 가운데에 위치시킨다. draw_y는 SCREEN_HEIGHT / 4로 화면 상단에 위치시킨다. draw_text() 메서드를 이용하여 "우주 암석 피하기" 텍스트를 하얀색으로 그려주고, 밑에 100 간격만큼 띄어서 노란색으로 최종 게임 점수를 보여준다. 그리고 그 밑에 180 간격만큼 띄어서 하얀색으로 "마우스 버튼을 누르면 게임이 시작됩니다." 라는 안내 문구를 그려준다.

그림 8.7 우주선 게임 메뉴 화면

```python
# 게임 메뉴 출력
def display_menu(self, screen):
    pygame.mouse.set_visible(True)

    screen.blit(self.menu_image, [0, 0])
    draw_x = int(SCREEN_WIDTH / 2)
    draw_y = int(SCREEN_HEIGHT / 4)
    self.draw_text(screen, '우주 암석 피하기',
                   self.font_70, draw_x, draw_y, WHITE)
    self.draw_text(screen, '점수: {}'.format(self.score),
                   self.font_30, draw_x, draw_y + 100, YELLOW)
    self.draw_text(screen, "마우스 버튼을 누르면 게임이 시작됩니다.",
                   self.font_30, draw_x, draw_y + 180, WHITE)
```

코드 8.24 우주선 게임 메뉴 코드

8.3.5.8 display_frame() 메서드

게임 화면에 객체들을 그리기 위해서는 먼저 게임 배경을 정의한 draw_background() 메서드를 이용한다. 우주선 이미지 spaceship.image는 screen.blit() 메서드로 화면에 그려준다. 텍스트로 게임 화면 상단에 점수와 워프를 안내하고자 draw_text() 메서드를 호출한다. 다음으로 rocks와 warps에 대해 update() 메서드로 업데이트하여 암석과 워프에 대한 위치 값을 반영하고, draw() 메서드를 통해 화면에 그려준다.

```python
# 게임 프레임 출력
def display_frame(self, screen):
    self.draw_background(screen)
    screen.blit(self.spaceship.image, self.spaceship.rect)
    self.draw_text(screen, '점수: {}'.format(self.score),
                   self.font_30, 80, 20, YELLOW)
    self.draw_text(screen, '워프: {}'.format(self.warp_count),
                   self.font_30, 700, 20, BLUE)
    self.rocks.update()
    self.warps.update()
    self.rocks.draw(screen)
    self.warps.draw(screen)
```

코드 8.25 게임 배경 및 객체 그리기 코드

8.3.6 리소스 경로 함수 정의

우주선 게임에서 사용하는 다양한 리소스의 경로를 가져오기 위해 resource_path() 함수를 정의해보자. 먼저 pyinstaller에서 사용하는 임시 디렉토리인 sys._MEIPASS에 접근이 가능하면 base_path로 지정하고, 예외가 발생하면 base_path를 os.path.abspath(".")로 현재 경로의 절대 경로를 지정한다. 이제 base_path와 relative_path를 os.path.join() 함수로 결합하여 반환한다.

```python
# 게임 리소스 경로
def resource_path(relative_path):
    try:
        base_path = sys._MEIPASS
    except Exception:
```

```
        base_path = os.path.abspath(".")
    return os.path.join(base_path, relative_path)
```

코드 8.26 리소스 경로 설정 resource_path() 함수 코드

8.3.7 메인 함수 정의

우주선 게임을 실행시키면 처음 실행되는 `main()` 함수를 정의해보자. 게임 초기화를 위해 `pygame.init()` 메서드를 호출하고, 게임 윈도우 생성과 제목으로 'Spaceship Game'을 입력한다. 그 후 `set_mode()`을 통해 게임 화면의 크기를 너비 SCREEN_WIDTH와 높이 SCREEN_HEIGHT만큼 지정한다. `pygame.time.Clock()` 호출을 통해 `clock` 변수를 할당받고, 게임 객체의 인스턴스를 만든다.

```
def main():
    # 게임 설정
    pygame.init()
    pygame.display.set_caption('Spaceship Game')
    screen = pygame.display.set_mode((SCREEN_WIDTH, SCREEN_HEIGHT))
    clock = pygame.time.Clock()
    game = Game()
```

코드 8.27 메인 함수 main() 코드

우주선 게임이 while 반복을 통해 게임 로직과 화면이 처리되고, 게임 키 조작과 이벤트를 처리하기 위해 game의 `process_events()` 메서드를 호출한다. `game.menu_on`의 값이 True이면 `game.display_menu()` 메서드를 호출하여 게임 메뉴를 출력한다. 게임 실행 화면에서는 `game.run_logic()` 메서드를 호출하여 게임 로직을 처리하고, `display_frame()` 메서드를 호출하여 게임 화면을 처리한다. 게임 반복 처리마다 `pygame.display.flip()` 메서드로 게임 화면 전체에 변경된 부분들을 반영해준다. `clock.tick()` 메서드를 이용해 게임 속도를 FPS 값인 60으로 반영해준다. 반복이 끝난 이후에는 `pygame.quit()` 메서드가 호출되어 프로그램이 종료된다.

```
    done = False
    while not done:
        done = game.process_events()
        if game.menu_on:  # 게임 메뉴 처리
            game.display_menu(screen)
```

```
        else:  # 게임 화면 처리
            game.run_logic(screen)
            game.display_frame(screen)

        pygame.display.flip()
        clock.tick(FPS)

    pygame.quit()
```

코드 8.28 우주선 게임 반복 처리 코드

우주선 게임의 시작인 main() 함수를 파이썬 파일 실행 시에 호출하도록 조건문에 추가한다.

```
if __name__ == '__main__':
    main()
```

코드 8.29 우주선 게임 메인 함수 실행 코드

8.4 우주선 게임 실행

완성된 코드를 실행하면 다음과 같은 게임 메뉴 화면이 뜬다. 멋있는 우주 배경 화면과 점수가 뜨고 게임을 시작하려면 마우스 버튼을 클릭하라는 문구가 뜬다.

```
import pygame
import os
import sys
import random
import math
from time import sleep

# 게임 스크린 크기
SCREEN_WIDTH = 800
SCREEN_HEIGHT = 600
```

```python
# 색 정의
BLACK = (0, 0, 0)
WHITE= (200, 200, 200)
YELLOW = (250, 250, 20)
BLUE = (20, 20, 250)

# 전역변수
FPS = 60

# 우주선 객체
class Spaceship(pygame.sprite.Sprite):
    def __init__(self):
        super(Spaceship, self).__init__()
        spaceship_image_path = resource_path('assets/spaceship.png')
        explosion_image_path = resource_path('assets/explosion.png')
        explosion_sound_path = resource_path('assets/explosion.wav')
        self.image = pygame.image.load(spaceship_image_path)
        self.explosion_image = pygame.image.load(explosion_image_path)
        self.explosion_sound = pygame.mixer.Sound(explosion_sound_path)
        self.rect = self.image.get_rect()
        self.centerx = self.rect.centerx
        self.centery = self.rect.centery

    # 우주선 위치 지정
    def set_pos(self, x, y):
        self.rect.x = x - self.centerx
        self.rect.y = y - self.centery

    # 우주선 충돌 체크
    def collide(self, sprites):
        for sprite in sprites:
            if pygame.sprite.collide_rect(self, sprite):
                return sprite
```

```python
    # 충돌 이벤트 발생
    def occur_explosion(self, screen):
        explosion_rect = self.explosion_image.get_rect()
        explosion_rect.x = self.rect.x
        explosion_rect.y = self.rect.y
        screen.blit(self.explosion_image, explosion_rect)
        pygame.display.update()
        self.explosion_sound.play()

# 암석 객체
class Rock(pygame.sprite.Sprite):
    def __init__(self, xpos, ypos, hspeed, vspeed):
        super(Rock, self).__init__()
        rock_images_path = resource_path('assets/rock')
        image_file_list = os.listdir(rock_images_path)
        self.image_path_list = [os.path.join(rock_images_path, file)
                                for file in image_file_list if file.endswith(".png")]
        choice_rock_path = random.choice(self.image_path_list)
        self.image = pygame.image.load(choice_rock_path)
        self.rect = self.image.get_rect()
        self.rect.x = xpos
        self.rect.y = ypos
        self.hspeed = hspeed
        self.vspeed = vspeed
        self.set_direction()

    # 방향 지정
    def set_direction(self):
        if self.hspeed > 0:
            self.image = pygame.transform.rotate(self.image, 270)
        elif self.hspeed < 0:
            self.image = pygame.transform.rotate(self.image, 90)
```

```python
        elif self.vspeed > 0:
            self.image = pygame.transform.rotate(self.image, 180)

    # 업데이트
    def update(self):
        self.rect.x += self.hspeed
        self.rect.y += self.vspeed

# 워프 객체
class Warp(pygame.sprite.Sprite):
    def __init__(self, x, y):
        super(Warp, self).__init__()
        self.image = pygame.image.load(resource_path('assets/warp.png'))
        self.rect = self.image.get_rect()
        self.rect.x = x - self.rect.centerx
        self.rect.y = y - self.rect.centery

# 게임 객체
class Game():
    def __init__(self):
        self.menu_image = pygame.image.load(resource_path('assets/game_screen.png'))
        self.background_img = pygame.image.load(resource_path('assets/background.jpg'))
        self.font_70 = pygame.font.Font(resource_path('assets/NanumGothic.ttf'), 70)
        self.font_30 = pygame.font.Font(resource_path('assets/NanumGothic.ttf'), 30)
        self.warp_sound = pygame.mixer.Sound(resource_path('assets/warp.wav'))
        pygame.mixer.music.load(resource_path('assets/Inner_Sanctum.mp3'))

        self.spaceship = Spaceship()
        self.rocks = pygame.sprite.Group()
        self.warps = pygame.sprite.Group()

        self.occur_prob = 15
        self.score = 0
```

```python
        self.warp_count = 1

        # 게임 메뉴 On/Off
        self.menu_on = True

    # 게임 이벤트 처리 및 조작
    def process_events(self):
        # 게임 이벤트 처리
        for event in pygame.event.get():
            if event.type == pygame.QUIT:
                return True
            # 메뉴 화면 이벤트 처리
            if self.menu_on:
                if event.type == pygame.MOUSEBUTTONDOWN:
                    pygame.mixer.music.play(-1)
                    pygame.mouse.set_visible(False)
                    self.score = 0
                    self.warp_count = 1
                    # 게임 메뉴 On/Off
                    self.menu_on = False
            # 게임 화면 이벤트 처리
            else:
                if event.type == pygame.MOUSEMOTION:
                    self.spaceship.set_pos(*pygame.mouse.get_pos())
                elif event.type == pygame.MOUSEBUTTONDOWN:
                    if self.warp_count > 0:
                        self.warp_count -= 1
                        self.warp_sound.play()
                        sleep(1)
                        self.rocks.empty()

        return False
```

```python
    # 게임 로직 수행
    def run_logic(self, screen):
        # 운석 수와 속도 조절
        occur_of_rocks = 1 + int(self.score / 500)
        min_rock_speed = 1 + int(self.score / 400)
        max_rock_speed = 1 + int(self.score / 300)

        # 랜덤 확률의 빈도로 수행
        if random.randint(1, self.occur_prob) == 1:
            # 운석 생성 및 생성된 운석만큼 점수 증가
            for i in range(occur_of_rocks):
                self.rocks.add(self.create_random_rock(min_rock_speed, max_rock_speed))
                self.score += 1

            # 랜덤 확률로 워프 아이템 생성
            if random.randint(1, self.occur_prob * 10) == 1:
                warp = Warp(random.randint(30, SCREEN_WIDTH - 30),
                            random.randint(30, SCREEN_HEIGHT - 30))
                self.warps.add(warp)

        # 우주선이 암석과 충돌
        if self.spaceship.collide(self.rocks):
            pygame.mixer.music.stop()
            self.spaceship.occur_explosion(screen)
            self.rocks.empty()
            self.menu_on = True
            sleep(1)

        # 워프 아이템을 획득한 경우
        warp = self.spaceship.collide(self.warps)
        if warp:
            self.warp_count += 1
```

```python
            warp.kill()

    # 랜덤한 암석 생성
    def create_random_rock(self, min_rock_speed, max_rock_speed):
        direction = random.randint(1, 4)
        speed = random.randint(min_rock_speed, max_rock_speed)
        if direction == 1:   # Up -> Down
            return Rock(random.randint(0, SCREEN_WIDTH), 0, 0, speed)
        elif direction == 2:   # Right -> Left
            return Rock(SCREEN_WIDTH, random.randint(0, SCREEN_HEIGHT), -speed, 0)
        elif direction == 3:   # Down -> Up
            return Rock(random.randint(0, SCREEN_WIDTH), SCREEN_HEIGHT, 0, -speed)
        elif direction == 4:   # Left -> Right
            return Rock(0, random.randint(0, SCREEN_HEIGHT), speed, 0)

    # 배경 그리기
    def draw_background(self, screen):
        background_rect = self.background_img.get_rect()
        for i in range(int(math.ceil(SCREEN_WIDTH / background_rect.width))):
            for j in range(int(math.ceil(SCREEN_HEIGHT / background_rect.height))):
                rect = pygame.Rect(i * background_rect.width,
                                   j * background_rect.height,
                                   background_rect.width,
                                   background_rect.height)
                screen.blit(self.background_img, rect)

    # 텍스트 그리기
    def draw_text(self, screen, text, font, x, y, main_color):
        text_obj = font.render(text, True, main_color)
        text_rect = text_obj.get_rect()
        text_rect.center = x, y
        screen.blit(text_obj, text_rect)
```

```python
    # 게임 메뉴 출력
    def display_menu(self, screen):
        pygame.mouse.set_visible(True)

        screen.blit(self.menu_image, [0, 0])
        draw_x = int(SCREEN_WIDTH / 2)
        draw_y = int(SCREEN_HEIGHT / 4)
        self.draw_text(screen, '우주 암석 피하기',
                       self.font_70, draw_x, draw_y, WHITE)
        self.draw_text(screen, '점수: {}'.format(self.score),
                       self.font_30, draw_x, draw_y + 100, YELLOW)
        self.draw_text(screen, "마우스 버튼을 누르면 게임이 시작됩니다.",
                       self.font_30, draw_x, draw_y + 180, WHITE)

    # 게임 프레임 출력
    def display_frame(self, screen):
        self.draw_background(screen)
        screen.blit(self.spaceship.image, self.spaceship.rect)
        self.draw_text(screen, '점수: {}'.format(self.score),
                       self.font_30, 80, 20, YELLOW)
        self.draw_text(screen, '워프: {}'.format(self.warp_count),
                       self.font_30, 700, 20, BLUE)
        self.rocks.update()
        self.warps.update()
        self.rocks.draw(screen)
        self.warps.draw(screen)

# 게임 리소스 경로
def resource_path(relative_path):
    try:
        base_path = sys._MEIPASS
    except Exception:
        base_path = os.path.abspath(".")
```

```python
        return os.path.join(base_path, relative_path)


def main():
    # 게임 설정
    pygame.init()
    pygame.display.set_caption('Spaceship Game')
    screen = pygame.display.set_mode((SCREEN_WIDTH, SCREEN_HEIGHT))
    clock = pygame.time.Clock()
    game = Game()

    done = False
    while not done:
        done = game.process_events()
        if game.menu_on:  # 게임 메뉴 처리
            game.display_menu(screen)
        else:  # 게임 화면 처리
            game.run_logic(screen)
            game.display_frame(screen)

        pygame.display.flip()
        clock.tick(FPS)

    pygame.quit()


if __name__ == "__main__":
    main()
```

코드 8.30 우주선 게임 완성 코드

마우스 버튼을 눌러 게임을 시작하면 우주선과 암석, 워프 아이템이 등장하며 게임이 진행되는 것을 볼 수 있다. 마우스 조작을 통해 우주선이 암석에 부딪히지 않도록 해야 하고, 워프 아이템을 쓰면 다른 우주 공간으로 이동할 수 있다.

그림 8.8 우주선 게임 실행 화면

8.5 우주선 게임 실행 파일 만들기

먼저 pyinstaller 패키지가 설치되어 있지 않다면 자신이 사용하는 IDE 환경에 맞춰서 `pip install pyinstaller` 명령어를 명령 프롬프트나 Visual Studio Code 또는 파이참의 터미널에서 실행하여 설치해야 한다. 실행파일을 만들기 위해 다음 명령어를 실행시키면 된다.

```
pyinstaller -w --add-data assets\rock\rock01.png;assets\rock --add-data assets\
rock\rock02.png;assets\rock --add-data assets\rock\rock03.png;assets\rock --add-
data assets\rock\rock04.png;assets\rock --add-data assets\rock\rock05.png;assets\
rock --add-data assets\rock\rock06.png;assets\rock --add-data assets\rock\rock07.
png;assets\rock --add-data assets\rock\rock08.png;assets\rock --add-data assets\
rock\rock09.png;assets\rock --add-data assets\rock\rock10.png;assets\rock --add-
data assets\rock\rock11.png;assets\rock --add-data assets\rock\rock12.png;assets\
rock --add-data assets\rock\rock13.png;assets\rock --add-data assets\rock\rock14.
png;assets\rock --add-data assets\rock\rock15.png;assets\rock --add-data assets\
```

```
rock\rock16.png;assets\rock --add-data assets\rock\rock17.png;assets\rock --add-
data assets\rock\rock18.png;assets\rock --add-data assets\rock\rock19.png;assets\
rock --add-data assets\rock\rock20.png;assets\rock --add-data assets\rock\rock21.
png;assets\rock --add-data assets\rock\rock22.png;assets\rock --add-data assets\
rock\rock23.png;assets\rock --add-data assets\rock\rock24.png;assets\rock --add-
data assets\rock\rock25.png;assets\rock --add-data assets\rock\rock26.png;assets\
rock --add-data assets\rock\rock27.png;assets\rock --add-data assets\rock\rock28.
png;assets\rock --add-data assets\rock\rock29.png;assets\rock --add-data assets\
rock\rock30.png;assets\rock --add-data assets\background.jpg;assets --add-data
assets\explosion.png;assets --add-data assets\explosion.wav;assets --add-data assets\
game_screen.png;assets --add-data assets\Inner_Sanctum.mp3;assets --add-data assets\
NanumGothic.ttf;assets --add-data assets\spaceship.png;assets --add-data assets\warp.
png;assets --add-data assets\warp.wav;assets -F spaceship_game.py
```

여기서 윈도우로 실행시키기 위해 -w 옵션을 추가하고, 게임 리소스 파일을 추가하기 위해 --add-data 옵션을 추가한다. 게임에서 사용하는 이미지 파일, 사운드 파일과 나눔고딕코딩 폰트 파일의 경로를 지정하고, 세미콜론 ; 뒤에 이동할 디렉토리인 assets를 지정한다. 실행 파일 하나로 모든 것을 다 합치기 위해 -F 옵션을 사용한다. 마지막은 코드인 spaceship_game.py 파일을 지정해준다. pyinstaller를 실행하면 build와 dist 폴더가 생성되고, 그 안에 여러 파일들이 생성된 것을 알 수 있다. dist 폴더 안을 살펴보면 spaceship_game.exe 파일이 생성된 것을 알 수 있다. 생성된 실행 파일을 통해 우주선 게임을 즐길 수 있다.

```
G:\내 드라이브\[SuanLab]\Publish\Python Game\sources\8 Spaceship Game>pyinstaller -w --add-data assets\ro
ck\rock01.png;assets\rock --add-data assets\rock\rock02.png;assets\rock --add-data assets\rock\rock03.png
;assets\rock --add-data assets\rock\rock04.png;assets\rock --add-data assets\rock\rock05.png;assets\rock
--add-data assets\rock\rock06.png;assets\rock --add-data assets\rock\rock07.png;assets\rock --add-data as
sets\rock\rock08.png;assets\rock --add-data assets\rock\rock09.png;assets\rock --add-data assets\rock\roc
k10.png;assets\rock --add-data assets\rock\rock11.png;assets\rock --add-data assets\rock\rock12.png;asset
s\rock --add-data assets\rock\rock13.png;assets\rock --add-data assets\rock\rock14.png;assets\rock --add-
data assets\rock\rock15.png;assets\rock --add-data assets\rock\rock16.png;assets\rock --add-data assets\r
ock\rock17.png;assets\rock --add-data assets\rock\rock18.png;assets\rock --add-data assets\rock\rock19.pn
g;assets\rock --add-data assets\rock\rock20.png;assets\rock --add-data assets\rock\rock21.png;assets\rock
 --add-data assets\rock\rock22.png;assets\rock --add-data assets\rock\rock23.png;assets\rock --add-data a
ssets\rock\rock24.png;assets\rock --add-data assets\rock\rock25.png;assets\rock --add-data assets\rock\ro
ck26.png;assets\rock --add-data assets\rock\rock27.png;assets\rock --add-data assets\rock\rock28.png;asse
ts\rock --add-data assets\rock\rock29.png;assets\rock --add-data assets\rock\rock30.png;assets\rock --add
-data assets\background.jpg;assets --add-data assets\explosion.png;assets --add-data assets\explosion.wav
;assets --add-data assets\game_screen.png;assets --add-data assets\Inner_Sanctum.mp3;assets --add-data as
sets\NanumGothic.ttf;assets --add-data assets\spaceship.png;assets --add-data assets\warp.png;assets --ad
d-data assets\warp.wav;assets -F spaceship_game.py
 83 INFO: PyInstaller: 4.5
106 INFO: Python: 3.9.1
107 INFO: Platform: Windows-10-10.0.19041-SP0
116 INFO: wrote G:\내 드라이브\[SuanLab]\Publish\Python Game\sources\8 Spaceship Game\spaceship_game.spec

121 INFO: UPX is not available.
208 INFO: Extending PYTHONPATH with paths
['G:\\내 드라이브\\[SuanLab]\\Publish\\Python Game\\sources\\8 Spaceship Game',
 'G:\\내 드라이브\\[SuanLab]\\Publish\\Python Game\\sources\\8 Spaceship Game']
661 INFO: checking Analysis
662 INFO: Building Analysis because Analysis-00.toc is non existent
662 INFO: Initializing module dependency graph...
667 INFO: Caching module graph hooks...
682 INFO: Analyzing base_library.zip ...
4001 INFO: Processing pre-find module path hook distutils from 'c:\\users\\suan\\appdata\\local\\programs
\\python\\python39\\lib\\site-packages\\PyInstaller\\hooks\\pre_find_module_path\\hook-distutils.py'.
4002 INFO: distutils: retargeting to non-venv dir 'c:\\users\\suan\\appdata\\local\\programs\\python\\pyt
hon39\\lib'
6829 INFO: Caching module dependency graph...
7233 INFO: running Analysis Analysis-00.toc
7237 INFO: Adding Microsoft.Windows.Common-Controls to dependent assemblies of final executable
  required by c:\users\suan\appdata\local\programs\python\python39\python.exe
```

그림 8.9 pyinstaller 실행 화면

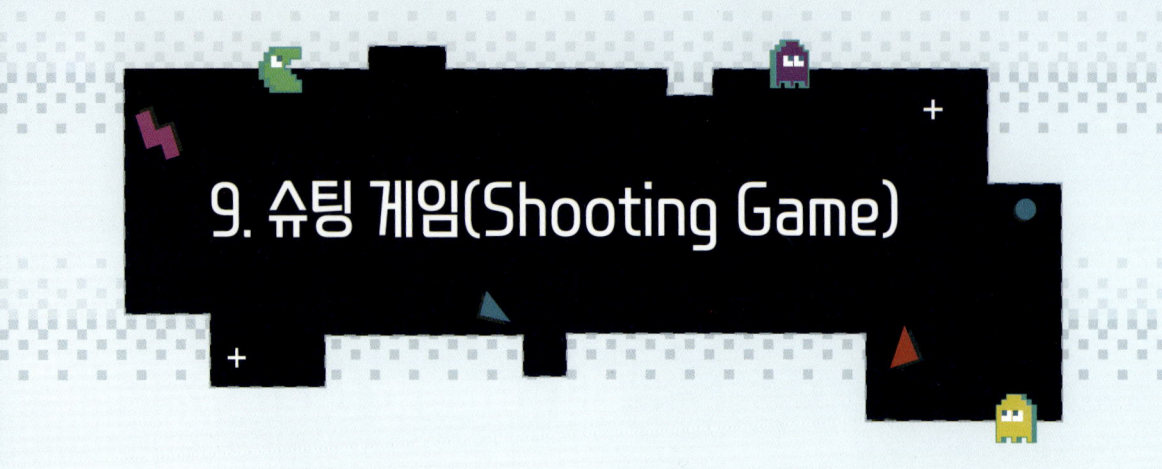

9. 슈팅 게임(Shooting Game)

슈팅 게임은 초창기부터 인기 있던 아케이드 게임으로 다양한 배경을 가지고 만들어진 게임들이 많다. 다른 비행기를 격추시키거나 미사일을 피하는 등 여러 종류의 게임들이 있다. 이 책에서는 지구로 떨어지는 운석을 미사일로 파괴하며 지구를 지켜나가는 게임을 만들어본다.

9.1 슈팅 게임 규칙

우주선 게임은 우주선이 등장하여 운석을 피하고 워프를 하며 우주 여행을 한다. 이 책에서 만들 우주선 게임에 대한 규칙을 살펴보자.

- 게임 공간에 전투기가 하나 놓인다.
- 플레이어는 우주선을 자유롭게 움직일 수 있다(게임 조작).
- 암석들이 우주에서 지구를 향해 다가온다.
- 전투기가 암석과 부딪히면 죽는다.
- 암석을 미사일로 맞추면 암석이 폭발하고 점수가 쌓인다.
- 점수가 높아지면 암석이 더 많이 나타나고, 더 빠르게 움직인다(게임 난이도).
- 암석을 놓쳐서 지구로 3번 떨어지면 게임이 종료된다.

9.2 슈팅 게임 리소스

슈팅 게임에서 필요한 건 전투기와 배경 이미지, 암석과 같은 클립아트와 그에 어울리는 사운드 등이 필요하다. 예제에서 사용되는 클립아트와 사운드는 SuanLab 홈페이지(http://suanlab.com/book/)에서 다운로드 할 수 있다. 만약 다른 클립아트나 사운드를 사용하고 싶다면 얼마든지 변경해서 사용하면 된다.

그림 9.1 슈팅 게임 리소스

9.3 슈팅 게임 만들기

9.3.1 모듈과 전역변수 정의

슈팅 게임에 만들기 위해 필요한 여러 모듈들을 먼저 로드해주자. 게임을 만들때 필요한 pygame 모듈, 기본적으로 os 모듈, sys 모듈, random 모듈 시간 모듈 time의 sleep 함수를 임포트 해준다.

```python
import pygame
import os
import sys
import random
from time import sleep
```

코드 9.1 슈팅 게임 모듈 코드

게임에 사용되는 전역변수를 지정해주자. 기본적인 게임 창의 너비와 높이를 지정하기 위해 SCREEN_WIDTH와 SCREEN_HEIGHT를 지정한다. 게임에서 사용할 검은색, 흰색, 노란색, 빨간색 색상으로 BLACK, WHITE, YELLOW, RED 전역변수를 지정한다. 게임 속도를 지정하기 위해 FPS 값을 60으로 지정한다.

```python
# 게임 스크린 크기
SCREEN_WIDTH = 480
SCREEN_HEIGHT = 640

# 색 정의
BLACK = (0, 0, 0)
WHITE = (200, 200, 200)
YELLOW = (250, 250, 50)
RED = (250, 50, 50)

# 전역변수
FPS = 60
```

코드 9.2 슈팅 게임 전역변수 코드

9.3.2 전투기 객체 정의

기본적으로 슈팅 게임에서 사용할 전투기에 대한 클래스를 정의해야 한다. 전투기 클래스는 기본 클래스인 pygame.sprite.Sprite를 상속받아 정의한다.

```python
# 전투기 객체
class Fighter(pygame.sprite.Sprite):
```

코드 9.3 전투기 클래스 코드

9.3.2.1 __init__() 메서드

전투기의 초기화를 위해 super() 메서드를 이용하여 상위 클래스의 생성자를 호출한다. 전투기 이미지인 'assets/fighter.png' 파일을 로드하여 self.image로 정의하고, 이미지의 크기를 image.get_rect() 메서드에서 가져와 self.rect으로 정의한다. 전투기의 위치와 속도를 리셋하기 위해 self.reset() 메서드를 호출한다.

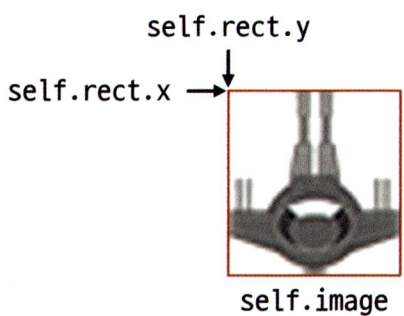

그림 9.2 전투기 객체 이미지

```
def __init__(self):
    super(Fighter, self).__init__()
    self.image = pygame.image.load(resource_path('assets/fighter.png'))
    self.rect = self.image.get_rect()
    self.reset()
```

코드 9.4 전투기 초기화 __init__() 코드

9.3.2.2 reset() 메서드

전투기 위치인 self.rect.x에는 초기 위치로 게임 화면 너비인 SCREEN_WIDTH 값을 2로 나누어 중앙 위치로 저장한다. self.rect.y에는 게임 화면 높이에 전투기 높이인 self.rect.height 값을 빼서 게임 하단에 위치하게 한다. 또한, 방향값인 self.dx와 self.dy의 값을 0으로 설정해서 정지 상태로 저장한다.

전투기 객체를 처음 생성하거나 사용자가 게임을 하다가 암석과 부딪히거나 암석을 놓친 경우에는 전투기를 초기화해주어야 한다. 즉, 전투기를 게임 중앙 하단에 다시 위치시키고, 정지 상태로 만들어 주어야 한다. 그때 필요한 reset() 메서드를 정의해보자.

```python
# 전투기 리셋
def reset(self):
    self.rect.x = int(SCREEN_WIDTH / 2)
    self.rect.y = SCREEN_HEIGHT - self.rect.height
    self.dx = 0
    self.dy = 0
```

코드 9.5 전투기 위치 및 방향 리셋 코드

9.3.2.3 update() 메서드

기본적으로 사용자가 전투기를 움직일 때마다 그에 대한 좌표값을 반영해주어야 한다. 전투기의 위치값인 self.rect.x와 self.rect.y에 사용자 조작으로 인한 방향값인 self.dx와 self.dy를 더해준다. 전투기가 게임 화면에서 벗어나지 못하도록 제한을 해둘 필요가 있다. 게임 화면의 크기는 좌표값으로 너비는 0부터 SCREEN_WIDTH까지이고 높이는 0부터 SCREEN_HEIGHT까지이다. 전투기가 이 범위를 넘어가지 못하도록 조건을 두어 이동을 막도록 한다. 만약 전투기가 범위를 넘어서려 하면 전투기 위치인 self.rect.x와 self.rect.y에 방향값인 self.dx와 self.dy를 빼서 이동하지 못하게 한다.

```python
# 전투기 업데이트
def update(self):
    self.rect.x += self.dx
    self.rect.y += self.dy

    if self.rect.x < 0 or self.rect.x + self.rect.width > SCREEN_WIDTH:
        self.rect.x -= self.dx

    if self.rect.y < 0 or self.rect.y + self.rect.height > SCREEN_HEIGHT:
        self.rect.y -= self.dy
```

코드 9.6 전투기 이동 업데이트 코드

9.3.2.4 draw() 메서드

전투기를 게임 화면에 그리는 draw() 메서드를 정의한다. 게임 화면에 전투기를 그리기 위해서는 blit() 메서드를 통해 전투기 이미지 self.image가 전투기 위치 정보인 self.rect에 그려지도록 한다.

```python
# 전투기 그리기
def draw(self, screen):
    screen.blit(self.image, self.rect)
```

코드 9.7 전투기 화면 그리기 코드

9.3.2.5 collide() 메서드

전투기가 충돌할 경우에는 어떻게 해야 할까? 전투기와 충돌이 발생할 경우에는 그에 따른 이벤트 처리를 해주어야 한다. 전투기가 다른 객체와의 충돌을 감지하는 방법으로 pygame.sprite의 collide_rect() 메서드를 이용해 전체 sprites에 대한 충돌 여부를 판단하고 충돌 난 sprite를 반환한다.

```python
# 전투기 충돌 체크
def collide(self, sprites):
    for sprite in sprites:
        if pygame.sprite.collide_rect(self, sprite):
            return sprite
```

코드 9.8 전투기 충돌 코드

9.3.3 미사일 객체 정의

슈팅 게임에서 사용할 미사일 클래스는 기본 클래스인 pygame.sprite.Sprite 클래스를 상속받아 정의한다.

```python
# 미사일 객체
class Missile(pygame.sprite.Sprite):
```

코드 9.9 미사일 클래스 코드

9.3.3.1 __init__() 메서드

먼저 게임 리소스가 있는 assets 디렉토리에 저장된 미사일 이미지로 missile.png 파일을 로드하여 self.image로 정의한다. 미사일 발사 소리로 missile.wav 파일을 로드하여 self.sound로 정의한다. self.rect에 image.get_rect() 메서드로 객체 크기를 가져와 정의한 뒤에, 파라미터로 가져온 xpos와 ypos 값을 미사일 객체의 위치 값인 self.rect.x와 self.rect.y에 넣는다. 파라미터로 받아온 speed 값을 미사일 객체의 self.speed 값으로 미사일 속도 값을 넣어준다.

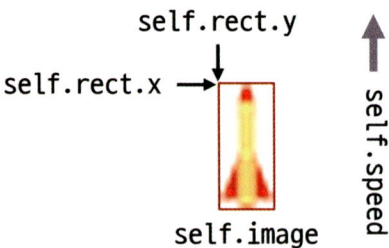

그림 9.3 미사일 객체 이미지

```python
def __init__(self, xpos, ypos, speed):
    super(Missile, self).__init__()
    self.image = pygame.image.load(resource_path('assets/missile.png'))
    self.sound = pygame.mixer.Sound(resource_path('assets/missile.wav'))
    self.rect = self.image.get_rect()
    self.rect.x = xpos
    self.rect.y = ypos
    self.speed = speed
```

코드 9.10 미사일 객체 초기화 __init__() 코드

9.3.3.2 launch() 메서드

미사일이 발사될 때, 어떤 처리를 해야 할지를 launch() 메서드에 정의한다. 사실 미사일이 발사될 때 필요한 이벤트 처리는 단순히 미사일 소리를 재생하는 것뿐이다. 미사일 소리를 재생하는 건 미리 정의했던 미사일 객체인 self.sound에서 play() 메서드를 호출하면 된다.

```python
# 미사일 발사
def launch(self):
    self.sound.play()
```

코드 9.11 미사일 발사 코드

9.3.3.3 update() 메서드

게임 화면에서 미사일이 움직이도록 위치값을 반영해주는 update() 메서드를 정의한다. 미사일은 지정된 속도 self.speed만큼 self.rect.y 값에서 빼준다. 즉, 지금 좌표값 y에서 speed만큼을 계속 빼주면 미사일이 발사하는 형태로 움직인다. 만약 미사일이 게임 화면을 벗어나는 경우에는 제거해야 한다. 이 조건은 미사일의 하단 부분인 self.rect.y + self.rect.height 값이 0보다 작은 경우로 체크하고, 조건을 만족하면 self.kill()을 통해서 미사일 객체를 제거해준다.

```python
def update(self):          # 미사일 업데이트
    self.rect.y -= self.speed
    if self.rect.y + self.rect.height < 0:
        self.kill()
```

코드 9.12 미사일 업데이트 코드

9.3.3.4 collide() 메서드

미사일에 충돌을 감지하는 방법도 전체 sprites에 대한 pygame.sprite의 collide_rect() 메서드를 이용해 충돌 여부를 판단하고 충돌 난 sprite를 반환한다.

```python
def collide(self, sprites):    # 미사일 충돌 체크
    for sprite in sprites:
        if pygame.sprite.collide_rect(self, sprite):
            return sprite
```

코드 9.13 미사일 충돌 코드

9.3.4 암석 객체 정의

슈팅 게임에서 지구로 떨어지는 암석에 대한 클래스를 정의해야 한다. 마찬가지로 암석 클래스도 pygame.sprite.Sprite를 상속받아 정의한다.

```python
class Rock(pygame.sprite.Sprite):
```

코드 9.14 암석 클래스 코드

9.3.4.1 __init__() 메서드

상위 클래스 생성자를 super() 메서드로 호출하고, resource_path() 함수를 통해 'assets/rock' 경로를 가져와 rock_images_path 변수로 가져온다. rock 디렉터리 경로에 포함된 이미지 파일 리스트를 가져온다. 파일 리스트에서 확장자가 .png인 파일만 선별하고, 전체 경로를 앞에 붙여서 self.image_path_list로 저장한다. 암석 이미지 rock01.png부터 rock30.png까지 총 30

개의 경로 중에서 random.choice() 메서드로 하나를 선택한 경로 choice_rock_path를 로드하여 self.image로 정의한다. 암석 이미지의 크기를 get_rect() 메서드로 가져와 self.rect으로 정의한다. 암석의 위치는 파라미터로 받아온 xpos, ypos를 이용해 rect.x와 rect.y를 정의하고, 속도로 사용할 변수 self.speed를 파라미터 speed 변수값으로 정의한다.

```python
def __init__(self, xpos, ypos, speed):
    super(Rock, self).__init__()
    rock_images_path = resource_path('assets/rock')
    image_file_list = os.listdir(rock_images_path)
    self.image_path_list = [os.path.join(rock_images_path, file)
                            for file in image_file_list if file.endswith(".png")]
    choice_rock_path = random.choice(self.image_path_list)
    self.image = pygame.image.load(choice_rock_path)
    self.rect = self.image.get_rect()
    self.rect.x = xpos
    self.rect.y = ypos
    self.speed = speed
```

코드 9.15 암석 초기화 __init__() 메서드 코드

9.3.4.2 update() 메서드

게임이 진행될 때마다 암석의 움직임에 대한 좌표값을 반영해주어야 한다. 암석의 위치값인 self.rect.y에 암석의 속도 값인 self.speed를 더해준다. 즉, 게임 진행 시 암석이 계속해서 밑으로 내려오게 된다.

```python
def update(self):          # 암석 업데이트
    self.rect.y += self.speed
```

코드 9.16 암석 이동 업데이트 코드

9.3.4.3 out_of_screen() 메서드

암석이 게임 화면을 벗어나는 경우를 체크하는 out_of_screen() 메서드를 정의한다. 암석은 게임 화면 위에서 내려오기 때문에 게임 화면 밑으로 사라지는 경우를 체크해서 화면에서 벗어난 경우 True 값을 반환한다.

```
    def out_of_screen(self):        # 암석 화면 벗어남 체크
        if self.rect.y > SCREEN_HEIGHT:
            return True
```

코드 9.17 암석 화면 체크 코드

9.3.5 게임 객체 정의

슈팅 게임에서 사용되는 다양한 리소스와 객체들을 사용하고, 이벤트와 로직, 화면을 처리할 게임 객체 Game을 정의한다.

```
# 게임 객체
class Game():
```

코드 9.18 게임 객체 Game 정의 코드

9.3.5.1 __init__() 메서드

초기화 메서드 __init__()에서 게임 메뉴와 화면에서 사용할 배경 이미지인 'assets/background.jpg'를 로드하여 self.menu_image와 self.background_image로 정의한다. 폭발 이미지인 'assets/explosion.png'를 로드하여 self.explosion_image로 정의한다. 폰트는 'assets/NanumGothic.ttf'를 사용하고 크기만 70과 30으로 다르게 하여 self.font_70, self.font_30을 정의한다. 폭발 효과음은 'assets/explosion01.wav', 'assets/explosion02.wav', 'assets/explosion03.wav' 파일 총 3개의 경로를 리스트인 self.explosion_path_list로 정의한다. 게임오버 효과음은 'assets/gameover.wav' 파일을 로드하여 self.gameover_sound로 정의한다. 배경 음악으로 사용할 'assets/music.wav' 파일은 pygame.mixer.music.load() 메서드로 로드한다. 슈팅 게임의 핵심인 전투기 객체를 Fighter() 클래스로 생성한다. 미사일과 암석들은 pygame.sprite.Group()으로 생성하여 self.missiles와 self.rocks로 정의한다.

그 밖에도 게임 진행에 필요한 변수로 발생 확률을 위한 self.occur_prob는 40으로 정의하고, 미사일 발사 개수 self.shot_count, 놓친 암석 개수 self.count_missed를 정의한다. 게임 메뉴를 보여줄지 여부를 위해 사용하는 변수 self.menu_on 값을 True로 초기화한다.

```
def __init__(self):
    self.menu_image = pygame.image.load(resource_path('assets/background.png'))
    self.background_image = pygame.image.load(resource_path('assets/background.png'))
    self.explosion_image = pygame.image.load(resource_path('assets/explosion.png'))
```

```python
        self.default_font = pygame.font.Font(resource_path('assets/NanumGothic.ttf'), 28)
        self.font_70 = pygame.font.Font(resource_path('assets/NanumGothic.ttf'), 70)
        self.font_30 = pygame.font.Font(resource_path('assets/NanumGothic.ttf'), 30)
        explosion_file = ('assets/explosion01.wav',
                          'assets/explosion02.wav',
                          'assets/explosion03.wav')
        self.explosion_path_list = [resource_path(file) for file in explosion_file]
        self.gameover_sound = pygame.mixer.Sound(resource_path('assets/gameover.wav'))
        pygame.mixer.music.load(resource_path('assets/music.wav'))

        self.fighter = Fighter()
        self.missiles = pygame.sprite.Group()
        self.rocks = pygame.sprite.Group()

        self.occur_prob = 40
        self.shot_count = 0
        self.count_missed = 0

        # 게임 메뉴 On/Off
        self.menu_on = True
```

코드 9.19 게임 객체 초기화 __init__() 코드

9.3.5.2 process_events() 메서드

슈팅 게임에서 이벤트와 키보드 조작을 처리하기 위해 `pygame.event.get()` 메서드를 이용하여 게임 이벤트를 받아온다. 만약 사용자가 게임을 종료시켜 `event.type`이 QUIT일 경우에는 `return True`로 값을 반환하여 반복을 멈추고 게임을 종료시킨다.

```python
# 게임 이벤트 처리 및 조작
def process_events(self):
    # 게임 이벤트 처리
    for event in pygame.event.get():
        if event.type == pygame.QUIT:
            return True
```

코드 9.20 process_events() 메서드 코드

self.menu_on 값이 True라서 게임 메뉴를 보여주는 경우에 키보드 입력에 따른 이벤트 처리를 해주어야 한다. pygame.event.get() 메서드로 받아온 event 값에서 event.type이 pygame.KEYDOWN일 경우, 즉 키보드로부터 입력이 있을 경우, 입력된 키가 pygame.K_SPACE이면 게임을 시작하도록 한다. 먼저 배경음악을 재생하고, 격추한 횟수인 self.shot_count와 놓친 횟수인 self.count_missed를 0으로 초기화한다. 게임 메뉴 self.menu_on을 False로 바꿔준다.

```python
# 메뉴 화면 이벤트 처리
if self.menu_on:
    if event.type == pygame.MOUSEBUTTONDOWN:
        pygame.mixer.music.play(-1)
        pygame.mouse.set_visible(False)
        self.score = 0
        self.warp_count = 1
        # 게임 메뉴 On/Off
        self.menu_on = False
```

코드 9.21 메뉴 화면 이벤트 처리 코드

슈팅 게임의 화면 이벤트 처리는 마찬가지로 pygame.event.get()을 이용해 가져온 event를 통해 event.type에 따라 pygame.KEYDOWN과 pygame.KEYUP에 대한 키 조작을 처리한다. 먼저 키보드를 누를 때 발생하는 이벤트 pygame.KEYDOWN에서 기본적으로 전투기를 제어하기 위해 왼쪽 pygame.K_LEFT, 오른쪽 pygame.K_RIGHT, 위 pygame.K_UP, 아래 pygame.K_DOWN에 대해 전투기 fighter의 dx와 dy 좌표값을 5씩 움직이게 한다. pygame.K_SPACE 이벤트 키에 대해서는 전투기의 x 좌표 중앙값인 fighter.rect.centerx와 전투기의 y 좌표인 fighter.rect.y에 Missile 객체를 생성한다. 이때 미사일 속도는 10으로 고정시키고, launch() 메서드를 호출하여 미사일 소리를 내며, 미사일 객체들을 관리하는 missiles에 add() 메서드를 등록한다.

다음으로 pygame.KEYUP는 키보드에서 누른 키를 떼어낼 때 발생하는 이벤트를 처리한다. 마찬가지로 pygame.K_LEFT와 pygame.K_RIGHT에 대한 이벤트 키는 fighter.dx 값을 0으로 만들고, pygame.K_UP과 pygame.K_DOWN에 대해서는 fighter.dy 값을 0으로 만든다. 즉, 전투기의 dx와 dy 값을 0으로 만드는 건 전투기를 멈추는 역할을 한다.

```python
# 게임 화면 이벤트 처리
else:
    if event.type == pygame.KEYDOWN:
```

```python
            if event.key == pygame.K_LEFT:
                self.fighter.dx -= 5
            elif event.key == pygame.K_RIGHT:
                self.fighter.dx += 5
            elif event.key == pygame.K_UP:
                self.fighter.dy -= 5
            elif event.key == pygame.K_DOWN:
                self.fighter.dy += 5
            elif event.key == pygame.K_SPACE:
                missile = Missile(self.fighter.rect.centerx, self.fighter.rect.y, 10)
                missile.launch()
                self.missiles.add(missile)
        elif event.type == pygame.KEYUP:
            if event.key == pygame.K_LEFT or event.key == pygame.K_RIGHT:
                self.fighter.dx = 0
            elif event.key == pygame.K_UP or event.key == pygame.K_DOWN:
                self.fighter.dy = 0

return False
```

코드 9.22 게임 화면 이벤트 처리 코드

9.3.5.3 run_logic() 메서드

슈팅 게임에서 미사일을 쏘며 제거해야 할 암석들을 생성해야 한다. 먼저 암석의 개수와 암석 속도에 대해서 정의해야 한다. 왜냐하면 게임이 진행됨에 따라 암석이 더 많이 등장하고, 더 빨라지는 것이 게임 요소로서 난이도를 증가시키는 면에서 필요하다. 먼저 전투기로 암석을 파괴한 개수인 `shot_count` 변수를 이용해서 암석 등장 개수인 `occur_of_rocks`를 계산한다. 최저 속도 `min_rock_speed`와 최고 속도 `max_rock_speed`를 계산해준다. 물론 300, 200, 100으로 나누는 부분을 조절하여 게임의 난이도를 조정할 수 있다.

```python
# 게임 로직 수행
def run_logic(self, screen):
    # 운석 수와 속도 조절
    occur_of_rocks = 1 + int(self.shot_count / 300)
```

```
min_rock_speed = 1 + int(self.shot_count / 200)
max_rock_speed = 1 + int(self.shot_count / 100)
```
코드 9.23 암석 수 조절 코드

`random.randint()` 메서드로 1부터 `occur_prob` 변수 값인 `40` 사이에 랜덤 값이 1인 경우를 조건으로 체크한다. 즉, 1/40 확률로 조건을 만족하게 된다. 그런 뒤에 `occur_of_rocks` 만큼 반복하여 `min_rock_speed`와 `max_rock_speed` 사이에 랜덤값을 하나 선택해서 암석의 속도인 `speed`로 정의한다. 게임 화면에서 x 좌표로 `0`부터 `SCREEN_WIDTH - 30` 사이로 랜덤값을 주고, y 좌표로 `0`을 준다. 즉, 암석은 y 값이 0인 게임 위에서부터 암석 속도인 `speed`를 가지는 Rock 객체를 생성한다. 관리를 위해서 생성한 암석을 `rocks`에 `add()` 메서드로 추가해준다.

```
# 랜덤 확률의 빈도로 수행
if random.randint(1, self.occur_prob) == 1:
    # 운석 생성 및 생성된 운석만큼 점수 증가
    for i in range(occur_of_rocks):
        speed = random.randint(min_rock_speed, max_rock_speed)
        rock = Rock(random.randint(0, SCREEN_WIDTH - 30), 0, speed)
        self.rocks.add(rock)
```
코드 9.24 랜덤 확률로 암석 생성 코드

게임이 진행되면서 체크하며 처리해주어야 할 요소가 있다. 먼저 게임 화면에 존재하는 모든 미사일들에 대한 충돌을 체크해주어야 한다. 미사일은 암석을 파괴하기 위해 전투기에서 발사되는데, 발사되는 미사일이 어떤 암석과 충돌이 발생했는지 `collide()` 메서드로 받아온다. 만약 충돌이 발생한 암석이 있는 경우에는 미사일과 암석이 충돌했으니 `self.occur_explosion()` 함수로 충돌로 인한 폭발 발생을 표현한다. `self.shot_count` 값을 1 증가시켜 파괴한 암석의 수를 증가시키고, `kill()` 메서드를 이용해 미사일과 암석을 둘 다 제거해준다.

```
# 미사일 충돌 체크
for missile in self.missiles:
    rock = missile.collide(self.rocks)
    if rock:
        self.occur_explosion(screen, rock.rect.x, rock.rect.y)
        self.shot_count += 1
```

```
        missile.kill()
        rock.kill()
```
코드 9.25 미사일 충돌 체크 코드

게임에서 암석들에 대해서도 처리해주어야 할 일이 있다. 각 암석이 게임 화면에 벗어날 경우에는 암석을 kill() 메서드로 제거해주어야 한다. self.count_missed 값을 1 증가시켜 놓친 암석의 개수를 증가시킨다.

```
# 암석 화면 벗어남 체크
for rock in self.rocks:
    if rock.out_of_screen():
        rock.kill()
        self.count_missed += 1
```
코드 9.26 암석이 화면 밖으로 나간 경우 처리 코드

전투기가 암석에 충돌하여 self.fighter.collide(self.rocks) 결과가 True이거나 암석을 3번 이상 놓쳐 self.count_missed 값이 3 이상인 경우 게임이 끝나는 것으로 해야 한다. 이렇게 게임이 종료되는 경우라면 게임 배경 음악을 pygame.mixer_music.stop() 메서드로 중단시킨다. 전투기 위치인 fighter.rect.x와 fighter.rect.y에 self.occur_explosion() 메서드로 폭발을 발생시킨다. 게임 오버 효과음을 재생하기 위해 self.gameover_sound의 play() 메서드를 호출하고, self.rocks.empty() 메서드로 전체 암석을 제거하며, self.fighter.reset() 메서드로 전투기 위치를 초기화한다. self.menu_on 변수값을 True로 하여 게임 메뉴 화면으로 이동하게 만든다.

```
# 암석과 충돌하거나 3번 이상 놓친 경우
if self.fighter.collide(self.rocks) or self.count_missed >= 3:
    pygame.mixer_music.stop()
    self.occur_explosion(screen, self.fighter.rect.x, self.fighter.rect.y)
    self.gameover_sound.play()
    self.rocks.empty()
    self.fighter.reset()
    self.menu_on = True
    sleep(1)
```
코드 9.27 암석 충돌 및 3번 이상 놓칠때 처리 코드

9.3.5.4 draw_text() 메서드

게임 화면에 텍스트를 표시하기 위해 draw_text() 메서드를 정의한다. 화면에 표시하기 위한 다양한 정보로 텍스트 text, 폰트 font, 화면 surface, 좌표값 x, y, 색상인 color를 파라미터로 받아온다. 텍스트 표시를 위해 폰트 렌더링을 font.render() 메서드로 수행하고, 텍스트를 표시할 위치 값을 text_obj.get_rect() 메서드로 받아와 text_rect.center에 좌표값으로 x와 y 값을 넣는다. screen.blit() 메서드를 통해 최종적으로 화면에 표시한다.

그림 9.4 게임 정보 표시 예제

```
# 텍스트 그리기
def draw_text(self, screen, text, font, x, y, color):
    text_obj = font.render(text, True, color)
    text_rect = text_obj.get_rect()
    text_rect.center = x, y
    screen.blit(text_obj, text_rect)
```

코드 9.28 텍스트 표시 코드

9.3.5.5 occur_explosion() 메서드

슈팅 게임을 하면서 발생하는 폭발에 대한 이벤트를 처리하기 위해 occur_explosion() 메서드를 정의한다. 폭발이 발생할 때 폭발 이미지를 띄우고자 미리 로드한 self.explosion_image 변수에서 get_rect() 메서드로 받아온 폭발 객체의 위치값 explosion_rect.x와 explosion_rect.y에 좌표값인 x와 y를 넣은 후 screen.blit() 메서드로 폭발 이미지를 화면의 해당 위치에 표시한다. pygame.display.update() 메서드 호출로 게임 화면을 업데이트 하여 표시해준다.

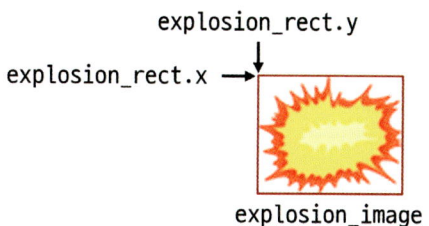

그림 9.5 폭발 객체 이미지

폭발을 할 때, 폭발 이미지만 띄우는 것이 아니라 게임적 요소를 더하기 위해 폭발 소리도 같이 내줘야 한다. 폭발 소리로 3가지 종류인 explosion01.wav, explosion02.wav, explosion03.wav의 경로가 정의된 self.explosion_path_list에서 random.choice() 메서드로 하나를 랜덤하게 선택하여 pygame.mixer.Sound() 메서드로 로드한다. 선택된 효과음을 play() 메서드를 통해 재생한다. 한 가지 종류가 아니라 세 종류를 사용하는 것은 같은 폭발 소리만 내는 것이 아니라 여러 폭발 소리를 적절히 섞어서 재생함으로써 게임의 다이나믹한 요소를 고려하는 것이다.

```python
# 충돌 이벤트 발생
def occur_explosion(self, screen, x, y):
    explosion_rect = self.explosion_image.get_rect()
    explosion_rect.x = x
    explosion_rect.y = y
    screen.blit(self.explosion_image, explosion_rect)
    pygame.display.update()

    explosion_sound = pygame.mixer.Sound(random.choice(self.explosion_path_list))
    explosion_sound.play()
```

코드 9.29 폭발 발생 코드

9.3.5.6 display_menu() 메서드

슈팅 게임에서 기본적으로 게임 시작 시에 나타날 게임 메뉴가 필요하다. 간단한 게임 메뉴를 구성한 화면으로 display_menu() 함수를 만들어보자. 먼저 게임 배경 화면으로 self.menu_image를 screen.blit() 메서드로 배경 화면을 출력한다. 텍스트를 출력할 위치 값으로 게임 화면 크기인 SCREEN_WIDTH를 2로 나눈 값으로 draw_x를 정의하고 SCREEN_HEIGHT를 4로 나눈 값으로 draw_y를 정의한다. draw_text() 메서드를 이용해 폰트 크기를 다르게 하고, 출력 위치와 폰트 색상도 다르게 하여 출력한다. 가장 먼저 font_70을 사용해 큰 글씨로 draw_x와 draw_y 위치에 YELLOW 색상으로 '지구를 지켜라!' 텍스트를 출력한다. font_40인 작은 글씨로 '스페이스 키를 누르면'과 '게임이 시작됩니다.' 텍스트를 WHITE 색상으로 출력한다. 물론 draw_y 값에 200과 250을 더해서 y 좌표값을 바꾸면서 차례대로 텍스트를 출력한다.

그림 9.6 슈팅 게임 메뉴

```python
# 게임 메뉴 출력
def display_menu(self, screen):
    screen.blit(self.menu_image, [0, 0])
    draw_x = int(SCREEN_WIDTH / 2)
    draw_y = int(SCREEN_HEIGHT / 4)
    self.draw_text(screen, '지구를 지켜라!',
                   self.font_70, draw_x, draw_y, YELLOW)
    self.draw_text(screen, '스페이스 키를 누르면',
                   self.font_30, draw_x, draw_y + 200, WHITE)
    self.draw_text(screen, '게임이 시작됩니다.',
                   self.font_30, draw_x, draw_y + 250, WHITE)
```

코드 9.30 게임 메뉴 출력 코드

9.3.5.7 display_frame() 메서드

슈팅 게임이 진행되면서 프레임 단위로 처리해야 할 부분을 display_frame() 메서드에 정의해보자. 먼저 배경 그림인 self.background_image를 게임 화면에 그려준다. 게임에서 중요한 요소 중에 하나가 바로 게임 진행 중에 필요한 정보들을 화면에 출력해주는 것이다. 슈팅 게임에서 가장 기본적인 정보는 바로 전투기로 얼마나 많은 암석을 파괴했는지 파괴한 암석 수와 놓친 암석의 수를 보여주는 것이다. draw_text() 메서드를 이용해서 파괴한 암석 정보는 x, y 좌표로 (100, 20) 위치에 YELLOW 색상으로 출력하고, 놓친 암석 정보는 (400, 20) 위치에 RED 색상으로 출력한다. 게임에 등장하는 객체로 암석, 미사일, 전투기를 update()와 draw() 메서드를 이용해서 위치를 갱신하고 화면에 그려준다.

```python
# 게임 프레임 출력
def display_frame(self, screen):
    # 배경 이미지
    screen.blit(self.background_image, self.background_image.get_rect())
    self.draw_text(screen, '파괴한 운석: {}'.format(self.shot_count),
                   self.default_font, 100, 20, YELLOW)
    self.draw_text(screen, '놓친 운석: {}'.format(self.count_missed),
                   self.default_font, 400, 20, RED)
    self.rocks.update()
    self.rocks.draw(screen)
    self.missiles.update()
    self.missiles.draw(screen)
    self.fighter.update()
    self.fighter.draw(screen)
```

코드 9.31 게임 프레임 출력 코드

9.3.6 리소스 경로 함수 정의

슈팅 게임에서 사용하는 다양한 리소스의 경로를 가져오기 위해 resource_path() 함수를 정의해보자. 먼저 pyinstaller에서 사용하는 임시 디렉토리인 sys._MEIPASS에 접근이 가능하면 base_path로 지정하고, 예외가 발생하면 base_path를 os.path.abspath(".")로 현재 경로의 절대경로를 지정한다. base_path와 relative_path를 os.path.join() 함수로 결합하여 반환한다.

```
# 게임 리소스 경로
def resource_path(relative_path):
    try:
        base_path = sys._MEIPASS
    except Exception:
        base_path = os.path.abspath(".")
    return os.path.join(base_path, relative_path)
```

코드 9.32 리소스 경로 설정 resource_path() 함수 코드

9.3.7 메인 함수 정의

먼저 처음 실행 시 게임 초기화를 위해 main() 함수에서 pygame.init() 메서드를 호출하고, 게임 윈도우 생성과 제목으로 'Shooting Game'을 입력한다. 그다음 set_mode()을 통해 게임 화면의 크기를 너비 SCREEN_WIDTH와 높이 SCREEN_HEIGHT만큼 지정한다. pygame.time.Clock() 호출을 통해 clock 변수를 할당받고, 게임 객체의 인스턴스를 만든다.

```
def main():
    pygame.init()
    pygame.display.set_caption('Shooting Game')
    screen = pygame.display.set_mode((SCREEN_WIDTH, SCREEN_HEIGHT))
    clock = pygame.time.Clock()
    game = Game()
```

코드 9.33 메인 함수 main() 코드

while 반복을 통해 슈팅 게임의 로직과 화면이 처리되고, 게임 키 조작과 이벤트를 처리하기 위해 game의 process_events() 메서드를 호출한다. 만약 game.menu_on의 값이 True이면 game.display_menu() 메서드를 호출하여 게임 메뉴를 출력하고, 게임 실행 화면에서는 game.run_logic() 메서드를 호출하여 게임 로직을 처리한다. 게임 화면을 처리하기 위해 display_frame() 메서드를 호출한다. 게임 반복 처리마다 pygame.display.flip() 메서드로 게임 화면 전체에 변경된 부분들을 반영해주고 clock.tick() 메서드를 이용해 게임 속도를 FPS 값인 60으로 반영해준다. 반복이 끝나면 pygame.quit() 메서드가 호출되어 프로그램이 종료된다.

```python
    done = False
    while not done:
        done = game.process_events()
        if game.menu_on:  # 게임 메뉴 처리
            game.display_menu(screen)
        else:  # 게임 화면 처리
            game.run_logic(screen)
            game.display_frame(screen)

        pygame.display.flip()
        clock.tick(FPS)

    pygame.quit()
```

코드 9.34 슈팅 게임 반복 처리 코드

슈팅 게임의 시작인 main() 함수가 파이썬 파일 실행 시 호출하도록 조건문에 추가한다.

```python
if __name__ == '__main__':
    main()
```

코드 9.35 슈팅 게임 메인 함수 실행 코드

슈팅 게임 실행

지금까지 작성한 슈팅 게임 코드를 실행하면 슈팅 게임이 실행된다. 코드를 문제 없이 작성했다면, 게임 시작 시 메뉴가 보이며, 엔터 키를 누르면 슈팅 게임이 시작된다.

```python
import pygame
import os
import sys
import random
from time import sleep
```

```python
# 게임 스크린 크기
SCREEN_WIDTH = 480
SCREEN_HEIGHT = 640

# 색 정의
BLACK = (0, 0, 0)
WHITE = (200, 200, 200)
YELLOW = (250, 250, 50)
RED = (250, 50, 50)

# 전역변수
FPS = 60

# 전투기 객체
class Fighter(pygame.sprite.Sprite):
    def __init__(self):
        super(Fighter, self).__init__()
        self.image = pygame.image.load(resource_path('assets/fighter.png'))
        self.rect = self.image.get_rect()
        self.reset()

    # 전투기 리셋
    def reset(self):
        self.rect.x = int(SCREEN_WIDTH / 2)
        self.rect.y = SCREEN_HEIGHT - self.rect.height
        self.dx = 0
        self.dy = 0

    # 전투기 업데이트
    def update(self):
        self.rect.x += self.dx
        self.rect.y += self.dy
```

```python
        if self.rect.x < 0 or self.rect.x + self.rect.width > SCREEN_WIDTH:
            self.rect.x -= self.dx

        if self.rect.y < 0 or self.rect.y + self.rect.height > SCREEN_HEIGHT:
            self.rect.y -= self.dy

    # 전투기 그리기
    def draw(self, screen):
        screen.blit(self.image, self.rect)

    # 전투기 충돌 체크
    def collide(self, sprites):
        for sprite in sprites:
            if pygame.sprite.collide_rect(self, sprite):
                return sprite

# 미사일 객체
class Missile(pygame.sprite.Sprite):
    def __init__(self, xpos, ypos, speed):
        super(Missile, self).__init__()
        self.image = pygame.image.load(resource_path('assets/missile.png'))
        self.sound = pygame.mixer.Sound(resource_path('assets/missile.wav'))
        self.rect = self.image.get_rect()
        self.rect.x = xpos
        self.rect.y = ypos
        self.speed = speed

    # 미사일 발사
    def launch(self):
        self.sound.play()

    # 미사일 업데이트
    def update(self):
```

```python
            self.rect.y -= self.speed
            if self.rect.y + self.rect.height < 0 :
                self.kill()


    # 미사일 충돌 체크
    def collide(self, sprites):
        for sprite in sprites:
            if pygame.sprite.collide_rect(self, sprite):
                return sprite


# 암석 객체
class Rock(pygame.sprite.Sprite):
    def __init__(self, xpos, ypos, speed):
        super(Rock, self).__init__()
        rock_images_path = resource_path('assets/rock')
        image_file_list = os.listdir(rock_images_path)
        self.image_path_list = [os.path.join(rock_images_path, file)
                                for file in image_file_list if file.endswith(".png")]
        choice_rock_path = random.choice(self.image_path_list)
        self.image = pygame.image.load(choice_rock_path)
        self.rect = self.image.get_rect()
        self.rect.x = xpos
        self.rect.y = ypos
        self.speed = speed


    # 암석 업데이트
    def update(self):
        self.rect.y += self.speed


    # 암석 화면 벗어남 체크
    def out_of_screen(self):
        if self.rect.y > SCREEN_HEIGHT:
            return True
```

```python
# 게임 객체
class Game():
    def __init__(self):
        self.menu_image = pygame.image.load(resource_path('assets/background.png'))
        self.background_image = pygame.image.load(resource_path('assets/background.png'))
        self.explosion_image = pygame.image.load(resource_path('assets/explosion.png'))
        self.default_font = pygame.font.Font(resource_path('assets/NanumGothic.ttf'), 28)
        self.font_70 = pygame.font.Font(resource_path('assets/NanumGothic.ttf'), 70)
        self.font_30 = pygame.font.Font(resource_path('assets/NanumGothic.ttf'), 30)
        explosion_file = ('assets/explosion01.wav',
                          'assets/explosion02.wav',
                          'assets/explosion03.wav')
        self.explosion_path_list = [resource_path(file) for file in explosion_file]
        self.gameover_sound = pygame.mixer.Sound(resource_path('assets/gameover.wav'))
        pygame.mixer.music.load(resource_path('assets/music.wav'))

        self.fighter = Fighter()
        self.missiles = pygame.sprite.Group()
        self.rocks = pygame.sprite.Group()

        self.occur_prob = 40
        self.shot_count = 0
        self.count_missed = 0

        # 게임 메뉴 On/Off
        self.menu_on = True

    # 게임 이벤트 처리 및 조작
    def process_events(self):
        # 게임 이벤트 처리
        for event in pygame.event.get():
            if event.type == pygame.QUIT:
```

```python
            return True
        # 메뉴 화면 이벤트 처리
        if self.menu_on:
            if event.type == pygame.KEYDOWN:
                if event.key == pygame.K_SPACE:
                    pygame.mixer.music.play(-1)
                    self.shot_count = 0
                    self.count_missed = 0
                    # 게임 메뉴 On/Off
                    self.menu_on = False
        # 게임 화면 이벤트 처리
        else:
            if event.type == pygame.KEYDOWN:
                if event.key == pygame.K_LEFT:
                    self.fighter.dx -= 5
                elif event.key == pygame.K_RIGHT:
                    self.fighter.dx += 5
                elif event.key == pygame.K_UP:
                    self.fighter.dy -= 5
                elif event.key == pygame.K_DOWN:
                    self.fighter.dy += 5
                elif event.key == pygame.K_SPACE:
                    missile = Missile(self.fighter.rect.centerx, self.fighter.rect.y, 10)
                    missile.launch()
                    self.missiles.add(missile)
            elif event.type == pygame.KEYUP:
                if event.key == pygame.K_LEFT or event.key == pygame.K_RIGHT:
                    self.fighter.dx = 0
                elif event.key == pygame.K_UP or event.key == pygame.K_DOWN:
                    self.fighter.dy = 0

return False
```

```python
# 게임 로직 수행
def run_logic(self, screen):
    # 운석 수와 속도 조절
    occur_of_rocks = 1 + int(self.shot_count / 300)
    min_rock_speed = 1 + int(self.shot_count / 200)
    max_rock_speed = 1 + int(self.shot_count / 100)

    # 랜덤 확률의 빈도로 수행
    if random.randint(1, self.occur_prob) == 1:
        # 운석 생성 및 생성된 운석만큼 점수 증가
        for i in range(occur_of_rocks):
            speed = random.randint(min_rock_speed, max_rock_speed)
            rock = Rock(random.randint(0, SCREEN_WIDTH - 30), 0, speed)
            self.rocks.add(rock)

    # 미사일 충돌 체크
    for missile in self.missiles:
        rock = missile.collide(self.rocks)
        if rock:
            self.occur_explosion(screen, rock.rect.x, rock.rect.y)
            self.shot_count += 1
            missile.kill()
            rock.kill()

    # 암석 화면 벗어남 체크
    for rock in self.rocks:
        if rock.out_of_screen():
            rock.kill()
            self.count_missed += 1

    # 암석과 충돌하거나 3번 이상 놓친 경우
    if self.fighter.collide(self.rocks) or self.count_missed >= 3:
        pygame.mixer_music.stop()
```

```python
            self.occur_explosion(screen, self.fighter.rect.x, self.fighter.rect.y)
            self.gameover_sound.play()
            self.rocks.empty()
            self.fighter.reset()
            self.menu_on = True
            sleep(1)

    # 텍스트 그리기
    def draw_text(self, screen, text, font, x, y, color):
        text_obj = font.render(text, True, color)
        text_rect = text_obj.get_rect()
        text_rect.center = x, y
        screen.blit(text_obj, text_rect)

    # 충돌 이벤트 발생
    def occur_explosion(self, screen, x, y):
        explosion_rect = self.explosion_image.get_rect()
        explosion_rect.x = x
        explosion_rect.y = y
        screen.blit(self.explosion_image, explosion_rect)
        pygame.display.update()

        explosion_sound = pygame.mixer.Sound(random.choice(self.explosion_path_list))
        explosion_sound.play()

    # 게임 메뉴 출력
    def display_menu(self, screen):
        screen.blit(self.menu_image, [0, 0])
        draw_x = int(SCREEN_WIDTH / 2)
        draw_y = int(SCREEN_HEIGHT / 4)
        self.draw_text(screen, '지구를 지켜라!',
                        self.font_70, draw_x, draw_y, YELLOW)
        self.draw_text(screen, '스페이스 키를 누르면',
```

```python
                        self.font_30, draw_x, draw_y + 200, WHITE)
        self.draw_text(screen, '게임이 시작됩니다.',
                        self.font_30, draw_x, draw_y + 250, WHITE)

    # 게임 프레임 출력
    def display_frame(self, screen):
        # 배경 이미지
        screen.blit(self.background_image, self.background_image.get_rect())
        self.draw_text(screen, '파괴한 운석: {}'.format(self.shot_count),
                        self.default_font, 100, 20, YELLOW)
        self.draw_text(screen, '놓친 운석: {}'.format(self.count_missed),
                        self.default_font, 400, 20, RED)
        self.rocks.update()
        self.rocks.draw(screen)
        self.missiles.update()
        self.missiles.draw(screen)
        self.fighter.update()
        self.fighter.draw(screen)


# 게임 리소스 경로
def resource_path(relative_path):
    try:
        base_path = sys._MEIPASS
    except Exception:
        base_path = os.path.abspath(".")
    return os.path.join(base_path, relative_path)


def main():
    pygame.init()
    pygame.display.set_caption('Shooting Game')
    screen = pygame.display.set_mode((SCREEN_WIDTH, SCREEN_HEIGHT))
```

```python
    clock = pygame.time.Clock()
    game = Game()

    done = False
    while not done:
        done = game.process_events()
        if game.menu_on:  # 게임 메뉴 처리
            game.display_menu(screen)
        else:  # 게임 화면 처리
            game.run_logic(screen)
            game.display_frame(screen)

        pygame.display.flip()
        clock.tick(FPS)

    pygame.quit()

if __name__ == "__main__":
    main()
```

코드 9.36 슈팅 게임 완성 코드

사용자는 전투기를 좌우와 위아래로 움직이면서 조작할 수 있고, 스페이스 키를 이용해 미사일을 발사할 수 있다. 미사일을 발사해 암석을 파괴하면, 파괴한 암석 수만큼 기록이 갱신된다. 암석을 놓치게 되면 놓친 암석 수가 기록되고, 3개 이상 놓치면 게임이 끝난다. 또한, 전투기가 암석에 부딪혀도 게임은 종료된다.

지금까지 함께 기본적인 슈팅 게임을 만들어보았다. 이 슈팅 게임 코드로부터 시작해 응용 및 확장해보며 자신만의 멋진 게임을 만들어보길 바란다.

그림 9.7 슈팅 게임 화면

슈팅 게임 실행 파일 만들기

먼저 pyinstaller 패키지가 설치되어 있지 않다면 자신이 사용하는 IDE 환경에 맞춰서 `pip install pyinstaller` 명령어를 명령 프롬프트나 Visual Studio Code 또는 파이참의 터미널에서 실행하여 설치해야 한다. 실행 파일을 만들기 위해 다음 명령어를 실행시키면 된다.

```
pyinstaller -w --add-data assets\rock\rock01.png;assets\rock --add-data assets\
rock\rock02.png;assets\rock --add-data assets\rock\rock03.png;assets\rock --add-
data assets\rock\rock04.png;assets\rock --add-data assets\rock\rock05.png;assets\
rock --add-data assets\rock\rock06.png;assets\rock --add-data assets\rock\rock07.
png;assets\rock --add-data assets\rock\rock08.png;assets\rock --add-data assets\
rock\rock09.png;assets\rock --add-data assets\rock\rock10.png;assets\rock --add-
data assets\rock\rock11.png;assets\rock --add-data assets\rock\rock12.png;assets\
rock --add-data assets\rock\rock13.png;assets\rock --add-data assets\rock\rock14.
png;assets\rock --add-data assets\rock\rock15.png;assets\rock --add-data assets\
rock\rock16.png;assets\rock --add-data assets\rock\rock17.png;assets\rock --add-
data assets\rock\rock18.png;assets\rock --add-data assets\rock\rock19.png;assets\
rock --add-data assets\rock\rock20.png;assets\rock --add-data assets\rock\rock21.
png;assets\rock --add-data assets\rock\rock22.png;assets\rock --add-data assets\
rock\rock23.png;assets\rock --add-data assets\rock\rock24.png;assets\rock --add-
data assets\rock\rock25.png;assets\rock --add-data assets\rock\rock26.png;assets\
rock --add-data assets\rock\rock27.png;assets\rock --add-data assets\rock\rock28.
png;assets\rock --add-data assets\rock\rock29.png;assets\rock --add-data assets\
rock\rock30.png;assets\rock --add-data assets\background.png;assets --add-data
assets\explosion.png;assets --add-data assets\explosion01.wav;assets --add-data
assets\explosion02.wav;assets --add-data assets\explosion03.wav;assets --add-data
assets\fighter.png;assets --add-data assets\gameover.wav;assets --add-data assets\
missile.png;assets --add-data assets\missile.wav;assets --add-data assets\music.
wav;assets --add-data assets\NanumGothic.ttf;assets -F shooting_game.py
```

여기서 윈도우로 실행시키기 위해 -w 옵션을 추가하고, 게임 리소스 파일을 추가하기 위해 --add-data 옵션을 추가한다. 게임에서 사용하는 이미지 파일, 사운드 파일과 폰트 파일의 경로를 지정하고, 세미콜론 ; 뒤에 이동할 디렉토리인 assets를 지정한다. 실행파일 하나로 모든 것을 합치기 위해 -F 옵션을 사용한다. 마지막으로 코드인 shooting_game.py 파일을 지정해준다. pyinstaller 실행을 하면 build와 dist 폴더가 생성되고, 그 안에 여러 파일들을 생성된 것을 알 수 있다. dist 폴더 안을 살펴보면 shooting_game.exe 파일이 생성되었음을 볼 수 있다. 생성된 실행 파일을 통해서 슈팅 게임을 즐길 수 있다.

```
G:\내 드라이브\[SuanLab]\Publish\Python Game\sources\9 Shooting Game>pyinstaller -w --add-data assets\roc
k\rock01.png;assets\rock --add-data assets\rock\rock02.png;assets\rock --add-data assets\rock\rock03.png;
assets\rock --add-data assets\rock\rock04.png;assets\rock --add-data assets\rock\rock05.png;assets\rock -
-add-data assets\rock\rock06.png;assets\rock --add-data assets\rock\rock07.png;assets\rock --add-data ass
ets\rock\rock08.png;assets\rock --add-data assets\rock\rock09.png;assets\rock --add-data assets\rock\rock
10.png;assets\rock --add-data assets\rock\rock11.png;assets\rock --add-data assets\rock\rock12.png;assets
\rock --add-data assets\rock\rock13.png;assets\rock --add-data assets\rock\rock14.png;assets\rock --add-d
ata assets\rock\rock15.png;assets\rock --add-data assets\rock\rock16.png;assets\rock --add-data assets\ro
ck\rock17.png;assets\rock --add-data assets\rock\rock18.png;assets\rock --add-data assets\rock\rock19.png
;assets\rock --add-data assets\rock\rock20.png;assets\rock --add-data assets\rock\rock21.png;assets\rock
--add-data assets\rock\rock22.png;assets\rock --add-data assets\rock\rock23.png;assets\rock --add-data as
sets\rock\rock24.png;assets\rock --add-data assets\rock\rock25.png;assets\rock --add-data assets\rock\roc
k26.png;assets\rock --add-data assets\rock\rock27.png;assets\rock --add-data assets\rock\rock28.png;asset
s\rock --add-data assets\rock\rock29.png;assets\rock --add-data assets\rock\rock30.png;assets\rock --add-
data assets\background.png;assets --add-data assets\explosion.png;assets --add-data assets\explosion01.wa
v;assets --add-data assets\explosion02.wav;assets --add-data assets\explosion03.wav;assets --add-data ass
ets\fighter.png;assets --add-data assets\gameover.wav;assets --add-data assets\missile.png;assets --add-d
ata assets\missile.wav;assets --add-data assets\music.wav;assets --add-data assets\NanumGothic.ttf;assets
 -F shooting_game.py
81 INFO: PyInstaller: 4.5
81 INFO: Python: 3.9.1
82 INFO: Platform: Windows-10-10.0.19041-SP0
90 INFO: wrote G:\내 드라이브\[SuanLab]\Publish\Python Game\sources\9 Shooting Game\shooting_game.spec
94 INFO: UPX is not available.
114 INFO: Extending PYTHONPATH with paths
['G:\\내 드라이브\\[SuanLab]\\Publish\\Python Game\\sources\\9 Shooting Game',
 'G:\\내 드라이브\\[SuanLab]\\Publish\\Python Game\\sources\\9 Shooting Game']
543 INFO: checking Analysis
544 INFO: Building Analysis because Analysis-00.toc is non existent
544 INFO: Initializing module dependency graph...
549 INFO: Caching module graph hooks...
564 INFO: Analyzing base_library.zip ...
4521 INFO: Processing pre-find module path hook distutils from 'c:\\users\\suan\\appdata\\local\\programs
\\python\\python39\\lib\\site-packages\\PyInstaller\\hooks\\pre_find_module_path\\hook-distutils.py'.
4560 INFO: distutils: retargeting to non-venv dir 'c:\\users\\suan\\appdata\\local\\programs\\python\\pyt
hon39\\lib'
7116 INFO: Caching module dependency graph...
7491 INFO: running Analysis Analysis-00.toc
7495 INFO: Adding Microsoft.Windows.Common-Controls to dependent assemblies of final executable
  required by c:\users\suan\appdata\local\programs\python\python39\python.exe
```

그림 9.8 pyinstaller 실행 화면

파이썬으로 만드는 나만의 게임
핑퐁, 장애물 피하기, 레이싱, 슈팅 게임 등 다양한 예제로 배우는 파이썬

출간일	2022년 01월 28일	1판 2쇄

지은이	이수안
펴낸이	김범준
기획	오민영
책임편집	윤서영, 오소람
교정교열	윤모린
편집디자인	나은경
표지디자인	Aapaper

발행처	(주)비제이퍼블릭
출판신고	2009년 05월 01일 제300-2009-38호
주 소	서울시 중구 청계천로 100 시그니처타워 서관 9층 949호
주문/문의	02-739-0739 팩스 02-6442-0739
홈페이지	http://bjpublic.co.kr 이메일 bjpublic@bjpublic.co.kr

가 격	25,000원
ISBN	979-11-6592-120-0

한국어판 © 2022 (주)비제이퍼블릭

이 책은 저작권법에 따라 보호받는 저작물이므로 무단 전재와 무단 복제를 금지하며,
내용의 전부 또는 일부를 이용하려면 반드시 저작권자와 (주)비제이퍼블릭의 서면 동의를 받아야 합니다.

잘못된 책은 구입하신 서점에서 교환해드립니다.

예제 파일 다운로드 | http://suanlab.com/book/

파이썬으로 만드는 나만의 게임

핑퐁, 장애물 피하기, 레이싱, 슈팅 게임 등 다양한 예제로 배우는 파이썬

출간일	2022년 01월 28일 ǀ 1판 2쇄
지은이	이수안
펴낸이	김범준
기획	오민영
책임편집	윤서영, 오소람
교정교열	윤모린
편집디자인	나은경
표지디자인	Aapaper
발행처	(주)비제이퍼블릭
출판신고	2009년 05월 01일 제300-2009-38호
주 소	서울시 중구 청계천로 100 시그니쳐타워 서관 9층 949호
주문/문의	02-739-0739 **팩스** 02-6442-0739
홈페이지	http://bjpublic.co.kr **이메일** bjpublic@bjpublic.co.kr

가 격 25,000원
ISBN 979-11-6592-120-0
한국어판 © 2022 (주)비제이퍼블릭

이 책은 저작권법에 따라 보호받는 저작물이므로 무단 전재와 무단 복제를 금지하며,
내용의 전부 또는 일부를 이용하려면 반드시 저작권자와 (주)비제이퍼블릭의 서면 동의를 받아야 합니다.

잘못된 책은 구입하신 서점에서 교환해드립니다.

예제 파일 다운로드 ǀ http://suanlab.com/book/